Predavanja o Jevanđelju po Jovanu

Koraci Gospoda I

Dr. Džerok Li (Jaerock Lee)

Nazaret (Jevanđelje po Luki 2:51-52)
Isus je proveo Njegovo detinjstvo u Nazaretu moleći se i tražeći Božju volju i proviđenje.

Isusovo mjesto rođenja (Jevanđelje po Mateju 2:3)
Isus je rođen u Vitlejemu u zemlji Judeje prije oko 2000 godina kako bi ispunio Božje proviđenje spasenja.

Crkva svetaca Sergija i Bahusa (Jevanđelje po Mateju 2:13)
Vjeruje se da su se na ovom mjestu Marija, Josif i bebalsus odm na kraju njihovog putovanja u Egipat dok su bježali od kralja Iroda

Isus, Spasitelj

koji je iza ostavio slavu nebesa
da bi spasio svijet izgubljen u grijehu

Gora iskušenja (Jevanđelje po Mateju 4:1)
Nakon 40-dnevnog posta, Isus je vođen Svetim Duhom u pustinju da bi bio uhvaćen od strane đavola.

Rijeka Jordan (Jevavnđelje po Mateju 3:13)
Dok je Isus krštavao u rijeci Jordannebesa su se otvorila i Duh Božji se spustio nad Njim poput goluba.

Franjevačka crkva za vjenčanje u Kani (moderni naziv Kafr Kanna) (Jevanđelje po Jovanu 2:7-11)

Na početku Njegove javne službe, Isus je izveo Njegov prvi znak pretvarajući vodu u vino na svadbenom veselju.

Sinagoga u Kapernaumu (Jevanđelje po Luki 4:31-32)

Gdje god da je On išao, Isus je tražio sinagogu u toj oblasti da bi propovjedao jevanđelje o Nebesima.

Vitsaida (Jevanđelje po Mateju 11:21)

Uprkos činjenici da je Isus izvodio mnogo čuda u Vitsaidi, oni se nisu pokajali i On je prekorio grad.

Isus,
pravo svjetlo svijeta
koji je dijelio jevanđelje Nebesa
dušama koje su lutale u tami kao izgubljene ovce

Galilejsko more
U Galileji koja je bila glavna lokacija za Njegovu službu, Isus je pozvao Njegove učenike zajedno i izvodio je brojna čuda.

Isus… iscjelitelj

koji je donio slobodu
bolesnim i potlačenim,
i koji je donio utjehu i nadu
odbačenim i zanemarenim.

Crkva množenja u Tabghi (Jevanđelje po Jovanu 6:11-13)
Ova crkva je takođe nazvana crkva množenja hljebova i ribe u znak sjećanja na čudo gdje su se najeli pet hiljada ljudi sa dvije ribe i pet vekni hljeba.

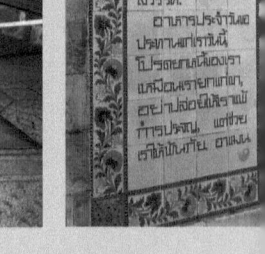

Kapela Pater Noster
(Jevanđelje po Mateju 6:9-13)

Banja Siloamska (Jevanđelje po Jovanu 9:7)

Isus je rekao slijepom čovjeku da opere njegove oči u ovom bazenu. Čovjek je iscjeljen i sa vidom je otišao kući.

Gora Preobraženja (Jevanđelje po Luki 9:28-30)

Na ovoj gori Isusse preobrazio i učestvovao je u dubokom duhovnom razgovoru sa Mojsijem i Ilijom.

Ovdje je Isus učio Njegove učenike molitvi Gospodnjoj. Molitva Gospodnja je upisana na zidine crkve na oko 70 različitih jezika.

Drvo masline

Viša od čak 810 metara, gora maslina je bila prekrivena drvećem maslina još od davnina.

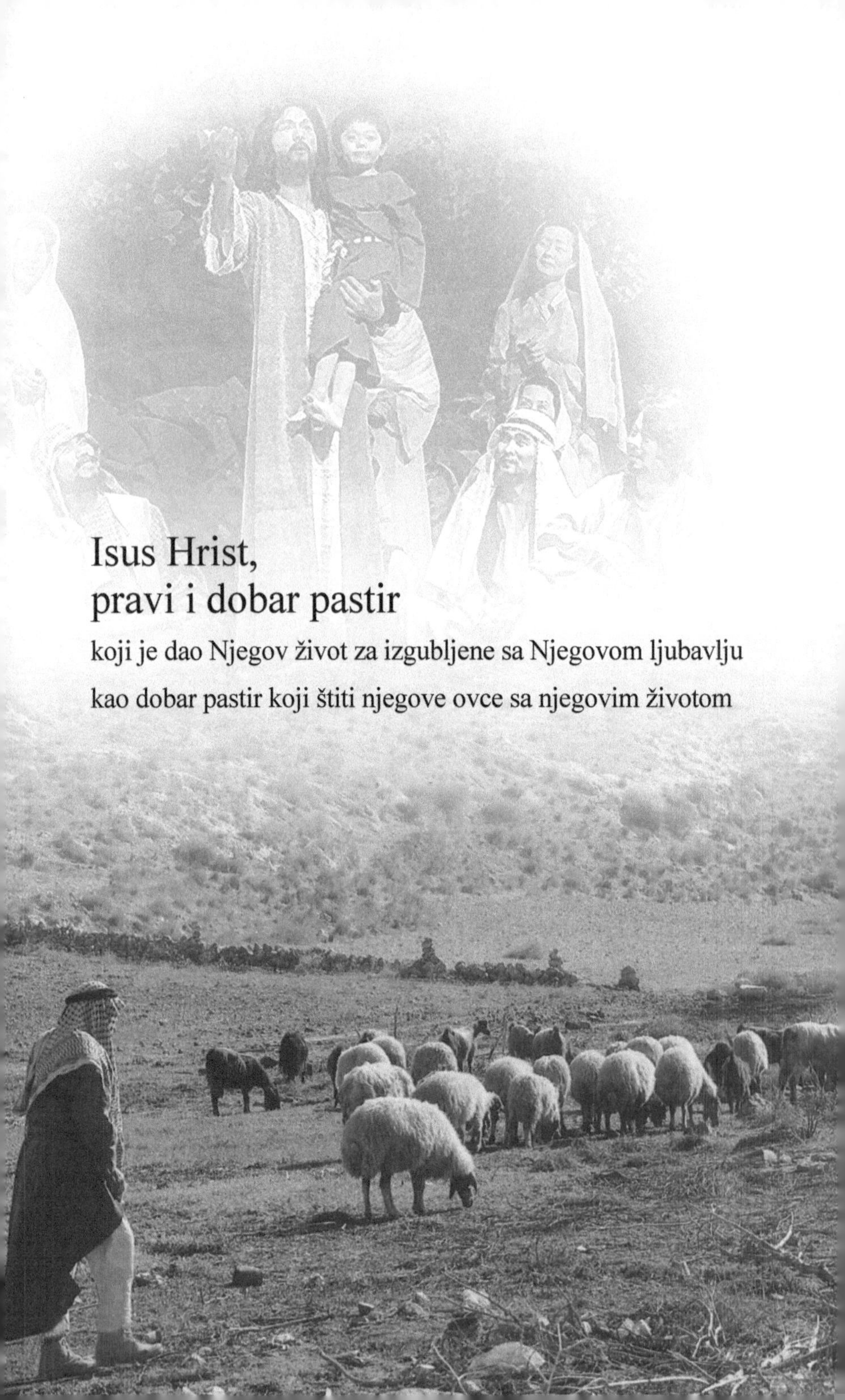

Isus Hrist,
pravi i dobar pastir

koji je dao Njegov život za izgubljene sa Njegovom ljubavlju

kao dobar pastir koji štiti njegove ovce sa njegovim životom

Koraci Gospoda I

Predavanja o Jevanđelju po Jovanu

Koraci Gospoda I

Dr. Džerok Li

Koraci Gospoda I:
Predavanja o Jevanđelju po Jovanu dr. Džerok Li
Izdaje Urim Books (Predstavnik: Johnny H. Kim)
73, Yeouidaebang-ro 22-gil, Dongjak-gu, Seul, Koreja
www.urimbooks.com

Sva prava su zadržana. Ova knjiga ili njeni pojedini dijelovi ne smiju biti reprodukovani u bilo kojoj formi, ili biti smješteni u bilo kom renta sistemu, ili biti transmitovana bilo kojim načinom, elektronski, mehanički, fotokopiranjem, snimanjem, ili slično, bez prethodnog pismenog ovlašćenja izdavača.

Autorska prava © 2020 od strane dr. Džeroka Lija
ISBN: 979-11-263-0633-6, 979-11-263-0632-9(set) 04230
Prevodilačka Autorska Prava © 2015, OD STRANE dr. Ester K. Čung (Dr. Esther K. Chung). Korišćeno uz dozvolu.

Prethodno objavila na korejskom jeziku Urim knjige u 2009.g.

Prvo izdanje marta 2020

Uredio dr. Geumsun Vin
Dizajnirao urednički biro Urim Books
Štampa Prione Printing
Za više informacija kontaktirajte: urimbook@hotmail.com

Primedba autora

Prateći Njegove stope...

Dok sam se vraćao unazad Gospdovim koracima za vrijeme mog hodočašća u Svetu zemlju, došao sam do plavih voda Galilejskog mora. Osjećao sam se kao da sam se vratio unazad 2000 godina u vrijeme našeg Gospoda. Nisam mogao da prođem niti pored jednog kamenčića, niti pored jedne travke a da ne budem zadivljen njihovim značajem. Kad god sam zatvorio oči na nekoliko sekundi, to je izgledalo kao da sam mogao jasno da čujem glas Gospoda. A dok sam gledao iza trag prašine nogu hodočasnika koji su koračali da bi pratili Gospodove korake, prošlost i sadašnjost su postali zamršeni u jednoj mreži i sam sam osjetio kao da sam stajao na baš tom mjestu gdje je Gospod sprovodio Njegovu službu. Možda je to bilo zbog moje iskrene želje da pratim Njegove korake.

Postoje četiri jevanđelja u Bibliji koja prate korake koje

je Gospod napravio za vrijeme Njegovog službovanja. Ta jevanđelja su: po Mateju, po Marku, po Luki i po Jovanu. Među četiri jevanđelja, Jevanđelje po Jovanu, zapisano od strane Jovana – koji je bio toliko blizu Gospoda da je nazvan „ljubljeni učenik," a koji se susreo sa svime iz prve ruke-nosi najdublje duhovno značenje. Jevanđelje po Jovanu je to koje najjasnije pokazuje da spasenje dolazi od samog Isusa Hrista i da je On pravi Sin Božji.

Svaki put kada čitam jevanđelja, ja postajem prepravljen emocijama. Naročito kada čitam Jevanđelje po Jovanu, Sveti Duh me obasjava sa dubokim duhovnim značenjem riječi zapisanim u njemu i ja ne mogu a da ne podjelim ovo sa svakim koga poznajem. Baš kao što je Gospod rekao apostolu Pavlu: „Hrani ovce Moje," ja sam takođe osjetio potrebu da nahranim sve vjernike sa dubokim, duhovnim tajnama pronađenim u Jevanđelju po Jovanu. Zbog toga sam ja u Julu 1990 god., počeo da dajem seriju od 221 propovjedi o Jevanđelju po Jovanu.

Predavanja o Jevanjđelju po Jovanu: Koraci Gospoda I

& *II* jasno zahvataju sliku Isusa od prije 2000 godina kao što se vidi u očima Jovana, koji je bio svjedok života Isusa iz prve ruke. I prolazeći kroz vrijeme vječnosti, tajne o početku vrijemena, kao i informacije o porijeklu Isusa i Njegove ljubavi i proviđenju koje nas na kraju dovode do našeg spasenja, su sve razmršene.

Bilo da je On bio u Hramu, na mjestu sastajanja, ili u planinama ili poljima, Isus je učio ljude koristeći slike iz svakodnevnog života kako bi svako mogao Njega lako da razumije. Njegove poruke su uglavnom bile o Bogu, Njegova dužnost kao Spasitelja i vječni život. Čak iako visoki svještenici i Fariseji nisu mogli da razumiju duhovno značenje Njegovih poruka, dobri ljudi poput Nikodima, žene Samarićanke na izvoru Sihar i Lazara, našli su nove živote kroz Gospodove poruke. Dok su deljene poruke života koje nisu nigdje drugdje mogle da se čuju, Gospod je donio utjehu i nadu bolesnima, siromašnima i zanemarenima. Međutim, oni ljudi koji su odbili da razumiju Božju ljubav okrenuli su leđa Isusu, jer On nije bio nalik Mesiji kojeg su oni čekali. I na kraju, ti isti ljudi vikali su na Njegovom raspeću na krstu. Sada, šta mislite da je prolazilo kroz Isusove misli dok je On bio raspet na krstu?

Kada mi shvatimo žrtvu koju je načinio Isus – trpeći sve vrste boli i mučenja zato što je krst bio jedini put Božjeg proviđenja – mi samo možemo ponizno da se poklonimo pred Njim. Od Njegovog rođenja, do znakova i čuda koje je On izvodio, pa od poruka koje je On prenosio, do Njegove patnje na krstu i na kraju Njegovog vaskrsenja, svaki korak koji je Isus načinio je bio značajan. Kada shvatimo duhovni značaj iza svakog slučaja, mi možemo jasno da razumijemo duboku ljubav koju Bog ima za nas.

Tajna vječnog života koja je pronađena u Jevanđelju po Jovanu se odnosi i na nas danas. Ako mi otvorimo naša srca i prihvatimo Gospoda sa dobrim srcem, mi ćemo otkriti nevjerovatno blago, a ako živimo u skladu sa Riječju, Bog će odgovoriti na naše molitve i daće nam nezamislive blagosove i snagu.

Ja bih želio da dam posebnu zahvalnost dr. Geumsun Vin,

direktorki Izdavačkog biroa i osoblju koji su marljivo radili na izdavanju ove knjige, a ja se i nadam da će svako ko čita ovu knjigu iskusiti Božju veliku ljubav. Ja se takođe molim da kako pratite korake Gospoda i živite u skladu sa Njegovim učenjima, da ćete dobiti odgovore na sve vaše molitve i da će vam Bog darovati nevjerovatne blagoslove odozgo!

Januar 2009 god.
Džerok Li *(Jaerock Lee)*

Predgovor

Kako je nastalo Jevanđelje po Jovanu

1. O autoru Jevanđelja po Jovanu

Autor Jevanđelja po Jovanu je apostol Jovan. Iako se ne pominje u Jevanđelju po Jovanu ko je njegov autor, mi lako možemo da zaključimo da je autor Jovan. Ovo je zato što je kao Gospodov „ljubljeni učenik" (Jevanđelje po Jovanu 13:23, 19:26, 20:2, 21:7, 20) Jovan, iz prve ruke iskusio Gospodov život.

Jovan je sin Zevedeja i Salomije i mlađi brat Jakova. Zajedno sa svojim bratom Jakovom, Jovan je bio jedan od prvih Isusovih učenika. Zbog njegove plahovite naravi, Jovan je bio nazvan „sin gromova." Međutim, on je bio toliko voljen od strane Gospoda da je imao priliku da bude svjedok Isusovom duhovnom preobraženju na gori Preobraženja i povratku u život Jairove kćeri. I nakon što je Isus uhvaćen od strane Jevreja, dok su svi učenici od straha pobjegli, Jovan je ostao uz Gospoda do momenta dok On nije umro na krstu. I zato što je Isus vidio Jovanovu pouzdanost, Isus je povjerio Jovanu djevicu Mariju, nekoliko trenutaka prije nego što je umro na krstu.

Nakon što je bio svjedok Isusovog vaskrsenja i nakon što je primio blagoslov Svetog Duha, Jovan je bio druga osoba. I on je posvijetio svoj život u širenju jevanđelja (Djela Apostolska 4:13) i proveo je njegove poslednje godine u Efesu. Onda, nakon oštre tiranije cara Domicijana, Jovan je prognan na ostrvo Patmos. Napravljeno u potpunosti od granita, ostrvo Patmos je sačinjeno od jalove zemlje gdje je voda za piće bila rijetka i gdje se vegetacija teško razvijala.

Tokom dana, pod nadzorom rimskih vojnika, Jovan je bio primoran da radi u kamenolomu pod teškim uslovima. A tokom noći, dok je trpio zbog zime i gladi, Jovan je svu njegovu energiju usmjerio ka molitvi. Čak i sada, ako posjetimo pećinu za koju se kaže da se Jovan u njoj molio svaki dan, mi još uvijek možemo da vidimo njegove otiske ruku koji nam govore kakvi su tu uslovi bili dok je Jovan tamo boravio. Nakon smrti Domicijana, Jovan se vratio u Efes i tamo umro. U njegovim zapisima, uključujući Jevanđelje po Jovanu, Prvu, Drugu i Treću Poslanicu Jovanovu i knjigu Otkrivenja Jovanovog, Jovan spominje ljubav preko 120 puta, zbog čega je i često nazvan „Apostolom ljubavi."

2. Zašto je napisano Jevanđelje po Jovanu

U Jevanđelju po Jovanu 20:31, apostol Jovan jasno tvrdi zašto je napisao Jevanđelje po Jovanu.

> „A ova se napisaše, da vjerujete da Isus jeste Hristos, Sin Božji, i da vjerujući imate život u ime Njegovo."

U to vrijeme, mnogi Jevreji su mrzeli Isusa i čvrsto su poricali da je On Hrist, na kraju su Njega ubili na krstu. Ali prema onome gdje je on bio svjedok iz prve ruke, apostol Jovan je jasno svjedočio da je Isus pravi Sin Božji i da je On Hrist.

Tema Jevanđelja po Jovanu je „Hrist, ljubav, život i Svjetlost svijeta." I ono nam govori o Hristu koji je došao na ovu zemlju da bi nama dao život, hristu koji je došao da osvjetli svijet iz tame i Hristu koji je pokazao Božju ljubav svijetu žrtvujući Sebe.

3. Šta čini Jevanđelje po Jovanu posebnim

Generalno, tri jevanđelja koja bilježe službu i učenja Isusa, Matej, Marko i Luka, su slična po sadržaju, strukturi i perspektivi; zbog čega su ova jevanđelja nazvana sinoptička jevanđelja. Međutim, svakako da postoji nešto što čini Jevanđelje po Jovanu drugačijim od ostalih jevanđelja.

Prvo, sinoptička jevanđelja zapisuju službu Isusa gdje je Galileja glavna scena događaja, ali Jevanđelje po Jovanu zapisuje službu Isusa i fokusira se uglavnom na Jerusalim i Judeju.

Drugo, iako je pasha samo jednom spomenuta u sinoptičkim jevanđeljima (Jevanđelje po Mateju 26:1-5; Jevanđelje po Marku 14:1; i Jevanđelje po Luki 22:12), Jevanđelje po Jovanu spominje pashu tri puta (Jevanđelje po Jovanu 2:13; 6:4; i 11:55), označava da je Isusova služba trajala ukupno tri godine.

Treće, sinoptička jevanđelja se fokusiraju na kraljevstvo

Nebesa, Jevanđelje po Jovanu se fokusira na odnos između Isusa i Boga i vječni život (Jevanđelje po Jovanu 3:16; 5:24; 11:25; 17:2-3).

Jevanđelje po Jovanu objašnjava poreklo isusa Hrista i kako je On bio sa Bogom od početka i fraza: „Ja sam ---" se pojavljuje mnogo puta kroz Jevanđelje po Jovanu. Fraza kao što je: „*Ja sam hljeb života*" (Jevanđelje po Jovanu 6:35), „*Ja sam vidjelo svijetu*" (Jevanđelje po Jovanu 8:12), „*Ja sam put i istina i život*" (Jevanđelje po Jovanu 14:6), „*Ja sam pastir dobri*" (Jevanđelje po Jovanu 10:11), „*Ja sam pravi čokot*" (Jevanđelje po Jovanu 15:1) jasno pokazuju ko je Isus. I događaji kao što je prvi znak koji Isus izvodi na svadbenom veselju u Kani, ili Njegova posjeta Samariji i mnogi drugi koji nisu zapisani u sinoptičkim jevanđeljima, zapisani su u Jevanđelju po Jovanu.

Naročito u Jevanđelju po Jovanu, mi vidimo zapis kako Isus govori: „*Zaista, zaista vam kažem,*" u mnogim prilikama. Ovo snažno naglašava čitaocu apsolutnu vrijednost Božje Riječi.

Sadržaj

Primedba autora

Predgovor

Poglavlje 1
   Sin Božji koji je došao na ovaj svijet ■

   1. Isus, riječ koja je postala meso (1:1-18) ■ 3
   2. Svjedočenje Jovana Krstitelja (1:19-34) ■ 18
   3. Sljedbenici Isusa (1:35-51) ■ 25

Poglavlje 2
   Isus čini prvi znak ■

   1. Svadbeno veselje u Kani (2:1-12) ■ 35
   2. Ne činite od doma Oca Mog dom trgovački (2:13-25) ■ 43

Poglavlje 3
   Tajna biti ponovo rođen ■

   1. Razgovor sa Nikodimom (3:1-21) ■ 55
   2. Onaj koji je došao sa neba (3:22-36) ■ 74

Poglavlje 4
Isusov metod evangelizacije ■

1. Isusov razgovor sa Samarićankom (4:1-26) ■ 83
2. Isus uči Svoje učenike (4:27-42) ■ 96
3. Drugi znak u Kani (4:43-54) ■ 104

Poglavlje 5
Znak na Vitezdanskom bazenu ■

1. Čovjek koji je iscjeljen posle 38 godina bolesti (5:1-15) ■ 113
2. Jevreji koji su progonili Isusa (5:16-30) ■ 122
3. Isusovo svjedošenje za Jevreje (5:31-47) ■ 130

Poglavlje 6
Hleb života ■

1. Znak dvije ribe i pet hljebova ječmenih (6:1-15) ■ 139
2. Isus, koji je hodao po vodi i gomila koja Ga je pratila (6:16-40) ■ 149
3. Jedenje mesa Sina čovječijeg i ispijanje Njegove krvi za vječni život (6:41-59) ■ 161
4. Učenici koji odoše od Isusa (6:60-71) ■ 169

Sadržaj

Poglavlje 7
Učenje na praznik Građenje senica ■
1. Isus u tajnosti ide u Jerusalim (7:1-13) ■ 177
2. Isus se otkriva u Hramu (7:14-31) ■ 185
3. Jevreji pokušavaju da uhvate Isusa (7:32-53) ■ 197

Poglavlje 8
Istina će vas osloboditi ■
1. Isus oprašta ženi koja je učinila preljubu (8:1-11) ■ 209
2. Isusova poruka Jevrejima (8:12-30) ■ 216
3. Sloboda u istini (8:31-47) ■ 228
4. Jevreji pokušavaju da kamenuju Isusa (8:48-59) ■ 238

Poglavlje 9

Isus iscjeljuje slijepog čovjeka

1. Idi umij se u banji siloamskoj (9:1-12) 245
2. Slijepac koji je iscjeljen i Fariseji (9:13-34) 255
3. Biti duhovno slijep (9:35-41) 266

Poglavlje 10

„Ja sam pastir dobri"

1. Parabola dobrog pastira (10:1-21) 273
2. „Ja i Otac jedno smo" (10:22-42) 287

Poglavlje 1

Sin Božji koji je došao na ovaj svijet

1. Isus, riječ koja je postala meso
(1:1-18)

2. Svjedočenje Jovana Krstitelja
(1:19-34)

3. Sljedbenici Isusa
(1:35-51)

Isus, riječ koja je postala meso

Još od početka vrijemena ljudi su smatrali važnim faktorom u životu porodičnu liniju ili porijeklo. Porodična stabla pokazuju želju ljudi da otkriju i neguju njihovo porijeklo i korijen. Porodično stablo pokazuje ko su naši roditelji, ko su naše babe i djedovi o ko su naše pra-babe i pra-djedovi. Ako nastavimo da idemo ka vrhu porodičnog stabla, do pravog porijekla cijele naše familije, šta mislite ko je korijen svih nas? To su Adam i Eva, preci cijelog čovječanstva.

Tako da, koji događaji su se dogodili prije postojanja čovjeka, kako je nastao čovjek i zašto je Isus, Sin Božji, trebao da dođe na ovaj svijet?

Bog i Reč

„U početku bješe Rječ, i Reč bješe u Boga i Bog bješe Riječ." (1:1)

Tajna o porijeklu života nalazi se u Jevanđelju po Jovanu 1:1. Rečeno je da je na početku postojala „Riječ." Ovdje, „Riječ" označava Boga, koji postoji u obliku Riječi. Za razliku od čovjeka, Bog nije nastao kao rezultat rođenja od strane roditelja. On je savršeno Boće koje je postojalo prije vječnosti (Izlazak 3:14). U stvarnosti, kada objašnjavamo o Bogu mi ne treba zaista da koristimo riječ „početak." Međutim, razlog zbog čega mi koristimo riječ „početak" je zato što u skladu sa ljudskim znanjem i iskustvima, sve stvari i događaji moraju da imaju neki početak. Tako da nam ova riječ pomaže da bolje razumijemo koncept Boga. Riječ „početak" se takođe nalazi u Postanku 1:1: „*U početku stvori Bog nebo i zemlju.*" Ali, ovaj „početak" se razlikuje od „početka" koji je zapisan u Jevanđelju po Jovanu. Svaki od ova dva početka se odnose na različito vrijeme. Spomenut „početak" u Postanku se odnosi na vrijeme kada je Bog stvorio nebo i zemlju, a „početak" spomenut u Jevanđelju po Jovanu se odnosi na vrijeme prije vječnosti koje čovjek ne može ni da zamsili.

Onda, zašto je Jovan rekao da je na početku postojala „Riječ" a ne „Bog?" Ovo je kako bi se bolje objasnila slika o Bogu. Na samom početku, Bog nije postojao u obliku ili po izgledu na čovjeka. Kao što je zapisano u 1. Jovanovoj Poslanici 1:5: „*Bog je Vidjelo,*" Bog je vladao cijelim prostranstvom vremena i prostora usred jasne, raskošne i prelijepe svjetlosti, pružajući utočište za bezbroj riječi.

Ove riječi su jasne, transparentne, glatke a opet veličanstvene i jakog zvuka koji je dovoljno jak da odjekuje kroz cijeli univerzum. Ljudi koji su čuli Božji glas pod dubokom inspiracijom Svetog Duha mogli su lako da razumiju ovaj zvuk. Dok je sam vladao nad ogromnim prostorom, do neke mjere, kako bi imao iskrenu djecu sa kojom bi On podjelio iskrenu ljubav, Bog je začeo plan da „kultiviše čovjeka."

Nakon planiranja kultivacije čovjeka, Bog je uzeo oblik za Sebe (Postanak 1:26). Bog koji je samo postojao u obliku Riječi sada je imao izgled čovjeka i On je postojao kao Trojedini Bog, time što je bio Otac, Sin i Sveti Duh. Bog je morao da načini od Sebe Trojedinog Boga zato što je Njemu bio potreban Sin Isus, koji će postati Spasitelj kroz kojeg ljudi mogu postati iskrena djeca Božja i Sveti Duh, koji će ispuniti kultivaciju čovjeka.

Zato što je zapisano: „I Riječ bješe u Boga," izgleda kao da su Riječ i Bog različiti entiteti. Međutim, zaključak: „I Bog bješe Riječ" nam daje do znanja da je Riječ zapravo Sam Bog. Ali ako treba da analiziramo redosljed, Riječ je bila prva. Ovo je zato što je Riječ postala Sveto Trojstvo a onda je preuzela ime „Bog." Kada je postojala samo Riječ, On nije imao potrebu za drugim imenom ali nakon planiranja kultivacije čovjeka, On je imao potrebu da čovjeku da ime kako da Njega naziva.

Normalno, kada mi kažemo „Riječ," mi mislimo na 66 knjiga Biblije. Ali Biblija je zapis koja objašnjava poziciju čojveka, put spasenja i tako dalje-informacije koje su potrebne za vrijeme čovjekove kultivacije. Međutim, ovo je samo mala porcija Riječi koja je postojala od samog početka a koja obuhvata cijelo Božje srce.

Isus Hrist

„Ona bješe u početku u Boga. Sve je kroz Nju postalo, i bez Nje ništa nije postalo što je postalo. U Njoj bješe život i život bješe Vidjelo ljudima. I Vidjelo se svijetli u tami, i tama Ga ne obuze." (1:2-5)

Bog koji je postojao u obliku Riječi, načinio je Sebe u Trojedinog Boga zbog ljudske kultivacije, a kao Sveto Trojstvo, On je počeo djelo stvaranja. Tako da nam ovaj stih govori da su još od samog početka, ili čak i prije stvaranja, Otac, Sin i Sveti Duh postojali zajedno i da su čak i činili zajedno.

Kada je došlo vrijeme Bog, koji je planirao ljudsku kultivaciju čovjeka kako bi okupio iskrenu djecu, započeo je stvaranje univerzuma sa Njegovom Riječju. Kada je Bog rekao *„Neka bude svjetlost,"* svjetlost je nastala i sve u prirodi, sva vegetacija i svi živi organizmi, nastali su u skladu sa svakom Njegovom zapovjesti (Postanak, poglavlje 1). Ovo je zato što je Riječ Sam Bog i pravi izvor života.

Na kraju, Bog je stvorio čovjeka i postavio je kamen temeljac za kultivaciju čovječanstva. Kroz ovo, Bog se nadao da će imati djecu po Njegovom liku, ali ljudi nisu živjeli po Božjoj Riječi. Na kraju, čovječanstvo je počelo da korača ka putu smrti.

Tako da, kako bi im dao iskren život, Bog je uzeo tijelo čovjeka i došao na ovaj svijet. Ovo je Bog Sin, Isus. Zato što je Isus imao isto porijeklo kao Bog Otac, sve Njegove Riječi i djela ukazuju na srce Boga. Zbog toga je On rekao: *„Koji vide Mene, vide Oca"* (Jevanđelje po Jovanu 14:9).

Isus je imao tijelo čovjeka, ali pošto On potiče od Riječi,

on je mogao da iscjeljuje bolesne, vraća mrtve u život i umiruje vjetar i mora (Jevanđelje po Marku 4:39). I konačno, kako bi nam dao Nebesa, On je uzeo krst umjesto nas i dao nam vječni život (1. Jovanova Poslanica 1:2).

1. Jovanova Poslanica 5:12 kaže: *"Ko ima Sina Božjeg ima život; ko nema Sina Božjeg nema život."* A u Jevanđelju po Jovanu 14:6 Isus govori: *"Ja sam put i istina i život; niko neće doći k Ocu do kroza Me."*

Tako da je Isus, koji je Sam život, došao na ovaj svijet kao Svjetlost čovjeka. I pošto ova Svjetlost sija u tami, čovjek može da razazna neistinu koja leži u tami i može da razumije pravu dobrotu i hoda ka životu, istini i Svjetlosti.

Međutim, kao što je zapisano: „i tama Ga ne obuze," ljudi koji su uprljani grijehom su od neprijatelja đavola, koji ima vlast nad svijetom tame. Prema tome, ljudi pod ovom vlašću vide Svjetlost ali ne mogu da je shvate.

Svjedok svjetlosti

„Posla Bog čovjeka po imenu Jovana. Ovaj dođe za svjedočanstvo da svjedoči za Vidjelo da svi vjeruju kroza nj. On ne bješe Vidjelo, nego da svjedoči za Vidjelo." (1:6-8)

Prije nego što je poslao Isusa na ovu zemlju i ljudi koji su živjeli u sredini bezakonja, nemorala i grijeha, Bog je pripremio svjedoka da svjedoči o Isusu, koji je Svjetlost i život.

Ljudi lako govore da je Bog jedan koji kontroliše život i smrt. Naravno Bog ima potpunu vlast nad životom i smrću i sa preciznošću i po redosljedu On kontroliše cio univerzum. Međutim, On ne odlučuje o tome koja su se djeca rodila nekim roditeljima. Svaki čovjek i žena imaju slobodnu volju da biraju supružnika, vjenčaju se i imaju djecu. Jedina stvar koju Bog daje su biološke potrepštine u njihovim tjelima da bi dobili svoje potomke. To su jajnici i sperma.

Međutim, postoje posebni slučajevi gdje Bog interveniše u pravljenju osobe kako bi ga iskoristio na poseban način za Njegovo kraljevstvo. Dok se pripremao da ispuni volju u budućnosti, On je birao određenu osobu za određenu namjeru. Jovan Krstitelj je bio takva osoba. On je bio začet pod Božjim proviđenjem da bi pripremio put za Isusa, koji je trebao da postane Spasitelj cijelog čovječanstva.

Jevanđelje po Luki 1:5-6 kaže: *„U vrijeme Iroda cara judejskog bješe neki svještenik od reda Avijinog, po imenu Zarija, i žena njegova od plemena Aronovog, po imenu Jelisaveta. A bjehu oboje pravedni pred Bogom, i življahu u svemu po zapovjestima i uredbama Gospodnjim bez mane."* Zarije i Jelisaveta su bili priznati od Boga kao besprekorni i pravedni. Jedino što im je nedostajalo u njihovim starim godinama je njihovo sopstveno dijete. Ali Bog je vidio dobrotu njihovih srca i blagoslovio je Jelisavetinu matericu da bi mogla da začne dijete (Jevanđelje po Luki 1:13). To dijete je bilo Jovan Krstitelj.

Pod Božjim proviđenjem, Jovan koji je rođen šest mjeseci prije Isusa, vodio je veoma poseban život za razliku od ostalih.

Odvojen od ostatka svijeta, Jovan je živio u pustinji, nosio je odjeću napravljenu od kamilje dlake sa kožnim kaišem oko struka i živio je hraneći se skakavcima i divljim medom. On je samo komunicirao sa Bogom i shvatao je njegovu misiju i pripremao se za nju.

Njegova misija je bila da pripremi put za Isusa. Mnogo je ubjedljivije kada neko drugi kaže: „Ova osoba je ovakva" za nekog pojedinca, umjesto da sama osoba kaže: „Ja sam takav." Sa ovim u mislima, ljudima bi bilo mnogo teže da prihvate Isusa kao Mesiju da je On Sam izgivorio: „Ja sam Mesija. Vjerujte u Mene." Zbog toga je Bog izabrao Jovana da svjedoči o „Mesiji" koji treba da dođe.

Da je svjedok živio u tami i svjedočio o Svjetlosti, ljudi mu nikada ne bi povjerovali i ne bi ga pratili. Zbog toga je Jovan bio toliko čestit i neovozemaljski- do mjere da je imao samo jednu vrstu odjeće- i vodio je život u potpunoj pokornosti prema Bogu dok je svjedočio o Isusu.

Prava Svjetlost i djeca Božja

„Bješe Vidjelo istinito koje obasjava svakog čovjeka koji dolazi na svijet. Na svijetu bješe, i svijet kroza Nj posta, i svijet Ga ne pozna. K svojima dođe, i svoji Ga ne primiše. A koji Ga primiše dade im vlast da budu sinovi Božji, koji vjeruju u ime Njegovo, koji se ne rodiše od krvi, ni od volje tjelesne, ni od volje muževlje, nego od Boga." (1:9-13)

Predmet koji daje svjetlost, bez obzira koliko da svijetli, ima svoja ograničenja. Čak ni sunce ne može da osvjetli cijelu zemlju u isto vrijeme. Međutim, Isus je prava Svjetlost koja daje svjetlost cijelom svijetu i svakome u njemu. Fizička svjetlost koju mi vidimo sa našim očima može da izbledi vremenom, ali Isus Hrist je vječan i prema tome On je nazvan prava Svjetlost.

Jovan Krstitelj je posvijetio cio svoj život u učenju ljudi o ovoj Svjetlosti, ali ljudi ipak nisu prepoznali ovog Isusa. Ovo je zato što Isus nije izgledao kao Mesija kojeg su oni zamišljali i očekivali. U ovo vrijeme, Jevreji su živjeli pod ugnjetavanjem Rimskog carstva, tako da su oni očekivali Mesiju sa političkom moći koji će da ih oslobodi od ovog ugnjetavanja. Međutim, u njihovim očima, Isus je izgledao mnogo nemoćno i siromašno za ovaj zadatak.

Ali onima koji su prihvatili ovog Isusa koji je došao u zemlju Judeju i onima koji su vjerovali u Njegovo ime, Bog je dao pravo da postanu Njegova djeca. On im je takođe dao Svetog Duha kao dar i zapisao njihova imena u Knjigu života na Nebesima. Od tog momenta pa nadalje, oni su dobili pravo da nazivaju Boga njihovim „Ocem." Ovo pravo je neuporedivo sa ničim na ovoj zemlji. Porodični odnosi, ili odnosi po krvi se završavaju kada osoba umre. Međutim, duhovni porodični odnosi su vječni, jer oni ostaju povezani čak i na Nebesima (Jevanđelje po Mateju 12:50).

Tako da ljudi koji postaju djeca Božja su svi braća i sestre u Hristu. Neki ljudi misle da su prihvatili Hrista i da su samovoljno došli u crkvu, ali to nije tako. Mi ne postajemo Božja djeca kroz naše sopstvene napore ili želje. Samo Bog ima kontrolu nad ovim, a prema tome sva djeca Božja su rođena od Boga.

Slava Božjeg Jedinorodnog Sina

„I riječ postade tijelo i useli se u nas puno blagodati i istine; i vidjesmo slavu Njegovu, slavu, kao Jedinorodnoga od Oca." (1:14)

Bog, koji je na samom početku postojao kao Riječ, uzeo je oblik čovjeka i došao je na ovu zemlju kako bi Sebe pokazao nama. Kada je On u liku Njegove kreacije da bi njih spasio, mi zovemo Njega „Isus, Božji Jedinorodni Sin." Tako da ime Isus znači: *„On će izbaviti Svoj narod od grijeha njihovih"* (Jevanđelje po Mateju 1:21). Prije nego što je poslao Njegovog Sina, Bog je poslao anđela Gavrila djevici Mariji da joj da kaže o Isusovom dolasku.

„Duh Sveti doći će na tebe, i sila Najvišeg osjeniće te; zato i ono što će se roditi biće sveto, i nazvaće se Sin Božji" (Jevanđelje po Luki 1:35).

Fizičko okruženje i uslovi koji su okruživali Isusovo rođenje bili su veoma siromašni. U to vrijeme, u skladu sa odredbom Rimskog cara, Marija i Josif su morali da se vrate u njihov rodni grad Vitlejem da bi registrovali njihovu porodicu u popisu. Pošto su se svi ljudi koji su bili rasprostranjeni po cijeloj zemlji u isto vrijeme vraćali u rodne krajeve, nije bilo ni čudo što su sve gostionice bile prepune. Zbog toga je Isus rođen u štali gdje su bile životinje. To znači da je On došao da služi ljudima koji se nisu ralikovali od životinja pored kojih je On rođen.

Međutim, duhovna atmosfera za vrijeme Njegovog rođenja

je bila svakakva osim loša. Brojni anđeli su hvalili Boga i slavili rođenje Spasitelja. Oni su znali da će Isus prevazići moć smrti i tamu i da će ponovo okrenuti izgubljen narod ove zemlje u Božju djecu.

Isus je rođen u oblasti Vitlejema u zemlji Judeje. Ali Njegova porodica je morala sa Njim da pobegne u Egipat. On je proveo Njegovo rano djetinjstvo u Nazaretu, oblasti jugozapadno od Galilejskog mora. Smješten u mirnom i osamljenom dijelu prirode, Isus se zadubljivao i postajao je svjestan Božje volje i proviđenja. Kada god je On imao vremena, On je odlazio na planine i molio se i meditirao na Božjim Riječima gledajući ka Nebesima. On je strpljivo čekao da ispuni Njegovu misiju u širenju jevanđelja Nebesa i uzimanju krsta za spasenje čovječanstva.

Kada je On imao dvanaest godina, Isus, Marija i Josif otišli su u Jerusalim da proslave praznik pashe. Nakon što je proslava bila završena, Marija i Josif su se spremali da se vrate kući. Postojalo je toliko mnogo ljudi koji nisu vidjeli da je Isus nestao sve dok cio dan u putu nije prošao. Misleći da se mlad Isus izgubio na nepoznatom mjestu, oni su svuda pokušavali da Ga pronađu. Oni su pretraživali puteve i unutrašnjost zidina grada četiri dana, ali Isusa nigdje nisu mogli da pronađu. Kada su već postali umorni i na rubu očajanja, vidjeli su Isusa u hramu kako razgovara sa velikim učiteljima Zakona. Isus nije izgledao ni malo rastrojen niti nervozan. Umjesto toga, On je izgledao veoma staložen i smiren, kao da je On bio kod Svoje kuće.

Iz nekoliko dana, dok je Isus razgovarao sa učiteljima

Zakona, ljudi koji su Njega slušali bili su zapanjeni Njegovom mudrošću i znanjem. Ovaj događaj nam pokazuje kako je već u dvanaestoj godiniIsus bio upoznat sa Zakonom. Čak i u ovim ranim godinama, Isus je već bio zainteresovan za duboka duhovna značenja sadržana u svakom zakonu. Tako da se kaže u Jevanđelju po Luki 2:52: *„I Isus napredovaše u premudrosti i u rastu i u milosti kod Boga i kod ljudi."*

Neki ljudi misle da je kao dijete, Isus pomagao Josifu u stolarskim radovima. Ali ako je Isus pomagao Josifu u stolariji, kako je On onda imao vremena da bude upoznat sa Zakonom i da čak zadivi velike učitelje Zakona? A djevica Marija je znala ko je Isus. Znajući da je On bio Sin Svevišnjeg Boga, ona Njemu nije dozvolila da se bavi stolarijom. Ona je željela da služi Njemu i da Njega pazi sa najvećom brigom.

Pošto se On primremao za Njegovu službu još od ranijih godina, od trenutka kada je napunio trideset godina, On je sa punom snagom započeo Njegovu službu. On je pozvao Njegovce učenike zajedno i pokazao je Božju moć ljudima, Kao Sin Božji, Isus je svjedočio o živom Bogu i davao je Njemu slavu. On je otvarao oči slijepim, činio da mutavi progovore i vraćao mrtve u život. Ljudima koji su u potpunosti izgubili svoja mjesta kao oni stvoreni po Božjem liku a koji su živjeli kao životinje, Isus je pokazao njihovu pravu sliku i identitet kao djece Boga. On je otkupio ljude iz isromaštva, bolesti i slabosti. On je donio nadu onima koji su bili očajni a ljudima koji su hodali ka vječnoj smrti, On je donio uslugu i priliku da steknu vječni život. Ova usluga koju nam Bog garantuje besplatno je nazvana „milost."

A pravedan put, život i vječni život, nešto što se nikada ne mijenja, čak i kako vrijeme prolazi, mi nazivamo „istina." Iako je Isus imao beskrajnu moć i vlast kao Bog, on se ophodio prema zlim ljudima sa dobrotom i On je imao milosti prema svim ljudima-opraštajući im i voleći ih. I zato što je On osvjetljavao svijet sa ovom prelijepom istinom, Biblija govori da je On bio prepun „milosti i istine."

Milost i istina kroz Isusa Hrista

> „Jovan svjedoči za Njega i viče govoreći: 'Ovaj bješe za koga rekoh: „Koji za Mnom ide preda Mnom postade, jer prije Mene bješe." I od punine Njegove mi svi uzesmo blagodat za blagodaću. Jer se zakon dade preko Mojsija; a blagodat i istina postade od Isusa Hrista. Boga niko nije vidio nikad; Jedinorodni Sin koji je u naručju Očevom, On Ga javi." (1:15-18)

Ime Jovan znači „onaj voljeni od Boga." Sam Jovan je znao da je poslat od Boga prije Isusa da svjedoči o Njemu. Zbog toga je Jovan znao da je Isus, koji je sa Bogom od početka, bio „prije" njega. Čak iako je živio sam u pustinji on je bio prepun milosti sa velikom nadom za Nebesa. Zato što je Jovan svjedočio o Isusu, koji je Svjetlost i život, on je samo mogao da bude preplavljen milošću. Jovan takođe izražava preobilnu radost u njegovom srcu dok to svjedoči zato što zbog Isusa mi smo svi primili „milost nad milošću."

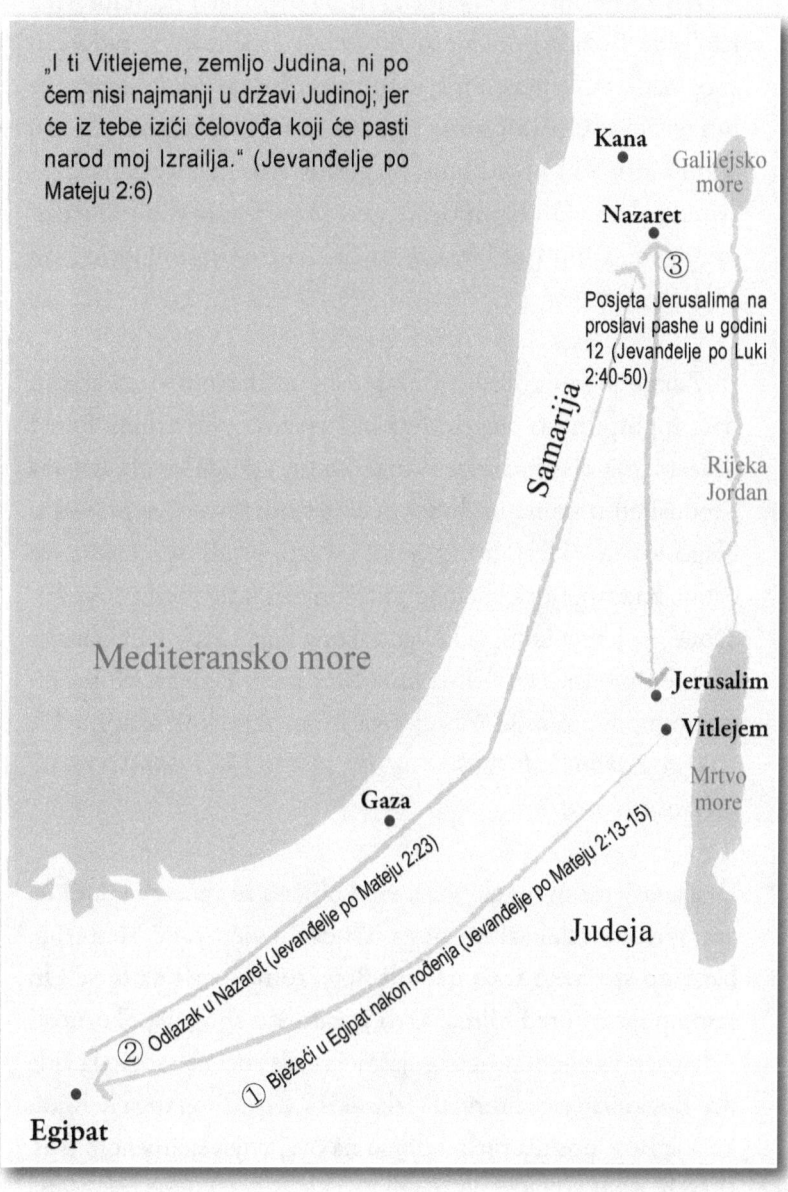

: : Rođenje i razvoj Isusa

Baš kao što Jovan svjedoči, svako ko vjeruje i prihvata Isusa kao Sina Božjeg i pokaje se od svojih grijehova, je radostan zbog nade za Nebesa u njegovom srcu. Isus je donio iscjeljenje bolesnima, On je donio ugodnost i nadu odbačenima i siromašnima i On je donio blagoslov spasenja i vječni život svima. Iako je On bio u tijelu, zato što je On prvobitno jedan sa Bogom, samo Isus Hrist može da donese ovu milost i istinu čovječanstvu.

Zakon je zapis duhovnih zakona pod Božjom vlasti koji su nam u potpunosti potrebni da bi živjeli na ovoj zemlji. Pored objašnjenja o srcu Božjem u Zakonu, takođe se objašnjava i redosljed u kome se duhovni svijet održava i sva pravila o blagoslovima, kletvama, grijehu i smrti, osudi, spasenju i sve ostale značajne informacije potrebne za kultivaciju čovjeka. „Tora" na jevrejskom, je knjiga zakona koja sadrži 613 članaka koje je Bog dao Izraelcima kroz Mojsija prije nego što je Isus došao na ovu zemlju. Zbog toga Jovan započinje u stihu 17: *„Jer se Zakon dade preko Mojsija, a blagodat i istina postade od Isusa Hrista."*

Za vrijeme evangelizacije, vi se obično susrećete sa ljudima koji govore: „Pokaži mi Boga. Onda ću vjerovati." Međutim, baš zato što neko traži da vidi Boga to ne znači da će se On samo pojaviti pred njima. Ovo je zato što zbog nepokornosti Adama, svi su ljudi postali griješnici i griješnici ne mogu da vide lice Boga; inače će umrijeti (Izlazak 19:21). Zbog toga je Riječ, koja je Bog, postala tijelo i došao na ovaj svijet sa imenom Isus, kako bi svi ljudi na kraju mogli da vide Boga. Prema tome, ako vjerujemo u ovog Isusa i živimo u skladu sa Njegovom Riječju, mi možemo da se susretnemo sa Bogom i bilo šta da potražimo, On će to nama dati.

Svjedočenje Jovana Krstitelja

U godini 433, prije Hrista, poslije proroka Malahije, Izrael se suočio sa duhovno „mračnim dobom." U periodu od 400 godina, nije postojao prorok Božji koji bi objavio i dostavio Njegove poruike ljudima. Kao nacija pod podčinjavanjem Rima, Izrael je oplakivao i jecao kroz dugi period od 400 godina dok na kraju prorok nije probio kroz ovu tišinu. Ovaj prorok je bio Jovan Krstitelj.

Glas onoga koji doziva u pustinji

„I ovo je svjedočanstvo Jovanovo kad poslaše Jevreji iz Jerusalima svještenike i Levite da ga zapitaju: 'Ko si ti?' I on prizna i ne zataji i prizna: 'Ja nisam Hristos.' I zapitaše ga: 'Ko si dakle? Jesi li Ilija?' I reče: 'Nisam. Jesi li prorok?' I odgovori: 'Nisam.' A oni mu rekoše: 'Ko si, da možemo kazati onima što su nas poslali? Šta kažeš za sebe?' Reče: 'Ja sam glas onog što viče u pustinji: „Poravnite put Gospodnji," kao što kaza Isaija prorok.'" (1:19-23)

Ako pogledamo u Jevanđelje po Mateju u poglavlju 3, mi vidimo da je Jovan Krstitelj dozivao u pustinji Judeje: „Pokajte se, jer se približi carstvo nebesko" (stih 2). On je na glas vikao da bi rekao ljudima o Isusu, koji je došao kao Spasitelj na zemlju i poveo ka Njemu narod. I kada je Jovan krstio u rijeci Jordan, ljudi su dolazili iz Jerusalima i iz cijele Judeje i cijele oblasti Jordana da bi priznali njihove grijehove i bili kršteni od njega.

Dok je Jovan pripremao put za Gospoda na ovaj način, on je postao predmet velike rasprave među ljudima. Dok je živio u pustinji hraneći se samo skakavcima i divljim medom, Izraelcima koji su bili u potpunom duhovnom mraku, Jovan je izgledao samo kao tračak svjetlosti. Kako je vrijeme prolazilo, priče o Jovanu Krstitelju počele su da se šire i Jevreji su postali radoznali o tome ko je on bio. Zbog toga su oni poslali svještenike i Levite koji su bili upoznati sa zakonima da ga ispitaju.

„Ko si ti?"
„Ja nisam Hristos."
„Jesi li Ilija?"
„Nisam."

„Jesi li prorok?"
„Nisam."

Za vrijeme vladavine kralja Ahava u sjevernom kraljevstvu Izraela postojao je prorok nazvan Ilija. Da bi dokazao da je Bog Izraela jedan i jedini pravi Bog, Ilija je ušao u takmičenje protiv 850 proroka Vala i Ašera. Bog je odgovorio na Ilijin zahtjev zapalivši njegovu žrtvu sa vatrom sa neba dok proroci sa druge strane nisu dobili ni jedan znak od njihovih bogova. Zato što je on bio svet i čist, on je bio uzdignut na nebesa a da nije iskusio smrt. Veoma dug period on je bio njegovan u srcima Izraelaca i primao je njihovu ljubav i poštovanje. Kao što je zapisano u Malahiji 4:5: „*Evo, ja ću vam poslati Iliju proroka prije nego dođe veliki i strašni dan GOSPODNJI;*" Jevreji su vjerovali u proročanstvo i žarko su iščekivali Iliju. Ali suprotno njihovim nadanjima i želji, Jovan Krstitelj je jasno negirao da je Hrist ili Ilija.

Na kraju, kao rezultat njihovog upornog istraživanja, Jovan Krstitelj sebe predstavlja na ovaj način: „Ja sam glas onog što viče u pustinji:" „Poravnite put Gospodnji." Zato što je veoma dobro znao da je njegova misija bila da pripremi put za Gospoda, on se postarao da ne pređe ni jednu granicu. I on je oduvijek tvrdio da onaj koji je veći od njega samoga treba da dođe posle njega.

„Ja krštavam vodom"

„I bjehu poslanici od Fariseja. I zapitaše ga govoreći

mu: 'Zašto, dakle, krštavaš kad ti nisi Hristos ni Ilija ni prorok?' Odgovori im Jovan govoreći: 'Ja krštavam vodom a među vama stoji Onaj koga vi ne znate. On je Onaj što će doći za mnom, koji bješe preda mnom, kome ja nisam dostojan odrešiti remen na obući Njegovoj.' Ovo bi u Vitaniji preko Jordana gdje Jovan krštavaše." (1:24-28)

Naravno visoki svještenici i Leviti su bili nepovjerljivi i sumnjičavi-njihov narod je bio kršten od strane nekoga ko je tvrdio da nije niti Ilija niti prorok. Tako da su ga oni pitali: „Zašto dakle, krštavaš?" Šta mislite, zašto je Jovan Krstitelj krštavao sa vodom? On je krstio sa vodom kako bi ljudima stavio do znanja da dolazi Mesija.

Duhovno, voda simbolizuje vodu života koja daje vječni život čovjeku, što je, Riječ Božja. Baš kao što voda čisti tijelo od prljavih stvari, Božja Riječ čisti dušu od grijeha. Jovan je krstio sa vodom na simboličan način da bi učinio da se ljudi najprije pokaju od njihovih grijehova a onda vjeruju i prihvate Sina Božjeg koji dolazi kao Spasitelj.

U to vrijeme, Jovan Krstitelj je bio visoko poštovan od ljudi jer je bio pravedan i živio je u skladu sa Zakonom i živio je u istini. Ovaj čovjek je trebao da govori ljudima o Mesiji, ponižavajući sebe, govoreći: „On je Onaj što će doći za mnom, koji bješe preda mnom, kome ja nisam dostojan odrešiti remen na obući Njegovoj." Kada mi razmotrimo činjenicu da su njega mnogi ljudi smatrali za proroka i pratili ga, mi možemo da vidimo koliko je on bio ponizan. U isto vrijeme, Jovanovo priznanje nam takođe pomaže da razumijemo koliko je svet i vrijedan Isus.

„Gle, jagnje Božje..."

„A sutradan vide Jovan Isusa gdje ide k njemu, i reče: 'Gle, Jagnje Božje koje uze na se grijehe svijeta!'" (1:29)

Sljedećeg dana, Isus je otišao da se sretne sa Jovanom na rijeci Jordan. On je otišao da bi se krstio prije nego što započne Njegovu javnu službu. Isus nije imao mane niti slaboslti. Međutim, On je bio kršten zato što je On došao na ovu zemlju u tijelu, u liku Njegove kreacije, da bi njih spasio. Zbog toga je On bio oprezan u praćenju pravila ove zemlje. Tako da Njegovo krštenje na rijeci Jordan je bilo značajno zato što je simbolizovalo žrtvu i posvjećenost koju će On da pruži dok bude uzimao krst da bi spasio mnogobrojne ljude.

U ispunjenosti Svetim Duhom, u momentu kada je Jovan vidio Isusa, on je rekao: „Gle, Jagnje Božje koje uze na se grijehe svijeta!" Za vrijeme svog života ovde na zemlji, mnogi ljudi ili jure za zadovoljstvima ovog svijeta ili čine sve vrste različitih grijehova dok pokušavaju da steknu slavu, moć ili samo da budu ispred drugih. Jovan je dao ovo priznanje, znajući da će Isus na kraju da bude zakovan na krstu zbog svih ovih grijehova.

Onda, od svih životinja koje postoje, zašto je Jovan uporedio Isusa sa jagnjetom? On je napravio ovo upoređenje zbog različitih osobina jagnjeta. Ovce su veoma pokorne i one idu samo na ona mjesta gdje ih njihov pastir vodi. Čak iako ih neko uhvati i odere im vunu, one se ne odupiru. Njihova vuna, mlijeko i meso su žrtva za korist ljudi.

Muško jagnje staro godinu dana sa obično mekom vunom koja izgleda prelijepo se obično žrtvovalo Bogu. Ako se uporedi sa ljudima, ova jagnjad bi bila jednaka mladim ljudima u najboljem periodu njihovog života. Zato što je ovo prije doba parenja, jagnjad su veoma čista i bez mana. Ovo je poput Isusa, žrtveno jagnje, koji nesebično daje Sebe za nas, griješnike. Bez ikakvih naznaka ratobornosti i umišljenosti, On je nježan i krotak, čist i bez ikakve greške.

Jovan je uporedio Isusa sa jagnjetom zato što ovaj Isus, kao žrtveno jagnje, treba da bude žrtvovan za griješnike kao žrtva paljenica. Neki ljudi nazivaju nove vjernike koji su mladi u vjeri „jagnje" Međutim, Biblija se odnosi na vjernike sa riječju „ovca" ili „Božja ovca" ali nikada sa „jagnje." Ovo je zato što se izraz „jagnje" odnosi na Isusa Hrista.

Sin Božji

„Ovo je Onaj za koga ja rekoh: 'Za mnom ide Čovjek koji preda mnom postade, jer prije mene bješe.' I ja Ga ne znadoh: nego da se javi Izrailju zato ja dođoh da krstim vodom. I svjedoči Jovan govoreći: 'Vidjeh Duha gdje silazi s neba kao golub i stade na Njemu.' I ja Ga ne znadoh; nego Onaj koji me posla da krstim vodom On mi reče: 'Na koga vidiš da silazi Duh i stoji na Njemu to je Onaj koji će krstiti Duhom Svetim.' I ja vidjeh i zasvjedočih da je ovaj Sin Božji." (1:30-34)

Isus je rođen na ovoj zemlji šest mjeseci poslije Jovana Krstitelja. Ali duhovno, On je postojao prije početka vremena. Jovan je znao ovu istinu. Zbog toga je on rekao: „Za mnom ide

Čovjek koji preda mnom postade, jer prije mene bješe."

I on navodi razlog njegovog postojanja otkrivanje ovog Isusa Izraelu. Razlog zbog kojeg je Jovan krstio sa vodom je da kaže ljudima o Isusu, koji će krstiti Svetim Duhom. Kako bi ljudi bolje razumijeli krštenje sa Svetim Duhom koje će Isus kasnije izvoditi, ljudi najprije treba da shvate duhovno značenje iza krštenja sa vodom.

Bog je rekao Jovanu Krstitelju da je onaj na koga će Duh doći kao golub sa neba, Hrist. Baš kao što je Bog rekao, nakon što je Isus kršten i nakon što je ustao iz vode, nebo se otvorilo i Duh je došao nad Njim kao gloub. Vidjevši ovo, Jovan Krstitelj je znao da je Isus Sin Božji. A Isus, budući da je bio prvi koji je primio Svetog Duha, On će biti prvi koji će kasnije krstiti sve ljude Svetim Duhom.

Tako da šta mislite zašto Biblija govori da će Sveti Duh doći kao golub? Golub simbolizuje mir i veoma je blaga i nježna ptica koja je veoma prijateljski nastrojena ka ljudima. Ali ovo ne znači da je baš pravi golub sišao i sleteo na Isusa. To znači da je prisustvo Duha sletelo na Isusa na nježan i blag način, odražavajući se na Isusov karakter. Sveti Duh čini različito, u skladu sa temperamentom svake osobe. Za ljude sa jarkim temperamentom Sveti Duh čini na veoma jak način; a za ljude sa nježnim temperamentom Sveti Duh čini na nježan i blag način. Zato što je Bog otvorio Jovanove duhovne oči, on je mogao da vidi prisustvo Svetog Duha, što ljudi ne mogu da vide sa fizičkim očima. Prema tome, on je mogao da vidi i svjedoči da je Isus Sin Božji.

Sljedbenici Isusa

Kada se Jovan na kraju sreo sa Isusom, koga je čekao i koji je bio unaprijed poslat od strane Boga, koliko se samo osjećao uzbuđeno i zaprepašćeno! Nakon što je vidio ovog Isusa koji je došao da ga krsti, Jovana je bila toliko sramota da je htio da odbije Njegov zahtjev. Međutim, Isus je rekao: „*Ostavi sad, jer tako nam treba ispuniti svaku pravdu*" (Jevanđelje po Mateju 3:15). Isusova blagost, ipak i odlučan glas ubjedili su Jovana da ne okoliše više. Ovo je zato što se sve dogodilo u skladu sa Božjom voljom.

Učenici Jovana Krstitelja

„A sutradan, opet, stajaše Jovan i dvojica od učenika

njegovih, i vidjevši Isusa gdje ide, reče: 'Gle, Jagnje Božje!' I čuše ga oba učenika kad govoraše, i otidoše za Isusom. A Isus obazrevši se i vidjevši ih gdje idu za Njim, reče im: 'Šta ćete?' A oni Mu rekoše: 'Ravi (koje znači: učitelju), gdje stojiš?' I reče im: 'Dođite i vidite.' I otidoše, i vidješe gdje stajaše; i ostaše u Njega onaj dan, a bješe oko devetog sahata." (1:35-39)

Bio je to dan nakon što je Isus bio kršten sa vodom. Jovan je želio da njegovi voljeni učenici prate Isusa, Sina Božjeg. Zbog toga je Jovan rekao njegovim učenicima: „Gle, Jagnje Božje!" da ponovi još jednom ko je Isus zaista bio.
Tako da je Isus pitao ove učenike šta zaista žele. On nije pitao zato što nije znao šta oni žele. On je pitao zato što je On mogao da im odgovori samo ako pitaju (Jevanđelje po Mateju 7:7). On je želio da im da priliku da pitaju. U trenutku kada su ovo čuli, učenici u odmah počeli da prate Isusa.

„Šta ćete?"
„Ravi, gdje stojiš?"

„Ravi" na jevrejskom znači titula za učitelja zakona o Judizmu i to znači: „Moj učitelj, moj Gospod." To je titula koja se koristi da bi se obratili osobi od poštovanja, ili učitelju sa mnogo znanjem. I opet On je progovorio Jovanovim učenicima, koji su Njega smatrali učiteljem, govoreći: „Dođite."

Dok su pratili Isusa i osjećali se osramoćeno u razgovoru sa Njim, učenici čak nisu ni bili svjesni kako prolazi vrijeme. Oni su bili toliko udubljeni u Njegove poruke.

Andrej i Simon Petar

„A jedan od dvojice koji čuše od Jovana i iđahu za Njim beše Andrija, brat Simona Petra. On nađe najprije brata svog Simona, i reče mu: Mi nađosmo Mesiju, koje znači Hristos. I dovede ga k Isusu. A Isus pogledavši na nj reče: Ti si Simon, sin Jonin; ti ćeš se zvati Kifa" (koje znači Petar). (1:40-42)

Jedan od Jovanovih učenika koji je pratio Isusa bio je Andrija, brat Simona Petra. Dok je razgovarao sa Isusom, on je otkrio nevjerovatnu istinu. On je otkrio da je Isus Mesija kojeg su sva proročanstva predviđala! Andrej nije mogao više da zadrži za sebe ove vijesti. Tako da je on požurio ka njegovom bratu Simonu i rekao mu: „Mi nađosmo Mesiju!"

Možete li da zamislite kako se samo Simon osjećao kada je vidio Andrejovo lice svo pocrvenjelo i ispunjeno sa uzbuđenjem dok je vikao: „Sreo sam Mesiju!" Simon je možda bio na početku zbunjen, ali pošto je njegov brat tvrdio da je sreo Hrista- tog Mesiju kojeg su Izraelci žarko iščekivali sve ove godine, on je brzo pratio brata da bi otišao i vidio se sa Njim. Nakon što je vidio Simona, Isus je rekao: „Ti si Simon, sin Jonin; ti ćeš se zvati Kifa (Petar)."

Isus je znao od početka ko je on bio i On je gledao pravo kroz Simonovo srce. Isus je takođe znao kako će ga Bog iskoristiti kasnije. „Kifa" ili „Petar," kao što ga je Isus nazvao, postaće kasnije Isusov dragocheni učenik koji će žrtvovati svoj život da bi izgradio jake temelje na kojima će se izgraditi prva crkva.

Druga jevanđelja navode da su Petar i Andrija pecali pored mora Galilejskog kada su bili pozvani da postanu Isusovi učenici (Jevanđelje po Mateju 4:18; Jevanđelje po Marku 1:16-18). Razlog zbog kojega se Jevanđelje po Jovanu razlikuje u ovom pogledu je zato što Jevanđelje po Jovanu saopštava prvi susret Andreja i Petra sa Isusom; a ne gdje su bili pozvani da budu Njegovi učenici.

Filip i Natanailo

„A sutradan namisli izići u Galileju, i nađe Filipa. I reče mu Isus: 'Hajde za mnom.' A Filip bješe iz Vitsaide, iz grada Andrijinog i Petrovog. Filip nađe Natanaila, i reče mu: 'Za koga Mojsije u zakonu pisa i proroci, nađosmo Ga, Isusa sina Josifova iz Nazareta.' I reče mu Natanailo: 'Iz Nazareta može li biti šta dobro?' Reče mu Filip: 'Dođi i vidi.'" (1:43-46)

Dan nakon što je Isus sreo Andriju i Petra, kako je On krenuo da napusti Galileju, Isus je sreo Filipa. On mu je rekao: „Hajde za mnom." Filip, kao i Petar, bili su iz grada Vitsaide i on je takođe bio pozvan da bude Isusov učenik. I kao i Andrej, nakon što je saznao da je Isus Mesija, on je otišao da podjeli vijest sa Natanilom. Zato što u ovo vrijeme Filip nije mnogo znao o Isusu, on ga je predstavio kao: „Isus, sin Josifov, iz Nazareta." I on reče: „Za koga Mojsije u zakonu pisa i proroci, nađosmo Ga, Isusa sina Josifova iz Nazareta." Ali Natanilo je pitao: „Iz Nazareta! Može li biti šta dobro iz Nazareta?"

Natanilo nije vjerovao Filipu. On je mislio: „Kako tako veliki Mesija može da potiče iz tako zapuštenog mjesta?" Natanilo je mislio da će Mesija koji treba da spasi cijelo čovječanstvo od njihovih grijehova biti, kao Božji Sin, dobra osoba, ali takođe u isto vrijeme i tako visoko poštovan da se ljudi neće usuditi da na Njega tek tako pogledaju. Tako da naravno, nakon što je čuo da je Mesija sin običnog stolara, on nije mogao da vjeruje njegovim ušima!

Filip, pošto je bio mudar čovjek, nije pokušavao da se raspravlja sa Natanilom! On mu je rekao da samo jednostavno pođe i uvjeri se sam ako već ne može da vjeruje. Natanilu je bilo teško da povjeruje, ali pošto je imao dobro srce, on je poslušao savjet njegovog prijatelja i pratio ga.

> „A Isus vidjevši Natanaila gdje ide k Njemu reče za njega: 'Evo pravog Izrailjca u kome nema lukavstva!' Reče Mu Natanailo: 'Kako me poznaješ?' Odgovori Isus i reče mu: 'Prije nego te pozva Filip vidjeh te kad bješe pod smokvom.'" (1:47-48)

Kada je Isus vidio Natanila kako prilazi Njemu dok ga vodi Filip, On ga je pohvalio sa riječima: „Evo pravog Izrailjca u kome nema lukavstva!" Isus je vidio sredinu Natanilovog srca i On je znao da on ima nepromjenljivo srce-biće vjerno i pokorno Božjoj Riječi. Tako da, šta mislite zašto je Isus nazvao Natanila „pravim Izrailjcem?"

Kada je Bog izabrao Jakova da postane otac Izraela, On je želio narod koji će biti dobar i iskren. Međutim s vremena na vrijeme, Izraelci su se udaljavali od Boga i služili su drugim idolima. Bog je tražio „iskrene Izraelce" koji su zaista bili vjerni i pokorni i tada se Natanilo pojavio pred Isusom.

Naravno, Natanilo je bio iznenađen kada je Isus, koga nikada ranije nije sreo, prepoznao njega i pohvalio ga. On je pitao: „Kako me Ti poznaješ?a Isus je odgovorio: „Prije nego te pozva Filip, vidjeh te kad bješe pod smokvom."

Isus nikada ranije nije vidio Natanila, ali je On gledao pravo kroz njega! Zato što je Natanilo imao dobro srce, on nije sumnjao u Isusa pitajući: „Pitam se da li je neko rekao Isusu o meni prije našeg susreta?" Umjesto toga, on je otvorio njegovo srce i prihvatio je istinu onakvu kakva jeste.

Natanailovo duhovno priznanje

„Odgovori Natanailo i reče Mu: 'Ravi, Ti si Sin Božji, Ti si Car Izrailjev.' Odgovori Isus i reče mu: 'Što ti kazah da te vidjeh pod smokvom zato vjeruješ? Videćeš više od ovog.' I reče mu: 'Zaista, zaista vam kažem, odsele ćete vidjeti nebo otvoreno i anđele Božje gdje se penju i silaze k Sinu Čovječijem.'" (1:49-51)

Nakon razmenjivanja samo nekoliko riječi sa Isusom, Natanilo je dao veoma iznenađujuće priznanje: „Ravi, Ti si Sin Božji, Ti si Car Izrailjev." Na šta mu je Isus odgovorio: „Što ti kazah da te vidjeh pod smokvom zato vjeruješ? Vidjećeš više od ovog."

Nakon što je čuo Natanilovo duhovno priznanje, Isus mu

je rekao o stvarima koje će se dogoditi u budućnosti. Baš kao i Vartolomej, jedan od Isusovih apostola, Natanilo je bio svjedok mnogim znakovima i čudima kako se držao blizu Isusa. On je bio svjedok mnogim ljudima koji su iscjeljeni od različitih vrsti bolesti; on je bio svjedok Lazaru koji je vraćen u život nakon što je umro i trulio 4 dana; i na kraju, bio je svjedok Isusu koji je umro na krstu, sahranjen u grobnici i vaskrsao trećeg dana.

Isus je onda dao Natanilu još jednu blagoslovenu poruku: „Zaista, zaista vam kažem, odsele ćete vidjeti nebo otvoreno i anđele Božje gdje se penju i silaze k Sinu Čovječijem." Ovo je potvrda Natanilovog priznanja: „Ravi, Ti si Sin Božji, Ti si Car Izrailjev." Razlog zbog koga Isus ne odgovara: „Da, ti si u pravu," već umjesto toga indirektno prepoznaje Natanilovo priznanje i indirektno izražava da je On Mesija, je taj da još nije bilo Isusovo vrijeme da to učini. Ako bi sve On otvoreno rekao, neprijatelj đavo i Sotona bi ometali plan spasenja i pokušali bi da spreče da volja Božja ne bude ispunjena. Prema tome, On nije želio da još otkrije Sebe. Isus je uvijek gledao u centar srca osobe; i imao je u mislima da On mora da ispuni misiju, On je činio samo u potpunom skladu sa voljom Božjom.

Poglavlje 2

Isus čini prvi znak

1. Svadbeno veselje u Kani
   (2:1-12)

2. Ne činite od doma Oca Mog dom trgovački
   (2:13-25)

Svadbeno veselje u Kani

Kako je On sve više sazrevao, Isus je konstantno pripremao samog Sebe za Njegovu službu kao Spasitelja i čekao je da dođe Njegovo vrijeme. I čim je On napunio 30 godina, On je zvanično započeo Njegovu javnu službu, da spase čovječanstvo kao Mesija.

Čudesan znak koji je Isus izveo dok je prisustvovao svadbenom veselju u Kani, označava početak Njegove javne službe. Neki ljudi vjeruju da je Isus pretvorio vodu u vino da bi jednostavno blagosiljao ljude na vjenčanju. Ipak, postoji posebno značenje koje se krije iza ovog prvog Isusovog znaka, koje je On izveo, kad je započeo Njegovu javnu službu. Isusovo prisustvo na vjenčanju, pretvaranje vode u vino i izgovaranje određenih riječi Mariji, imaju veliko značenje.

Isus je bio pozvan na svadbeno veselje

„I treći dan bi svadba u Kani galilejskoj, i onde bješe mati Isusova; a pozvan bješe i Isus i učenici Njegovi na svadbu. I kad nesta vina, reče mati Isusova Njemu: 'Nemaju vina.' Isus joj reče: 'Ženo, kakve to veze ima sa nama? Još nije došao moj čas.'" (2:1-4)

Region Kane nije daleko od Nazareta ili Galileje. Jednog dana, Marija i naravno Isus i Njegovi učenici, bili su pozvani na svadbeno veselje, koje se tamo održavalo.

Ako pogledate u Jevanđelje po Luki 17:27, kaže se da je za vrijeme sudnjeg dana Nojevog vremena: „*jeđahu, pijahu, ženjahu se, udavahu se do onog dana kad Noje uđe u kovčeg, i dođe potop i pogubi sve.*" A u stihu 30, govori se: „*Tako će biti i u onaj dan kad će se javiti Sin Čovječiji.*" Reči, „jeđahu, pijahu, ženjahu se i udavahu se," opisuju kako će svijet biti ispunjen zlobom u njegovim poslednjim danima.

Šta više, Kana u Galileji duhovno simbolizuje svijet, a svadbeno veselje u Kani simbolizuje svijet ispunjen jelom, pićem i uživanjem u grijehu poslednjih dana. Neprijatelj đavo, koji je vladar ovoga svijeta, iskušava ljude da prate svoje griješne instinkte da bi se opijali u svjetovnom svjetu.

Zbog čega je Isus prisustvovao svjetovnom svadbenom veselju? Isus nikada ne bi prisustvovao veselju da bi uživao u ovozemaljskom zadovoljstvu. On je došao na ovaj svijet samo da bi slavio Boga i da bi spasao čovječanstvo. Kako je moguće da je On započeo Njegovu javnu službu uživajući u ovozemaljskim zadovoljstvima? Razlog zbog kog je Isus prisustvovao ovom svjetovnom svadbenom veselju bio je da pokaže da je Božji Sin, koji je svetac i koji se odvaja od grijeha, koji je došao na svijet pun grijeha da bi spasao griješnike u njemu.

Upravo kada je slavlje bilo na vrhuncu, nestalo je vina. Za domaćina događaja, bila je to vrlo neprijatna situacija. Marija, koja je saznala šta se događa, bilo je žao domaćina, te je rekla Isusu šta se dogodilo. Ovo je zbog toga što je ona, tokom trideset godina koje je živjela sa Isusom znala, da On ima moć da učini bilo šta. Ipak, Isus daje Mariji neočekivani odgovor: „Ženo, kakve to veze ima sa nama? Moj čas još nije kucnuo."

I zašto Isus Mariji kaže „ženo?" Bog, koji je Stvoritelj svijeta, ne može da nazove ženu koju je On stvorio „majka." Naravno, On je služio trideset godina Njegovim fizičkim roditeljima u skladu sa zapovjestima i Njegovim dužnostima kao sin. Ipak, nakon što je započeo Njegovo služenje, On je nosio Njegovu misiju kao „Božji Sin." Zbog toga je Isus rekao Mariji „ženo" u prisustvu Njegovih učenika na slavlju.

A razlog zbog kog je pitao Mariju: „Ženo, kakve to veze ima sa nama?" bio je da pokaže da On i Njegovi učenici nemaju nikakvog udjela u jelu, piću i veselju muškaraca. Šta Isus misli kada kaže: „Moj čas još nije kucnuo?" U ovoj rečenici, riječ „čas" označava duhovno vrijeme. Isus misli na to, da još uvijek nije došlo vrijeme za Njega da ispuni Njegovu misiju spasenja umirući razapet na krstu zbog naših grijehova. Marija je govorila Isusu o fizičkoj situaciji u kojoj su bili, o tome da je nestalo vina na veselju, a Isus joj je odgovorio riječima koje su nosile duboko, duhovno značenje.

Duhovno značenje šest vodenih sudova od kamena

„Reče mati Njegova slugama: 'Šta god vam reče učinite.' A onde bješe šest vodenih sudova od kamena, postavljenih po običaju jevrejskog čišćenja, koji uzimahu po dva ili po tri vedra. Reče im Isus: 'Napunite sudove vode.' I napuniše ih do vrha." (2:5-7)

Marija govori slugama da rade šta god im Isus kaže da rade. Prvo, ovo nas može navesti na to da mislimo da su postupci Marije u suprotnosti sa onim što je Isus rekao kada je odgovrio: „Moj čas još nije kucnuo." Ipak, nije moguće da je Marija zanemarila ono što je Isus rekao. Iako je Isus rekao da On nema nikakve veze sa veseljem na ovom svijetu, Marija je vjerovala da će On imati milosti prema domaćinu veselja—koji je bio u vrlo teškoj situaciji—i da će učiniti nešto za njega.

Na slavlju je bilo šest vodenih sudova od kamena, koje su Jevreji koristili za ceremonijalno umivanje, a svaki je mogao da primi dvadeset do trideset litara vode. Biblija spominje da su sudovi bili napravljeni od „kamena." Ovo je zbog toga što kamen predstavlja nešto jako i nepromjenljivo, kao što je čvrst temelj. To predstavlja nepromjenljivo obećanje od Boga. Činjenica da je bilo šest sudova je značajna, jer predstavlja 6000 godina ljudske kultivacije. Kao i kameni sudovi, Božje proviđenje i ljubav prema čovječanstvu su nepromenljivi i biće tokom 6000 godina ljudske kultivacije.

Kada je Marija pokazala Isusu svoju nepokolebljivu vjeru, Isus joj je odgovorio izvodeći čudesni znak. Isus je rekao

: : Vjenčanje u Kani (Slike unutar Franjevačke crkve za vjenčanja)

: : Franjevačka crkva za vjenčanje

slugama da napune šest kamenih sudova vodom. Kaže se da su sudovi bili napunjeni do ivica, što znači da samo što se nisu prelivali. Činjenica da je voda bila do ivica sudova ali se nije prelila, znači da će istorija ljudske kultivacije biti završena prije završetka 6000 godina. Vrlo mali prostor koji je ostao iznad ivica sudova, simbolično predstavlja događaje koji će se dogoditi ovdje na zemlji tokom Sedam godina velikog stradanja nakon završetka ljudske kultivacije.

Proviđenje pretvaranja vode u vino

„I reče im: 'Zahvatite sad i nosite kumu.' I odnesoše. A kad okusi kum od vina koje je postalo od vode, i ne znaše otkuda je (a sluge znahu koje su zahvatile vodu), zovnu kum ženika, i reče mu: 'Svaki čovjek najprije dobro vino iznosi, a kad se opiju onda rđavije; a ti si čuvao dobro vino dosle.'" (2:8-10)

Kada su se sluge povinovale Isusu, što znači, kada su izvukli nešto vina iz suda i odneli ga kumu, voda se pretvorila u vino! Voda koju je Isus pretvorio u vino, bilo je vino koje je imalo fenomenalan ukus. Bilo je tako dobrog ukusa, da je kum pozvao mladoženju da bi ga o tome pitao. Obično na slavlju, ljudi najprije služe njihovo najbolje vino, zato što kako slavlje napreduje i ljudi postaju pijani, njihova čula otupljuju, tako da u tom trenutku nije važno ako je kvalitet vina malo slabiji nego ranije. Ali na ovom slavlju, najbolje vino je došlo kasnije, tako da je kum pomislio da je to malo čudno.

Isus nije prisustvovao svadbenom veselju i pretvorio vodu u vino da bi ljudi dublje pali u razvrat. Isus je u stvari napravio vino koje nije sadržalo nikakvu supstancu koja bi izazvala pijanstvo. Da bismo razumijeli zašto je Isus izveo ovaj čudesni znak, prvo moramo razumijeti duhovni značaj vode i vina.

Ovdje, voda predstavlja tijelo Isusa Hrista koji je došao na ovaj svijet kada je Riječ postala telo (Jevanđelje po Jovanu 1:14), a vino predstavlja krv Isusovu kojaće spasiti sve griješnike. Zato, razlog zbog kog je Isus pretvorio vodu u vino i pustio ljude da ga piju je taj, da pokaže, da kad dođe vrijeme, Isus će umrijeti na krstu i proliti Njegovu krv da bi ljudima koji vjeruju u ovaj svijet mogli biti oprošteni njihovi grijehovi da bi mogli da prime spasenje.

„Kum" predstavlja ovozemaljske ljude koji ne vjeruju u Boga, a sluge koje su donele vino kumu, predstavljaju Božje sluge. Sluge su znale kako je vino nastalo, dok kum nije imao predstavu odakle je došlo. Isto tako, Božje sluge znaju vrlo dobro da smo mi spaseni Isusovom krvlju, te oni pokušavaju da šire propovjed svom stadu o Isusu Hristu i Božjoj Riječi, kao i ljudima ovog svijeta koji ne vjeruju.

Kao što je kum bio radostan kada je probao novo vino, tako i ljudi kojima su oprošteni njihovi grijesi dragocjenom krvlju Isusovom, iskreno osjećaju radost u središtu svojih srca. Njihovi grijesi bi ih vodili putem vječne smrti, ali zbog Božje milosti, njihovi grijesi su sprani i naravno da će oni osjećati veliku radost!

Činjenica da je vino koje je nastalo iz vode bilo dobrog ukusa, duhovno predstavlja Božju Riječ koja je slatka kao med.

Ljudi koji ne vjeruju u Boga pokušavaju da zadovolje svoje fizičke želje jureći za različitim svjetovnim stvarima; ipak, pošto će se kad-tad suočiti sa vječnom smrću, sve te stvari postaju beznačajne. Ali Božja Riječ je slatka i duboka i ona nam daje život, te je zato istinski vrijedna.

Ovaj prvi znak je pokazao Božje proviđenje u vođstvu Njegovih ljudi ka Nebesima, opraštajući njihove grijehe kroz dragocijenu krv Isusa i njihovo osvećivanje kroz Njegovu Riječ.

„Ovo učini Isus početak čudesima u Kani galilejskoj, i pokaza slavu Svoju; i učenici Njegovi vjerovaše Ga." (2:11)

Kada Biblija govori o tome da su učenici počeli da vjeruju u Isusa, nakon što su vidjeli Njegovu slavu kroz ovaj prvi čudesni znak, to se ne odnosi samo na ovaj jedan događaj pretvaranja vode u vino. Ova fraza se simbolično odnosi na sve događaje koja će u budućnosti ispuniti Božje proviđenje. U Jevanđelju po Mateju, u poglavlju 12, prisustvujemo sceni u kojoj neki Fariseji i učitelji zakona dolaze kod Isusa i pitaju Njega da im pokaže znak. Do tada, uz pomoć Božje moći, Isus je pokazao dovoljno dokaza da bi ljudi mogli da vjeruju. Isus je iscjelio slijepe, da bi mogli da vide, iscjelio je nijeme da bi mogli da govore. Isus je pokazao nebrojeno mnogo znakova uz ove; ipak, oni njima nisu bili dovoljni. Oni još uvijek nisu htjeli da vjeruju i tražili su još jedan znak.

U Jevanđelju po Mateju 12:39-40, Isus je odgovorio i njima rekao: „*Rod zli i preljubotvorni traži znak; i neće mu se dati znak osim znaka Jone proroka; jer kao što je Jona bio u trbuhu kitovom tri dana i tri noći: tako će biti i Sin Čovječiji u srcu zemlje tri dana i tri noći."* Trbuh kita se u Starom Zavjetu naziva „dubine Šeola" (Jona 2:2), što znači „Gornji Grob." Ono što Isus ovde govori je to, da kao što prorok Jona nije poslušao Boga, te zbog toga proveo tri dana u grobu, Isus će takođe umrijeti na krstu zarad ljudskih grijehova i onda otići u grob. I onda će nam On pokazati još jedan znak tako što će se poslije tri dana vratiti u život.

Tako da fraza: „Ovo učini Isus početak čudesima u Kani galilejskoj, i pokaza slavu Svoju; i učenici Njegovi vjerovaše Ga," ne znači da su Isusovi učenici povjerovali istog trenutka kada su vidjeli da se voda pretvara u vino. Ova fraza je proročanstvo, da će učenici steći istinsku vjeru samo ako Isus učini „znak Jone proroka," tako što će umrijeti na krstu i pokazati slavu uskrsnuća. I kao što piše u ovom Svetom pismu, tek nakon što su bili svjedoci uskrsnuća, učenici su istinski razumijeli sve što im je Isus govorio i vjerovali su u Njega.

> „Potom siđe u Kapernaum, On i mati Njegova, i braća Njegova, i učenici Njegovi, i ondje stajaše ne mnogo dana." (2:12)

Nako što je učinio Njegov prvi znak, On je otišao sa Njegovom majkom i braćom i Njegovim učenicima u Kapernaum. Kapernaum, koji se nalazi sjeverozapadno od mora Galilejskog, bilo je gusto naseljeno mjesto, zato što je u to vrijeme tu postojala pošta rimske vojske i tu se nalazio administrativni centar. Isus je takođe izveo mnogo Njegovih evangelističkih službi na ovoj lokaciji.

Ovo je mjesto gdje je pozvao Petra, Andreja, Jakova i Jovana da budu Njegovi učenici; i ovde ih je On naučio mnogim stvarima. Ovo je mjesto gdje je Isus iscijelio paralisane i vratio u život Jairovu ćerku. Međutim, narod Kapernauma nije prihvatio Isusove riječi. Ljudi iz ovog mjesta bili su svjedoci mnogih Božjih djela, nego što je to bio slučaj sa ljudima bilo kog drugog mjesta i ipak se nisu pokajali. Nije ni čudo što je Isus žalio zbog njih (Jevanđelje po Mateju 11:23).

Oko šestog vijeka, zidine grada Kapernauma su pale; i on je ostao nenaseljen i u ruševinama do danas. Isus se nije dugo zadržao na ovom mjestu i kad se mi osvrnemo da pogledamo sve ono što je On učinio, možemo razumijeti zašto. Isus nije nikad činio prema Svojoj sopstvenoj volji. On je uvijek pratio Božju volju. On je samo govorio da mu je Bog rekao da govori, On je išao samo tamo gdje je Bog rekao Njemu da ide i On je ostajao samo tamo gdje mu je Bog govorio da ostane.

Ne činite od doma Oca Mog dom trgovački

Tokom vladavine kralja Rovoama, Solomonovog sina, Izrael je bio podjeljen na sjeverno kraljevstvo Izraela i južno kraljevstvo Judeju, a kao rezultat toga, oni su iskusili mnogo invazija od neprijateljskih naroda. Kasnije, godine 772.p.n.e., sjeverni Izrael su uništili Asirci, a 586.g. p.n.e., južnu Judeju je zauzeo Vavilon, a mnogi Izraelci su uhvaćeni kao zarobljenici. Kao rezultat toga, jevrejski narod je patio mnogo godina. Ipak, i pored ugnjetavanja od strane Rimljana, Jevreji su uspjeli da se sa svih strana vrate u Jerusalim da bi prineli žrtve Bogu na njihov najveći nacionalni praznik, pashu.

Isus čisti Hram

„I blizu bješe pasha jevrejska, i iziđe Isus u Jerusalim. I nađe u crkvi gdje sede oni što prodavahu volove i ovce i golubove, i koji novce mijenjahu. I načinivši bič od uzica, izgna sve iz crkve, i ovce i volove; i mjenjačima prosu novce i stolove ispremeta; i reče onima što prodavahu golubove: 'Nosite to odavde, i ne činite od doma Oca Mog dom trgovački.' A učenici se Njegovi opomenuše da u pismu stoji: 'Revnost za kuću Tvoju izjede me.'" (2:13-17)

Prateći Zakon, Isus je takođe otišao gore u crkvu da proslavi pashu. Mi kažemo da su ljudi „otišli gore u hram" jer se Jerusalim nalazi na planini, na 760 metara nadmorske visine. Ali kada su Isus i Njegovi učenici stigli u hram, Isus nije mogao da povjeruje svojim očima! Hram je bio ispunjen prodavcima koji su prodavali stoku, ovce, golubove itd., kao i ljudima koji su doputovali iz daleka i koji nisu bili u mogućnosti da bilo šta pripreme kao žrtvu Bogu.

Bili su tu judi koji su prodavali stoku, ovce i golubove, ljudi koji su mijenjali novac ljudima koji su imali stranu valutu, govoreći da je strani novac prljav da bi se ponudio Bogu. Zvuk ljudi koji se cenjkaju, zvuci sotke koja je pomješana zajedno, pravili su takvu galamu, da hram jedva da je ličo na sveto mjesto bogosluženja.

Prisustvujući ovakvoj sceni, izazvalo je kod Isusa da mu srce gori ognjenim besom. Zato je On napravio bič od uzica i izveo životinje iz hrama, prosuo je menjačima novac i ispremetao im stolove. Zatim je On rekao onima što prodavahu golubove, „Nosite to odavde, i ne činite od doma Oca Mog dom trgovački."

Šta vi mislite da je navelo Isusa, koji je tako blag i nikada svadljiv, niti žestok, da bude tako bijesan? On nije pobesnio zato što je On bio preke naravi. On je bio bijesan zato što je Božji hram, koji treba da bude najsvetije i najčistije mjesto, bio ukaljan prodavcima koji su pokušavali da zarade za sebe. Ova scena nam pokazuje koliko je Isus volio hram.

Neko može postavlja pitanje: „Zar nije u redu kupovati i prodavati stvari koje su neophodne da bi se prinele žrtve Bogu?" Ipak, prodavci su trgovali za svoj račun, prikrivajući Božju slavu. Hram je mjesto na kome bogoslužimo Bogu u duhu i u istini, i mjesto na kome Bogu nudimo naše molitve i hvalospjeve. Na ovom mjestu ne bi trebalo da postoje poslovne razmjene između vjernika.

Čak i danas, mi moramo da pazimo da ne trgujemo u crkvi bez obzira na razlog. Neko može da pita: „Ali zar ne prodajemo knjige i druge crkvene predmete i crkvenoj prodavnici?" Ipak, razlog iz kog se vodi crkvena prodavnica nije da se napravi profit. Novac koji se prikupi od prodaje Biblija, Crkvenih pesmarica i drugih predmeta koji su neophodni za svakodnevni život Hrišćana, koristi se da se pomogne onima kojima je pomoć potrebna, da se pomogne misijama i drugim programima Božjeg kraljevstva. Osim toga, ako neko pokušava da trguje u crkvi zarad lične dobiti, to ne treba dozvoliti.

Na bilo kom mjestu gdje se ljudi zajedno okupljaju u

Gospodu, mi moramo biti sigurni da tu ne unosimo načine svjetovnog svijeta. Ovo možemo postići tako što ćemo uvijek činiti u istini. Ako unesemo i najmanji dio svjetovne misli u crkvu, trendovi svjetovnog svijeta, kao što gljivice brzo rastu, izazvaće iskušenja i poteškoće kao posledicu. Da, Bog nas voli i milostiv je; ipak, On neće tolerisati djela koja oskrnavljuju crkvu ili sakrivaju Njegovu slavu.

Učenici koji su bili svjedoci Isusovog bijesa počeli su da shvataju Sveto Pismo: *„Revnost za kuću Tvoju izjede me"* (Psalmi 69:9). Fariseji, Sadukeji i učitelji zakona su tvrdili da vole Boga i zbog toga su proučavali zakone i pridržavali ih se sa žarom. Oni su se okupljali u hramu da bi prinosili žrtve i da bi se molili. Ali na kraju, oni nisu razumijeli Božju volju. Oni su u svojoj spoljašnjosti izgledali sveto, ali oni su bili ispunjeni zlom i nepravednošću iznutra. Oni nisu mogli da prepoznaju da su ljudi skrnavili hram trgujući u njemu.

Na isti način, iako je spoljašnji izgled hrama važan, važnije je naše srce, koje je prema Bibliji, takođe Božji hram. Bog ne gleda čovjekovu spoljašnjost, već u najdublji dio čovjekovog srca. Zbog toga je u Poslanici Korinćanima 3:16-17 zapisano: *„Ne znate li da ste vi crkva Božja, i Duh Božji živi u vama? Ako pokvari ko crkvu Božju, pokvariće njega Bog: jer je crkva Božja sveta, a to ste vi."*

Zbog toga što je srce tamo gdje Sveti Duh boravi, mi se moramo uvijek pridržavati Riječi, odbaciti zlo i težiti da osvetimo naša srca svaki dan. Samo onda kada ovo činimo, možemo ispravno dešifrovati Božju volju i živjeti po njoj.

„Razvalite ovu crkvu, i za tri dana ću je podignuti"

„A Jevreji rekoše: 'Kakav nam znak pokazuješ, da to možeš činiti?' Isus odgovori i reče im: 'Razvalite ovu crkvu, i za tri dana ću je podignuti.' A Jevreji rekoše: 'Četrdeset i šest godina građena je ova crkva, a Ti za tri dana da je podigneš?' A On govoraše za crkvu tijela Svog. A kad usta iz mrtvih, opomenuše se učenici Njegovi da ovo govoraše, i vjerovaše pismu i riječi koju reče Isus." (2:18-22)

Prodavci u crkvi, visoki svještenik, Sadukeji i Fariseji su bili šokirani kada su vidjeli Isusa kako premeće stolove. Ljudi su pitali: „Kakav autoritet On ima da preinačuje nešto što su visoki svještenik i Sadukeji dozvolili?" Ako je Isus imao moć i autoritet da ovo učini, oni su željeli da On to i dokaže.

Oni su pitali: „Koji znak ćeš nam Ti pokazati kao tvoj autoritet da ovo učiniš?" „Razvalite ovu crkvu, i za tri dana ću je podignuti," Isus je odgovorio. Jevreji koji su čuli Isusov odgovor, Njemu su se smijali. Hram u Jerusalimu je pretrpio mnogo patnji kao i sam narod Izraela. Izgrađen je prvi put za vrijeme vladavine kralja Solomona, ali je uništen nakon invazije kralja Vavilona Navuhodonosora. Kada se prva grupa zarobljenika iz Vavilona vratila kući u Judeju, oni su zajedno sa Zorovaveljom obnavljali hram 20 godina. Ali ovaj hram je uništen i prilikom druge invazije i godinama kasnije, kralj Herod da bi zadobio podršku naroda, obnavljao je hram 46 godina.

Možemo vidjeti da izgradnja hrama nije lak zadatak. Izgradnja hrama zahtjeva mnogo resursa i radne snage, posvećenost i predanost. Kada je Isus rekao da će obnoviti hram—za koji je trebalo 46 godina da se obnovi—za tridana, naravno da su Jevreji mislili da je On bio apsurdan. Kasnije vidimo da oni koriste ovu izjavu protiv Isusa, kada Njega osuđuju (Jevanđelje po Mateju 26:61). Povrh toga, kada je Isus umirao na krstu da bi ispunio Božje proviđenje spasenja čovječanstva, oni su uzviknuli: *„Ti koji crkvu razvaljuješ i za tri dana načinjaš pomozi sam Sebi! Ako si Sin Božji, siđi s krsta"* (Jevanđelje po Mateju 27:40; Jevanđelje po Marku 15:29-30).

Kada je Isus rekao: „za tri dana ću je podignuti," On je govorio: „Ja sam Gospodar hrama." Duhovno značenje iza ove izjave je ovo: Isus, koji je hram, umreće na krstu i vaskrsnuti za tri dana.

Da im je Isus rekao: „Ja sam Gospodar hrama i Sin Boga Stvoritelja," oni bi vjerovatno pobjesneli i uzvratili: „Ko ti je dao pravo da budeš Gospodar hrama?!" A da je Isus iskreno odgovorio: „Iako ćete Me razapeti na krst zato što Me mrzite, Ja ću ustati za tri dana," oni bi još više pobjesneli. Zbog toga je Isus samo indirektno implicirao.

Ljudi od tijela, ne razumiju duhovne riječi. Čak i u slučaju Isusovih učenika, oni su istinski povjerovali da je Isus Spasitelj, tek nakon što su bili svjedoci Njegovog umiranja na krstu i ponovnog vaskrsnuća. I tek nakon što su primili Svetog Duha na dan Svete Trojice, postali su hrabri svjedoci jevanđelja bez straha za sopstvene živote. Zato, čovjek mora imati duhovno iskustvo i primiti Svetog Duha da bi istinski razumio Božju Riječ i da bi rastao u vjeri.

„A kad bješe u Jerusalimu na praznik pashe, mnogi vjerovaše u ime Njegovo, videći čudesa Njegova koja činjaše. Ali Isus ne povjeravaše im Sebe; jer ih sve znaše, i ne trebaše Mu da ko svjedoči za čovjeka; jer Sam znaše šta bješe u čovjeku." (2:23-25)

Za one ljude koji nisu vjerovali bez znakova i čuda, Isus je iscijelio bolesne i oživljavao mrtve. On im je pokazao mnoga moćna djela. Kao rezultat toga, mnogo ljudi je Njega dočekivalo sa dobrodošlicom i pozivalo ga u svoje domove. Ipak, Isus im se nije povjeravao. Ovo je zato što je poznavao srca ljudi. Ono što su oni hteli nije bio Isus, već Njegovu moć.

Da Isus više nije ima moći, njihova srca bi se promjenila. Ako se nešto mijenja u zavisnosti od situacije, to nije istinsko. Ipak, oni ljudi koji su voljeli Isusa iz dubine njihovih srca, donosili su radost Isusovom srcu. Marija i Marta, koje su živjele u Vitaniji, bile su među takvim ljudima. Zbog toga što su istinski voljele Isusa iz dubine svojih srca, kad god bi prošao tim područjem, On bi ih posjetio (Jevanđelje po Luki 10:38).

Onda, na šta je Isus mislio kada je rekao da Mu ne treba niko da svjedoči za čovjeka? Ovo je zato što je u unutrašnjosti čovjekovog srca zavist, ljubomora, ubistvo, požuda i prevara. Isus, koji je bio bez mana, pravedan i istinski, nije želio da ga oni osuđuju. Ovakva vrsta ljudi ne može da primi Božju moć i oni ne mogu slaviti Boga. Onim ljudima sa istinskim srcima, Bog će pokazati Njegovu moć—da dokaže da je On sa njima—da bi oni mogli da Njega slave.

Poglavlje 3

Tajna biti ponovo rođen

1. Razgovor sa Nikodimom
(3:1-2)

2. Onaj koji je došao sa neba
(3:22-26)

Razgovor sa Nikodimom

Dok je On bio u Jerusalimu na prazniku pashe, Isus je osvetio hram, iscjeljivao bolesne propovjedao poruke koje ljudi ranije nigdje nisu čuli. Mnogi ljudi su vidjeli čudesne znakove koje je On izvodio i počeli su da vjeruju u Njega. Jedan od ovih ljudi je bio Farisej zvan Nikodim, koji je bio član jevrejskog vladajućeg savjeta.

Za vrijeme Isusovog vremena, Judaizam je bio podjeljen na Fariseje, Sadukeje i Esene. Od ovo troje, Fariseji su vjerovali u striktno poštovanje zakona, vjerovali su u vaskrsenje mrtvih i imali su najveću moć nad ljudima. Sa druge strane Sadukcji su sa prezirom gledali na oštro poštovanje zakona. Oni nisu vjerovali u vaskrsenje i vječni život i oni su poricali postojanje anđela i duhovnog kraljevstva. Oni su bili vjerski nastrojeni realistima.

Eseni su se fokusirali na ispunjavanju savršene harmonije sa Bogom. Oni su međusobno dijelili njihovu imovinu i živjeli su za razliku od ostatka zemlje život u odricanju.

Nikodim traži Isusa

> „Bješe pak čovjek među Farisejima, po imenu Nikodim, knez jevrejski; ovaj dođe k Isusu noću i reče Mu: 'Ravi, znamo da si Ti učitelj od Boga došao; jer niko ne može čudesa ovih činiti koja Ti činiš ako nije Bog s njim.'" (3:1-2)

Vladajući savjet u kome je Nikodim bio član sastojao se od 71 članova uključujući i visokog svještenika. Članovi ovog savjeta uspostavili su i sudili zakonima i oni su preuzimali uloge jednake onim zakonodavnim i sudskim granama vladine cjeline. Ovo je bilo moguće zato što iako je Izrael bio pod vlašću Rimskog Carstva, Rimljani su dali lokalnim vlastima vladajuću moć nad narodom.

Zato što je on bio uticajan čovjek na poziciji i vođa, Nikodim je zapazio da Isus nije bio samo obična osoba. Iako je on sam bio učitelj, on je osjetio da je postojala neoubičajna moć u Isusovim učenjima. I zato što je Isus činio stvari kao što su iscjeljivanje bolesnih i hromih, što čovjek ne može da učini, on je Njega prepoznao kao nekoga poslatog od Boga.

Jedne noći, on je došao da vidi Isusa. U to vrijeme, vođe religije kao što su Fariseji i Sadukeji optužili su Isusa govoreći:

: : Javno okupljanje u Sinedrionu (model)

„On je zaposjednut Velzevulom! Knezom demona..." Ovo je bio zato što su mnogi ljudi počeli da prate Isusa, a Fariseji i Sadukeji su se plašili da izgube njihovu poziciju i vlast nad narodom.

Ali Nikodim je bio drugačiji. On je uvijek bio žedan za istinom. Iako se on striktno pridržavao zakona, on time nije bio zadovoljan. Do neke mjere, on je počeo da misli da će Isus moći da ugasne njegovu žeđ za istinom. Čak iako je on došao da vidi Isusa po noći da bi izbjegao da bude viđen od drugih ljudi, on je prepoznao Isusa kao dobru osobu i želio je da zna više o Njemu.

Na isti način, svako može da čuje i da svjedoči o istoj moći Božjoj, ali sva osoba različito reaguje. Nakon što su bili svjedoci

Božje moći, neki ljudi su bili presrećni i otvorili su njihova srca veoma brzo. Ali neki ljudi nisu željeli ni da čuju o takvim stvarima i u potpunosti su poricali Božju moć. Neki zli ljudi iznose sve nesreće i pokušavaju da nađu načine za nastanak ogovaranja. Razlika je između dobrog i zla u srcima svake osobe. Kada je Nikodim sreo Isusa, on se ponizno spustio. Čak iako je on sam bio čovjek od pozicije i vođa, on je pokazao njegovo poštovanje prema Isusu nazivajući ga: „Ravi" i priznao je: „Ti si kao učitelj od Boga došao." Nikodim je rekao ovo zato što je znao da čudesni znakovi koje je Isus izvodio nisu nešto što svako može da učini, tako da je on želio da izrazi njegovo poštovanje prema Njemu.

Značenje „biti ponovo rođen"

„Odgovori Isus i reče mu: 'Zaista, zaista ti kažem, ako se ko nanovo ne rodi, ne može vidjeti carstvo Božje.' Reče Nikodim Njemu: 'Kako se može čovjek roditi kad je star? Eda li može po drugi put ući u utrobu matere svoje i roditi se?'" (3:3-4)

Nakon što je čuo Nikodimovo priznanje, Isus daje neočekivan odgovor. Kada je Nikodim Njemu rekao: „Ti si kao učitelj od Boga došao," Isus nije rekao: „Da, u pravu si." Umjesto toga, On mu je odgovorio: „Zaista, zaista ti kažem, ako se ko nanovo ne rodi, ne može vidjeti carstvo Božje."

Baš kao što je Isus vidio sredinu Natanilovog srca kada je Filip njega doveo Isusu, Isus je takođe vidio šta je postojalo u sredini Nikodimovog srca. Nikodim je dao takvo priznanje u njegovom srcu, zato što je vjerovao da je Isus bio Hrist i da je On Sin Božji. Zato što je on imao dobro srce, vidjevši sve čudesne znakove koje je Isus izvodio, on je jednostavno mislio da je Isus osoba od Boga. Ali ova misao nije poticala iz duhovnog prosvetljenja. Zbog toga Isus nije rekao: „Da, u pravu si," ili „Nisi u pravu." Umjesto toga, On ga uči duhovnom istinom govoreći mu da mora biti ponovo rođen da bi vidio kraljevstvo Božje.

Šta znači biti ponovo rođen? Kada neko, ko je stalno bio kritikovan od strane njegovih ili njenih komšija, okrene novi list i postane „dobra osoba," ljudi obično kažu: „On je postao druga osoba," ili „Ona je ponovo rođena." Ali ono na šta Isus ovde misli nije biti rođen u fizičkoj prirodi već biti ponovo rođen u duhovnoj prirodi. Biti ponovo rođen u duhu je kada osoba koja je ranije živjela u sredini neistine, sluša Riječ Božju i počinje da živi u istini. Na primjer, osoba koja je nekada bila lažov mijenja se u poštenu osobu; ili ljuta ili mrzovoljna osoba mijenja se u nježnu i ljubaznu osobu.

Postoje vremena gdje ljudi koji su patili od neizlječive bolesti sreću Boga i iscjeljeni su. Oni postalu toliko ispunjeni Božjom milošću i zahvalnošću da se njihovo srce mijenja. Ali ovo ne znači da su oni odmah ponovo rođeni u duhu, Da bi se ovo dogodilo, nama je potrebna pomoć Svetog Duha. Samo kada mi primimo pomoć Svetog Duha mi možemo da razumijemo Božju volju, a samo kada se pridržavamo Božje volje mi možemo da budemo ponovo rođeni i na taj način primimo vječni život.

Ne razumijući Isusa, Nikodim je pitao kako osoba može dva puta biti rođena. Naravno da je on morao da postavi pitanje, pošto nije mogao da razumije. „Kako se može čovjek roditi kad je star? Eda li može po drugi put ući u utrobu matere svoje i roditi se?"

Fetus raste u majčinoj utrobi devet mjeseci prije nego što dođe na ovaj svijet. Svako zna da osoba ne može da se vrati u majčinu utrobu jednom kada se rodi. Čak iako je Nikodim imao detaljno znanje o zakonima i bio je učitelj zakona, zato što nije razumio duhovnu poruku, on nije mogao a da ne postavi bezvezno pitanje.

Biti rođen vodom i Duhom

„Odgovori Isus: 'Zaista, zaista ti kažem, ako se ko ne rodi vodom i Duhom, ne može ući u carstvo Božje.'" (3:5)

Nikodim nije mogao da razumije na šta je Isus mislio kada je rekao „biti ponovo rođen," tako da kada je Isus govorio o rođenju sa vodom i Duhom, on nije mogao da shvati o čemu Isus govori. Voda gasi žeđ i radi kao mazivo ya sve organe u tijelu kako bi funkcionisali normalno. Voda održava život i pere sve prljave stvari. Tako da „rođen sa vodom" znači očistiti svu tamu i prljave stvari iz srca kroz Riječ Božju.

Čak iako je ispred nas voda u izobilju, ako je ne pijemo mi ne možemo da ugasimo žeđ, a ako se ne operemo, mi ne možemo da budemo čisti. Isto važi i za Riječ Božju. Čak iako znamo

Riječ Božju, ako se nje ne pridržavamo, onda je sve beskorisno. Tako da, baš kao što nam Bog govori u Bibliji: „ne čini ovo, odbaci ono," ako mi odbacimo mržnju, ljutnju, ljubomoru, prezir i osudu i druge plodove neistine iz naših srca, onda će naša srca biti čista. Onda, kako nam Bog govori: „Učini ovo" ili „Sjeti se;" mi možemo da postanemo ispunjeni ljubavlju, požrvovanjem, radošću što smo drugima od korist i istina kao što je ova biće u našim srcima. Odbacivanjem neistine i nastati osoba od istine pridržavajući se Božje Riječi je „biti rođen sa vodom."

Šta znači onda „biti rođen u Duhu"? Adam, prvi predak čovječanstva, bio je čovjek stvoren od duha, duše i tijela (1. Solunjanima Poslanica 5:23). Ali kada je počinio grijeh nepokornosti prema Bogu tako što je pojeo plod sa drveta spoznaje dobra i zla, njegov duh je umro. Tako da od tada pa na dalje, čovjek je postao biće samo sa dušom i tijelom, baš kao i životinje (Knjiga Propovednika 3:18).

Međutim, kada mi prihvatimo Isusa Hrista kao našeg Spasitelja i primimo Svetog Duha, naš duh se vraća u život i mi postajemo dijete Božje. Pored toga, naša imena su upisana u Knjigu života na Nebesima. Sveti Duh boravi u našim srcima i pomaže nam da razumijemo da smo mi grješnici i vodi nas ka pokajanju. Sveti Duh nam takođe daje milost, snagu i moć da živimo u skladi sa Božjom Riječju.

Čak iako mi mislimo da znamo mnogo o Božjoj Riječi, mi ne možemo da živimo u skladi sa njom bez pomoći Svetog Duha. Ako Božja Riječ ostane samo kao znanje u našim glavama, onda spasenje ne može da se primi kroz njega. Nakon što posadimo sjeme, mi moramo njega da njegujemo i da se brinemo o njemu sve dok ne vidimo njene plodove. Slično tome, nakon što mi primimo Svetog Duha, nam je potrebna pomoć Svetog Duha da njegujemo i da se brinemo o našem duhu kako bi on mogao da raste i razvija se. Tako da biti rođen od Duha znači pridržavati se Božje Riječi uz pomoć Svetog Duha i postati osoba od ploda-osoba koja liči na lik Boga. Kada se ovo dogodi, mi primamo spasenje i možemo da uđemo na Nebesa.

Ako mi imamo Božju Riječ a nemamo Svetog Duha, mi ne možemo da imamo pobjedu nad svijetom i neprijateljem đavolom. Čak iako Sveti Duh dođe nama, ako nemamo Božju Riječ, mi ne možemo da budemo očišćeni. Božja Riječ i Sveti Duh rade zajedno i vode nas ka Nebesima. Zbog toga mi treba da „budemo rođeni sa vodom i Duhom."

Osoba rođena od Svetog Duha

„Šta je rođeno od tijela, tijelo je, a šta je rođeno od Duha, duh je. Ne čudi se što ti rekoh: 'Valja vam se nanovo roditi.' Duh diše gdje hoće, i glas njegov čuješ, a ne znaš otkuda dolazi i kuda ide; tako je svaki čovjek koji je rođen od Duha." (3:6-8)

Nikodim je bio zbunjen sa onim što je Isus rekao, ali pokušao je da to primi sa dobrim srcem. Zato što je Isus znao ovo srce, On je nastavio da mu govori. Da je Nikodim bio kao drugi Fariseji i Sedukeji, koji će pokušati samo da pronađu trunku svađe bilo gdje da mogu, Isus bi vjerovatno prestao da razgovara sa njim.

Nikodim postaje još više zbunjen kada je Isus počeo da govori o „tijelu" i „duhu." „Tijelo" bukvalno znači „koža" ili „meso." Ali duhovno značenje „tijela" je nešto što nestaje ili nešto što se mijenja; nešto što nije vječno. „Tijelo" označava sve iščezljive stvari kao što su: sve što je pod suncem, mržnja, ljutnja, ljubomora, preljuba, razdor-sve što nije od Boga i što nije od istine.

Tako da zašto Isus govori: „Šta je rođeno od tijela, tijelo je?" Kako bi ovo razumijeli, mi moramo da razumijemo osobine blata ili zemlje. U zavisnosti sa čime je pomiješana, kvalitet zemlje se mijenja. Jedan od kvaliteta zemljišta je da se ono razrađuje i mijenja; prema tome zemlja je od „tijela."

Zato što je čovjek stvoren od prašine, ili zemlje, njegova prvobitna priroda je od „tijela." Kada je Bog stvorio prvog čovjeka, on je napravljen od plodne zemlje. Onda je Bog udahnuo dah života u ljudske nozdrve i čovjek je postao živo biće sa živim duhom. Da, Adam, prvi čovjek je imao duh, ali on nije bio savršeno biće kao Bog. Čovjek nije sam po sebi bio živi duh; on je postao živi duh zato što je Bog udahnuo Njego dah života u njega. A zato što čovjek nije bio savršen, sa njegovom slobodnom voljem je jeo zabranjeno voće. Kao rezultat, Adamov duh je umro i on se vratio kao jednostavan čovjek od tijela.

A ovom su čovjeku, koji se vratio da samo bude od tijela ili u kvarljivo biće, neprijatelj đavo i Sotona posadili sve vrste neistina. Zbog ovoga nije samo prva generacija Adamove porodice bila izbačena iz Edenskog vrta, prvi slučaj ubistva se dogodio-a počinio ga brat protiv sopstvenog brata.

Adamova dvojice sinova, Kain i Avelj napravili su žrtve Bogu, ali Bog je prihvatio samo Aveljuvu žrtvu, zato što je to bila prikladna žrtva. Kain je postao ljubomoran i ubio je Avelja. Zato što je Adam postao čovjek od tijela, njegovi potomci su takođe bili od tijela i tako sa svakom sljedećom generacijom, čovjek je postao sve više zlobniji. Na kraju, sve ljudske misli i želje su postale stvari od neistine i stvari od tijela, koje na kraju nestaju i mijenjaju se. Na ovo je Isus mislio kada je rekao: „Šta je rođeno od tijela, tijelo je."

Prema tome ljudi koji su nalik ovima, koji su jednostavno od tijela, ne mogu da uđu na Nebesa, što je duhovno kraljevstvo. Zbog toga 1. Korinćanima Poslanica 15:50 kaže: „*...tijelo i krv ne mogu naslijediti carstvo Božje, niti raspadljivost neraspadljivosti nasljeđuje.*" Kako onda može čovjek od tijela da uđe u Božje kraljevstvo? „Duh mora da rodi duh." Duh je suprotno od tijela. Duh ne nestaje niti se mijenja; on je vječan. Samo Sveti Duh može da rodi duha.

Kao što je ranije objašnjeno, Sveti Duh oživljava naš duh, koji je jednom umro; i ne samo to, on konstantno razuvija naš duh. Sveti Duh nam pomaže da spazimo naše grijehove i stalno pokušava da oživi „dobro" u našim srcima. Sveti Duh nam govori: „Ne idite na put vječnih osuda. Ovo je grijeh i to je neistina. Ovaj put je put pravednosti." Kada mi pokušamo da živimo u istini, uz pomoć Svetog Duha, „tijelo" počinje da se skida sa nas. Na primjer, Božja Riječ nam govori: „Ne mrzi." Ako mi pokušamo da se povinujemo odgurujući mržnju iz naših srca, ljubav koja je suprotna neistini mržnje, zauzima mjesto u našim srcima. Ovo je slučaj kada „Duh rađa duha."

Kada je Isus pokušavao da objasni praveći razliku između tjelesnog svijeta i duhovnog svijeta, Nikodim nije mogao da shvati o čemu je On govorio. Ovo je zato što duhovni svijet nije nešto šmo možete razumijeti sa svjetskim znanjem. Samo uz pomoć Svetog Duha jedan to može da razumije. Iako je Nikodim bio naučen i veoma obrazovan, on je bio neuk o duhovnom svijetu, tako da on nije mogao da razumije Isusa. Tako da bi mu pomogao da bolje razumije, Isus opet objašnjava koristeći „vjetar" kao objašnjenje.

Kada mi vidimo lišće da se pomjera, mi možemo da kažemo da vjetar duva ali mi ne možemo da kažemo kada i odakle vjetar dolazi. Baš kao što ne znamo kurs vjetra, čovjek od tijela ne može u potpunosti da razumije osobu rođenu od Duha. Pošto se osoba rođena od Duha udaljava od svjetovnih zadovoljstva i živi život sa velikom samokontrolom, ljudi od tijela će možda misliti: „Šta ova osoba radi da bi se zabavio?" Ali osoba rođena od vode i Duha živi u skladu sa Božjom Riječju, tako da je on ispunjen iskrenim mirom koji potiče iz nade za Nebesa koju mu je Bog dao.

Nikodim opet postavlja pitanje

„Odgovori Nikodim i reče Mu: 'Kako može to biti?' Isus odgovori i reče mu: 'Ti si učitelj Izrailjev, i to li ne znaš? Zaista, zaista ti kažem da mi govorimo šta znamo, i svedočimo šta vidjesmo, i svjedočanstvo naše ne primate.'" (3:9-11)

Čak i nakon što je Isus objasnio koristeći primjer vjetra, Nikodim ipak i dalje nije razumio. Tako da je opet pitao. Sa ovim mi možemo da vidimo njegovu iskrenu želju da nauči više o duhovnom svijetu. On je pitao: „Kako može to biti?"

Na ovo pitanje, Isus odgovora sa pitanjem: „Ti si učitelj Izrailjev, i to li ne znaš?" Isus nije postavio ovo pitanje da bi pobjedio Nikodima ili da bi mu se podsmijevao. On je samo iskreno želio da Nikodim razumije, pošto je znao Boga i bio je učitelj zakona ali opet nije mogao da razumije duhovni svijet. U stvarnosti, u vrjeme kada je Nikodim došao da posjeti Isusa, Isus je već neko vrijeme bio u službi. Prema tome, Nikodim je već bio upućen i čuo je Isusova svjedočenja o tome šta je On vidio što se odnosi na Nebesa. On je takođe znao o svim znakovima i čudima koje je Isus izvodio. Ali opet nije mogao da razumije. Zbog toga je stalno postavljao pitanja.

U to vrijeme, iako su mnogi ljudi vidjeli znakove i čuda koje je Isus izvodio, oni ipak nisu mogli da vjeruju. Razlog zbog koga oni nisu mogli da vjeruju nije bio zato što oni nisu imali znanje o duhovnom svijetu, već zato što su njihova srca bila zla i neosjetljiva. Ili su bili duhovno arogantni ili su oni mislili da ono što su oni vidjeli se ne podudara sa znanjem zakona koji su postavili za same sebe. Tako da, oni su nastavili sa kritikama i osuđivanjem Isusovih učenja i čuda. Kako bi pomogao ovim ljudima da razumiju, Isus je govorio o „šta znamo," što će biti Božja istina ili Njegova Riječ i On je svjedočio o „šta vidjesmo" što će biti duhovni svijet, znakovi i čuda. Ali Isus je izjavio da ljudi ipak još ne slušaju niti vjeruju.

„Ljudi" o kojim Isus govori uključuju i Nikodima. Ovo je zato što njegove duhovne oči još nisu bile otvorene i on je bio u situaciji gdje još nije moga da razumije duhovne stvari. Međutim, Nikodim nije došao kod Isusa sa zlim srcem, tako da na kraju, on je završio tako što je prihvatio Gospoda a rezultat toga je bio da je njegov život bio totalno promijenjen. Kasnije, iako nije bio u situaciji da podrži Isusa, on je Isusa ipak branio a posle Isusove smrti na krstu, Nikodim je čak donio i začine koje je iskoristio na Isusovom tijelu (Jevanđelje po Jovanu 7:51, 19:39-40).

„Kad vam kazah zemaljsko pa ne vjerujete, kako ćete vjerovati ako vam kažem nebesko? I niko se ne pope na nebo osim koji siđe s neba, Sin Čovječiji koji je na nebu." (3:12-13)

Kada je Isus učio Riječ Božju, On je koristio mnoge primjere, kao što su talenti, zemlja, vinogradi i tako dalje, Ovo je bilo zato što nije bilo lako da se objasni duhovni svijet sa jezikom iz ovog svijeta. Ali čak i da je bilo moguće, Isus je znao da ljudi neće i dalje vjerovati. Kao i oni, Nikodim isto nije mogao da razumije čak iako je u nekoliko puta slušao nekoliko primjera. Tako da kako je Isus mogao sa njim da razgovara o duhovnim stvarima?

„Koji dolazi s neba" je Isus. Svaka osoba je začeta i rođena kroz ujedinjenje roditeljske sperme i jajnika. Ali Isus je začet od Svetog Duha, tako da je On nazvan: „onaj koji dolazi s neba." U Bibliji se kaže da su prije Isusa, Enoh i Ilija otišli na Nebesa a da nisu umrli. Ali zašto se takođe kaže: „I niko se ne pope na nebo osim koji siđe s neba, Sin Čovječiji koji je na nebu," govoreći o

Isusu?

Enoh i Ilija su Adamovi potomci, kao i mi. Tako da su oni rođeni sa prvim grijehom. Iako oni nisu počinili grijehove za vrijeme njihovog života ovdje na zemlji oni su opet imali prvi grijeh koji su nasljedili od njovih roditelja. Onda kako su se oni popeli na nebesa bez umiranja? Enoh i Ilija su živjeli u vremenima Starog Zavjeta. Ovo je bilo prije nego što je Isus došao i prije nego što je Sveti Duh bio Pomoćnik. Međutim, sa vjerom, oni su prevazišli njihov prvi grijeh. Oni su preuzeli kontrolu i savladali prvi grijeh u njihovim srcima sa vjerom i tako su postali oslobođeni od duhovnog zakona koji kaže: „Plata za grijeh je smrt." Sa ovim mi možemo da vidimo kolika je njihova vjera bila.

Isus, sa druge stranem koji je bio začet od Svetog Duha nije imao ni jedan grijeh od samog početka. Isus je došao na ovaj svijet da umre na krstu za nas i naše grijehove; On je onda vaskrso i uzdigao se na Nebesa, sve u skladu Božjim proviđenjem. Tako da šta označava ovaj stih jeste da pored Isusa, ne postoji niko više koji je otišao na Nebesa bez prvog grijeha ili počinjenih grijehova.

Proročanstvo Isusove smrti na krstu

> „I kao što Mojsije podiže zmiju u pustinji, tako treba Sin Čovječiji da se podigne; da nijedan koji Ga vjeruje ne pogine, nego da ima život vječni." (3:14-15)

Još jednom Isus je iskoristio priču o izlasku Iuraelaca iz

Egipta kako bi pomogao Nikodimu da razumije. Izraelci koji su pratili Mojsija iz Egipta vidjeli Božju moć. Oni su iskusili sve vrste čudesnih događaja, kao što su deset pošasti nad Egiptom, razdvajanje crvenog mora i pretvaranje gorke vode Mere u slatku vodu. Ali svaki put kada su se suočavali sa nevoljima oni nisu uspjeli da pokažu njihovu vjeru. Umjesto toga, oni su imali ozlojeđenost prema Bogu kao da nikada nisu iskusili Njegovu moć.

Čak iako ih je Bog oslobidio od 400 godina od surovog ropstva, oni su u potpunosti zaboravili na ovu milost i žalili su se da je On činio da oni „umru u pustinji." Oni su čak i nazvali manu, koju im je Bog dao da jedu, „užasnom hranom" i odnosili su se prema Božjim blagoslovima sa osudama (Brojevi 21:5). I oni su insistirali da čak i ako treba da žive kao robovi, da će radije umrijeti u Egiptu. Kao rezultat, Bog je okrenuo Njegovo lice od njih i došle su otrovne zmije i ujedale ih. Samo na ivici smrti oni su žalili nad njihovim postupcima i na kraju se pokajali.

Kada se Mojsije molio umjesto njih, Bog mu je rekao kako Izraelci mogu da budu spašeni od smrti. Mojsiju je rečeno da napravi bronzanu zmiju i da je stavi na stub a onda da kaže onima koji su bili ujedeni da pogledaju ka bronzanoj zmiji i da će živjeti. Čak iako su oni imali tek toliko vjere da se samo povinuju Mojsiju i pogledaju na bronzanu zmiju, Bog je želio da to prepozna kao vjeru i spasi njihove živote.

Duhovno, zmija predstavlja neprijatelja đavola i Sotonu i to je takođe simbol za smrt. Zato što je zmija uhvatila Evu i načinila da cijelo čovječanstvo ide na put smrti, ona je oličenje grijeha. Tako da zašto je Bog rekao Mojsiju da napravi zmiju, što simbolizuje grijeh i smrt i da je stavi na stub?

Ovo nagoveštava Božje proviđenje spasenja: smrt Isusa Hrista na krstu. Isus će preuzeti sve grijehove čovječanstva i umreće na krstu. Zbog toga je Bog rekao Mojsiju da napravi zmiju, koja predstavlja grijeh i smrt i da je stavi na stub. Baš kao što je svako ko je pogledao na bronzanu zmiju na stubu bio spašen od smrti, svako ko vjeruje u spasenje sa krstom je spašen od vječne smrti i steći će vječni život.

Ponekad ljudi pitaju: „Pošto je Mojsije napravio bronzani lik i dao da narod gleda na njega, zar se to ne smatra idolopoklonstvom?" Ako ne razumijete duhovno značenje Božje Riječi i Njegovo proviđenje, vi ćete možda imati ovu vrstu pogrješnog shvatanja. Međutim, ovaj događaj je bio samo put predskazaja Božjeg plana spasenja sa Isusovom smrću na krstu da bi platio kaznu za ljudske grijehove. Ovo nije bilo ni u kom slučaju namjera bogosluženja bronzanoj zmiji.

Ljubav Boga koji je dao Njegovog Jednog Jedinorodnog Sina

„Jer Bogu tako omile svijet da je i Sina Svog Jedinorodnog dao, da nijedan koji Ga vjeruje ne pogine, nego da ima život vječni. Jer Bog ne posla Sina Svog na svijet da sudi svjetu, nego da se svijet spase kroza Nj." (3:16-17)

U mnogim djelovima Biblije, kaže se: „Ne ljubite svijet" (1.

Jovanova Poslanica 2:15), ali u ovom stihu, kaže se da je Bog volio svijet. Šta ovo znači? Kada Biblija kaže: „Ne ljubite svijet," to znači da ne volimo ništa što ide protiv Božje volje, kao što je bezakonje, neistina i život u grijehu. To znači da ne živimo u grijehu ili tami, već da živimo po Božjoj Riječi i da živimo u Svjetlosti. Kada Biblija kaže: „Bog omile svijet," to znači da Bog voli narod i sve što je u odnosu sa njim.

Bog, koji je planirao za kultivaciju čovječanstva kako bi podjelio Njegovu ljubav sa njima, stvorio je prirodan svijet i sve na ovom svijetu što je ljudima potrebno za život. Baš kao što i novi roditelji sa radošću pripremaju sve za njihovo novorođeno dijete, Bog je sa radošću pripremio sve u stvaranju za čovjeka, koji će biti stvoren po Njegovom liku. Zato što je Bog mnogo volio ljude, On je takođe volio sve što je stvorio za njih. Na kraju, kada su ljudi zgriješili i kada su trebali da pođu na put smrti, Bog je poslao Njegovog jednog jedinorodnog Sina, da ih spasi od vječne smrti.

Postoje neki ljudi koji pogrješno shvataju Boga kao jednog strašnog Boga osude. Međutim, jasno se govori u stihu 17, da Bog nije poslao Isusa da sudi svijetu, već da ga spasi.

Vjera i vječni život

„Koji Njega vjeruje ne sudi mu se, a koji ne vjeruje već je osuđen, jer ne vjerova u ime jedinorodnog Sina Božjeg. A sud je ovaj što Vidjelo dođe na svijet, i ljudima omile većma tama negoli Vidjelo; jer njihova djela bjehu zla. Jer svaki koji zlo čini mrzi na na Vidjelo i ne ide k Vidjelu da ne pokaraju djela njegova, jer su zla. A ko istinu čini ide k Vidjelu, da se vide djela njegova, jer su u Bogu učinjena." (3:18-21)

Djela Apostolska 4:12 kažu: *„I nema ni u jednom drugom spasenja; jer nema drugog imena pod nebom danog ljudima kojim bi se mi mogli spasti."* Čak iako je osoba hvaljena kao svetac, ili postiže velika djela za udruženja, on ili ona ne mogu da nas spasiti. Jedini način da budemo spašeni je da primimo Isusa Hrista sa vjerom. Vjera ovde ne znači da smo svjesni u našim glavama o načinu kako da budemo spašeni. Vjera znači da pokušamo da budemo sve više kao Hrist i da živimo u skladu sa Božjom Riječju, odbacujući neistinu i postanemo osoba od istine.

Onda zašto Sveto Pismo govori da oni koji ne prihvataju Isusa Hrista kao njihovog Spasitelja su već odavno osuđeni? Ovo je zato što nema drugog imena osim imena Isus Hrist kroz koga se može dobiti spasenje a oni koji ne vjeruju u Njega ne žive u Svjetlosti i ne žive u skladu sa istinom, oni ne mogu biti spašeni. Ako neko ko nije primio Isusa Hrista sada umre, on mora otići u Pakao. Zbog toga Sveto Pismo govori da su ovi ljudi već osuđeni.

Dok širimo jevanđelje, mi povremeno srećemo ljude koji ne vole hrišćane i osjećaju žalost zbog njih. Oni vole tamu više od Svjetlosti i oni ne poznaju radost i sreću u primanju Svetog Duha i nade za nebesima, tako da oni misle da je biti hrišćanin-dosadno.

Gledavši kroz srca ovakvih ljudi, Isus je rekao: „Jer svaki koji zlo čini mrzi na na Vidjelo i ne ide k Vidjelu da ne pokaraju djela njegova, jer su zla." Suprotno tome, ljudi koji prate istinu, koji prihvate Gospoda i prime Svetog Duha, pokušavaju da vode život koji je fokusiran na slavljenje Boga. Oni ovo čine zato što znaju da će kroz Boga, svi njihovi problemi mogu biti riješeni, da svi njihovi blagoslovi dolaze od Boga i da će na kraju otići na Nebesa.

Onaj koji je došao sa neba

Tako gdje ima vode, ljudi se okupljaju i nastaje selo. Slično tome, ljudi koji su željni i žedni pravednosti, okupljaju se tamo gdje je Božja Riječ, koja je voda života. Kada je Isusa, koji je Sam bio Riječ, počeo da širi jevanđelje o Nebesima i počeo da krštava, mnogi ljudi su se svakako okupljali u Njegovoj blizini. Ovo je bilo zato što, baš kao što je pisac Psalma priznao: *„Kako su slatke jeziku mom riječi Tvoje! Slađe od meda ustima mojim!"* (Psalmi 119-103), Riječ Božja je slatka.

„A potom dođe Isus i učenici Njegovi u judejsku zemlju, i onde življaše s njima i krštavaše. A Jovan krštavaše u Enonu blizu Salima, jer onde bješe mnogo vode; i dolažahu te ih krštavaše-jer još ne bješe Jovan bačen u tamnicu. Tada postade raspra među učenicima

Jovanovim i Jevrejima oko čišćenja. I dođoše k Jovanu i rekoše mu: 'Ravi, onaj što bješe s Tobom preko Jordana, za koga si Ti svjedočio, evo on krštava, i svi idu k Njemu.'" (3:22-26)

Dok je Isus krstio, Jovan Krstitelj je takođe krstio u Enonu, u blizini zapadne strane Jordana gdje je bilo vode u izobilju. Mnogi od Jovanovih sledbenika počeli su da prate Isusa. Vidjevši ovo, drugim učenicima Jovana krstitelja nije baš bilo prijatno.

Do ovog trenutka, mnogi ljudi su gledali na Jovana krstitelja kao na velikog proroka i pratili su ga. Bili su ponosni što su bili njegovi učenici. Ali situacija se promjenila i više ljudi se okupljalo oko Isusa, koga je njihov učitelj krstio, tako da su prijavili ovo Jovanu na neprijatan način.

„Ravi, Onaj što bješe s tobom preko Jordana, za koga si ti svjedočio, evo On krštava, i svi idu k Njemu."

„Onaj treba da raste, a Ja da se umanjujem."

„Jovan odgovori i reče: 'Ne može čovjek ništa primiti ako mu ne bude dano s neba. Vi sami meni svjedočite da rekoh: „Ja nisam Hristos, nego sam poslan pred Njim." Ko ima nevjestu ženik je; a prijatelj ženikov stoji i sluša ga, i radošću raduje se glasu ženikovom. Ova dakle radost moja ispuni se. Onaj treba da raste, a Ja da se umanjujem.'" (3:27-30)

Jovanovi učenici su misleli da će Jovan razumijeti njihova uznemirena srca, ali Jovanova reakcija je bila totalno drugačija. Jovan je svjedočio da pošto je to bila Božja volja, da je jedino ispravno da ljudi prate Isusa. On je naučio njegov učenike istinom.

Ako primjenimo ovu situaciju u današnje vrijeme, kako bi to izgledalo? Hajde da kažemo da su postojali ljudi koji su tragali tu i tamo zato što su bili žedni za Božjom Riječju. Ako se njihov pastor zabrine misleći da će otići u drugu crkvu i poče negativno da govori o crkvi i pastoru, onda će pastorovo srce da bude veoma daleko od Jovanovog srca. Ili, ako čujemo da neko negativno govori o nekoj drugoj osobi i uzdižemo se zbog toga, mi se onda ne razlikujemo od Jovanovih učenika. Čak iako čujemo da osoba govori negativno o drugoj osobi, mi ne treba da mu se pridružimo; umjesto toga, mi bi trebali da prosvetlimo one uključene u negativnom razgovoru sa istinom i odbacimo tamu iz te situacije.

Zato što je Jovan Krstitelj znao Božju volju, on je mogao da kaže njegovim učenicima koji je poziv bio njegov i koji je njihov poziv. I da bi bio siguran da njegovi učenici ne budu razočarani, on je koristio objašnjenje da bi im rekao ko je Isus. Glavna osoba na vjenčanju koja čeka mladu je mladoženja. Tako da prijatelji mlade djele radost i blagoslove mladoženju.

Jovan je pokušavao da objasni da pošto je Isus, mladoženja došao, kao mladoženjin prijatelj, Jovanova radost je bila obilna. Iako je on krstio Isusa, Jovan je znao da će Isus da bude onaj koji će da spase njegov narod od grijeha i da je Isus onaj sa velikom moći. Zato mu to donosi više radosti da još više uzdigne Isusa i Njemu služi.

Mnogi ljudi se ne osjećaju lagodno kada su drugi više uspješniji od njih u nekim stvarima, ili u nekim situacijama. Jovan je bio drugačiji. On nije mario za ono što potiče od njega samog; već se nada da će sve dobro ići za Isusa. On je spustio sebe govoreći: „Onaj treba da raste, a Ja da se umanjujem." Jovanovo srce je bila vrsta srca koje je bilo radosno čak i kada je druga osoba bila voljenija i mnogo više prepoznatljiva od njega.

Svjedočenje onoga odozgo

„Koji odozgo dolazi nad svima je; koji je sa zemlje od zemlje je, i govori od zemlje. Koji dolazi s neba nad svima je. I šta vidje i ču ono svjedoči; i svjedočanstvo Njegovo niko ne prima. Koji primi Njegovo svjedočanstvo, potvrdi da je Bog istinit." (3:31-33)

Jovan Krstitelj je znao da je Isus onaj koji će doći odozgo. Jovan je svjedočio da kao jedan koji je stvorio univerzum, Isus je kralj kraljeva, Gospod gospodara i On je iznad svega. Jovan je takođe rekao da „koji je sa zemlje" od zemlje je i govori kao jedan sa zemlje. Onda, gdje mi pripadamo? Pošto smo primili Isusa Hrista i spašeni smo kroz vjeru, mi smo postali dijete Božje i građani nebesa, prema tome, mi pripadamo Nebesima.

Naravno, čak iako vjerujemo u Isusa, ako još nismo primili Svetog Duha, mi smi i dalje ljudi od tijela i još uvijek „od zemlje." Osoba koja „pripada zemlji" čuje Božju Riječ, ali ne može da vjeruju u nju. Isto je bilo za vrijeme Isusovog vremena. Isus je svjedočio o onome što je On vidio i čuo na Nebesima, ali ljudi nisu vjerovali u Njega. Oni su Njega umjesto toga osuđivali i pokušali da Njega ubiju.

Ali oni sa dobrim srcem prihvatili su Njegovo svjedočenje i Njegove Riječi. Kada su oni otvorili njihova srca i prihvatili Isusa Hrista, Bog im je dao Svetog Duha kao dar i oni su stekli pravo da postanu djeca Božja. Tako da je Stvoritelj postao njihov Otac i oni su primili osiguranje da oni pripadaju Nebesima. Onda, oni mogu da priznaju da je Bog istina i povinuju se Njegovim Riječima.

Vječni život i Božji gnev

„Jer koga Bog posla, onaj riječi Božje govori: jer Bog Duha ne daje na mjeru. Jer Otac ljubi Sina, i sve dade u ruke Njegove. Ko vjeruje Sina, ima život vječni; a ko ne vjeruje Sina, neće vidjeti život, nego gnjev Božji ostaje na njemu." (3:34-36)

Isus, koga je Bog poslao, samo govori Riječima Božjim. Samo je Božja Riječ istinska i vječna. Bog je Njemu dao Duh bez mjere, tako da je On govorio Božjim Riječima koje su prepune Svetim Duhom.

Ista riječ se i na nama danas primjenjuje. Onima koji su primili svjedočenje, onima koji vjeruju da je Bog istina, Bog njima daje Duha bez mjere. Tako da oni koji prihvate Isusa Hrista kao njihovog Spasitelja i koji su preplavljeni Božjom milošću svjedoče o Bogu i Isusu Hristu u ispunjenosti Svetim Duhom.

Zato što je Otac Bog volio Sina, On je stavio sve u ruke Isusa. Isus je bio bezgrješan i čist i On je bio Sam Bog; On je preuzeo tijelo sluge i došao je na ovui zemlju i povinovao se čak i do tačke smrti. Tako da kako Bog da Njega ne voli? Pošto ga je On toliko mnogo volio, Bog je njemu sve stavio u ruke.

Ljudi koji vjeruju u ovog Sina, povinuju se Njegovoj Riječi i čine u istini. Tako da je život u njima i oni hodaju ka vječnom životu. Ali oni koji se nisu povinovali Sinu ne mogu da vide vječni život i umjesto toga Božji gnjev prebiva u njima. Sveto Pismo govori da Božji gnjev prebiva u njima zato što Božji gnjev može da nestane ili ostane u skladu sa time da li su se oni pokajali i povinovali dok su živjeli nepokornim životom. Zbog toga Sveto Pismo govori: „ko ne vjeruje Sina, neće vidjeti život, nego gnjev Božji ostaje na njemu." Ali ako se ovi ljudi pokaju i vrate se Bogu, On će im oprostiti i voljeće ih.

Poglavlje 4

Isusov metod evangelizacije

1. Isusov razgovor sa Samarićankom
(4:1-26)

2. Isus uči Svoje učenike
(4:27-42)

3. Drugi znak u Kani
(4:43-54)

Isusov razgovor sa Samarićankom

Koga upoznate i kada upoznate, može definisati glavnu prekretnicu u vašem životu. U Jevanđelju po Jovanu, u poglavlju 4, možemo vidjeti kako se život jedne Samarićanke totalno promjenio nakon što je upoznala Isusa.

U jevrejskom društvu, vjerske vođe kao što su Fariseji i učitelji zakona, nisu bili zadovoljni time što Isus propovjeda ljudima. Jedino što su oni radili bilo je to, da su tražili povoljan trenutak da uhvate Isusa u zamku kako god su mogli. U to neko vreme čuli su da Isus krštava ljude i to više od samog Jovana.

Isus prolazi pored Samarije

„Kad razumije, dakle, Gospod da su čuli Fariseji da

Isus više učenika dobija i krštava nego Jovan (Isus pak sam ne krštavaše nego učenici Njegovi), ostavi Judeju, i otide opet u Galileju. A valjalo Mu je proći kroz Samariju." (4:1-4)

Iako Isus nije bio onaj koji je krštavao, glasine su govorile drugačije. Isusovi učenici su krštavali, ali ljudi su i dalje dolazili da budu krštavani. Onda su Fariseji postali ljubomorni i pitali su: „Ko je taj Isus koji krštava?" Znajući šta se zbivalo u srcima Fariseja, Isus je napustio Judeju i vratio se u Galileju da bi izbjegao sukob sa njima.

Postoje dva načina da se stigne iz Judeje u Galileju. Jedan je pravi put od Jerusalima kroz regiju Samarije. Drugi počinje od Jerusalima put sjevera uz rijeku Jordan, koji je duži i neravan. Ipak, Jevreji su se najčešće kretali drugim putem. Imali su svoje razloge za to.

U suštini, Samarićani su takođe Avramovi potomci. Godine 772. p.n.e., nakon što su Asirci zarobili sjeverni Izrael, uzeli su mnogo ljudi za zarobljenike i naselili mnogo stranaca u taj region. U to vrijeme, Izraelci koji su ostali u Samariji, sklapali su brakove sa strancima i izgubili su čistu krvnu liniju Izraela. Dakle, Samarićanin je bio melezar od jednog roditelja koji je bio Izraelac i drugog koji nije bio Izraelac.

Sa druge strane, kada je Južnu Judeju osvojio Vavilon, tamošnji Jevreji su takođe bili silom prebačeni na drugu loakciju, ali se oni nisu miješali sa drugim rasama. A za vrijeme Nehamije, Jevreji koji su se vratili u svoju domovinu Judeju, počeli su opsežan projekat da povrate svoje nasleđe. U slučaju da se Jevrejin oženio stranom ženom i dobio dijete, oni bi naterali strankinju i dijete da se vrate u ženinu domovinu, tako da ostane samo čista Jakovljeva krvna linija. Ovo pokazuje koliko je etnički ponos Jevreja bio snažan, a kao rezultat toga, oni su tretirali Samarićane kao pse i nisu voljeli da se miješaju sa njima.

Nakon što su Jevreji vratili i bili u procesu ponovne izgradnje hrama u Jerusalimu, Samarićani su se stalno miješali i ometali jevrejski projekat obnavljanja toliko mnogo, da su dvije nacije postale neprijatelji. Zbog toga su Jevreji smatrali da je i sam čin da kroče u zemlju Samarićana odvratan i zbog toga, kada su putovali iz Judeje u Galileju, oni su preferirali duži put oko Samarije. Ipak, Isus koji je u svom srcu imao samo ljubav bez imalo zla, odlučio se da krene kroz Samariju.

Žena Samarićanka koja je srela Isusa

„Tako dođe u grad samarijski koji se zove Sihar, blizu sela koje dade Jakov Josifu, sinu svom; a onde bješe izvor Jakovljev. I Isus umoran od puta seđaše na izvoru. A bješe oko šestog sahata. Dođe žena Samarjanka da zahvati vode. Reče joj Isus: 'Daj Mi da pijem.' Jer učenici Njegovi behu otišli u grad da kupe jela. Reče Mu žena Samarjanka: 'Kako ti, Jevrejin budući, možeš iskati od mene, žene Samarjanke, da piješ?' (Jer se Jevreji ne miješaju sa Samarjanima.)" (4:5-9)

Kad je Isus prolazio kroz Samariju, On je naišao na grad koji se zove „Sihar." Jakovov izvor je bio tu (izvor koji je Jakov iskopao za svog sina Josifa). Vi možete pomisliti: „Šta je tako posebno u malom izvoru, da je obilježen imenom?" Ipak, u rasponu jedne godine, između aprila i oktobra, u Izraelu skoro da ne pada kiša. Zato je voda od izuzetnog značaja za ovaj narod. Tako da su i izvori su vrlo vrijedni u Izraelu.

Napisano je da je Isus sjedio pored izvora jer je bio umoran od putovanja, ali ovo je zapisano od strane Njegovih učenika. Zbog toga što su i sami bili umorni, pretpostavili su da je i Isus bio umoran.

Dok se Isus odmarao, učenici su otišli u grad da kupe nešto hrane. U ovo vrijeme, pojavila se žena Samarićanka koja je došla na izvor da uzme nešto vode. Ona je mogla da dođe u drugo vrijeme da izbjegne najjače sunce, ali žena je izabrala da dođe na izvor u ovo vrijeme. Pošto je bilo podne, žena nije očekivala da će vidjeti mnogo ljudi. Onda, ugledala je stranca koji se odmarao kraj izvora. On je sasvim sigurno bio Jevrej, te se zapitala zašto je prolazio kroz Samariju.

Isus je zatražio od žene da pije. Žena je bila šokirana. Ona je bila šokirana, jer kada jevrejin ugleda Samarićanina, on se obično ponaša kao da je vidio bubu. Jednostavno rečeno, Jevreji se nikad ne miješaju sa Samarićanima. A ovaj se obraćao njoj! U stvari, Isusovo putovanje kroz Samariju do Galileje, bilo je Božja volja—u svrhu širenja jevanđelja u Samariji. To što su Isusovi učenici otišli u grad i ženin dolazak na izvor u istom trenutku, nije bilo slučajno. Sve je bilo dirigovano od strane Boga.

: : Samarija i okolne oblasti

: : Jakovljev izvor, smješten u podnožju gore Gevil u sjevernom dijelu Sihema

Isusov metod evangelizacije

„Eda li si Tivećí od našeg oca Jakova, 'jesi li?'"

„Odgovori Isus i reče joj: Da ti znaš dar Božji, i ko je taj koji ti govori: 'Daj mi da pijem', ti bi iskala u Njega i dao bi ti vodu živu. Reče Mu žena: 'Gospode, ni zahvatiti nemaš čim, a studenac je dubok; odakle ćeš dakle uzeti vodu živu? Eda li si ti veći od našeg oca Jakova, koji nam dade ovaj studenac, i on iz njega pijaše i sinovi njegovi i stoka njegova?'" (4:10-12)

Ženi koja ne može da sakrije svoje zaprepašćenje, Isus govori o Božjem poklonu i Njemu samom. Ovdje, „Božji dar" označava Svetog Duha. Kao što je zapisano u Djelima Apostolskim 2:38: „*Pokajte se, i da se krstite svaki od vas u ime Isusa Hrista za oproštenje grijeha; i primićete dar Svetog Duha.*"

Isus objašnjava, da kad bi ona znala da je onaj što joj traži vodu Spasitelj, ona bi od Njega tražila Svetog Duha i živu vodu. Ali pošto ona to ne zna, ona ne traži. Zato Isus pokušava da je poduči istini. Ali ne razumijevajući dublji smisao onoga o čemu On govori, ona odgovara shvatajući samo fizičku situaciju, pitajući: „Gospode, ni zahvatiti nemaš čim, a studenac je dubok; odakle ćeš dakle uzeti vodu živu?" Isus govori o Svetom Duhu i vodi vječnog života. Ali žena ne razumije duhovno značenje iza Njegovih Riječi i postavlja takvo pitanje. Ona je slična Nikodimu, koji nije razumio duhovno značenje „ponovnog rađanja."

Onda iznenada, žena pita da li je Isus veći od Jakova. Pošto je Isus rekao da joj može dati živu vodu, ona je Njega poredila sa njenim pretkom Jakovom, koji je obezbjedio svom narodu izvor da iz njega crpi vodu. Ovo je zbog toga što je ona svog pretka Jakova smatrala za velikog čovjeka. Da je znala da je ta osoba pred njenim očima Spasitelj, ona bi odogovrila drugačije.

Voda što ću mu ja dati biće u njemu izvor vode koja teče u život vječni

„Odgovori isus i reče joj: 'Svaki koji pije od ove vode opet će ožednjeti; a koji pije od vode koju ću mu Ja dati neće ožednjeti dovijeka; nego voda što ću mu Ja dati biće u njemu izvor vode koja teče u život vječni.' Reče Mu žena: 'Gospode, daj mi te vode da ne žednim niti da dolazim ovamo na vodu.'" (4:13-15)

Voda je osnovni element života. Žena je uvijek dolazila na izvor da zahvati vode, ali nakon što bi se napila vode, njena žeđ bi bila utoljena kratko vrijeme i kasnije bi se njena žeđ vratila. Ali pošto je Isus rekao da joj može dati vodu od koje nikad više neće ožednjeti, to su bile sjajne vijesti! Isus prosvećuje ženu za najvažniji faktor života i time joj pomaže da otvori svoje srce.

Tek onda žena shvata da je voda o kojoj joj Isus govori, drugačija od one na koju ona misli. Zato što je Isus rekao: „a koji pije od vode koju ću mu Ja dati neće ožednjeti dovijeka," žena je pomislila: „On ovde izgleda misli na nešto drugo." Onaj koji joj je prenosio ovu poruku učinio joj se iskrenim, te je ona imala ovu misao u svom srcu: „ja ne razumijem u potpunosti, ali bolje da od Njega učim i da vjerujem u ono što On govori." Zato je odgovorila Isusu, „Gospode, daj mi te vode da ne žednim niti da dolazim ovamo na vodu."

> „Reče joj Isus: 'Idi zovni muža svog, i dođi ovamo.'
> Odgovori žena i reče Mu: 'Nemam muža.' Reče joj Isus:
> 'Dobro si kazala: „Nemam muža;" jer si pet muževa
> imala, i sad koga imaš nije ti muž; to si pravo kazala.'"
> (4:16-18)

Žena traži od Isusa vodu vječnog života. Ali Isus joj ne daje vodu koju joj je On ponudio. Umjesto toga, on joj govori da pozove svog muža. Ovo je ženi bilo vrlo čudno. On je odgovorila, „Nemam muža."

Onda joj se Isus obraća kao da je već sve znao i kaže joj da je imala pet muževa. Činjenica da je potpuni stranac znao tako dobro njenu prošlost, još više je šokirala. Kao što je Isus rekao, žena jeste imala pet muževa. Nako svih turbulencija u njenom životu, ona je upoznala čovjeka sa kojim je trenutno bila, ali ni ovaj čovjek joj nije mogao ponuditi pravu ljubav i sreću.

Tako je ova žena znala da ne može da očekuje da dobije takvu vrstu ljubavi od bilo kog čovjeka. Zato je ona čekala Hrista, o kome su joj govorila proročanstva iz Starog Zavjeta—pravi mladoženja koji će je spasiti i biti sa njom čitavu vječnost. I pošto ona još uvijek nije bila upoznala ovog Mesiju, ona je priznala da nema muža. Vidjevši njeno srce, Isus je potvrdio njene riječi. „Dobro si kazala: 'Nemam muža.'"

Umjesto da je prekori riječima: „Zašto lazeš? Čovjek sa kojim sada živiš, zar ti on nije muž?" On joj vjeruje na riječ i to prihvata. A kada joj Isus kaže: „Idi zovni muža svog i dođi ovamo," On ne pokušava da kopa po njenoj prošlosti. On je pokušavao da riješi najvažniji problem u njenom životu. I zbog toga što je poznavao njeno srce i njene okolnosti veoma dobro, On kaže: „... to si pravo kazala."

„Ja vidim da si ti prorok"

„Reče Mu žena: Gospode, Vidim da si Ti prorok. Oci naši moliše se Bogu na ovoj gori, a vi kažete da je u Jerusalimu mjesto gdje se treba moliti." (4:19-20)

Pošto je stranac, koga nikad nije srela i nikad ranije sa njim nije razgovarala, poznavao njeno srce i njene okolnosti tako dobro, ona se tresla od zaprepašćenja. I znala je da ovaj čovjek sa kojim govori nije običan čovjek. Ona je bila sasvim sigurna da je On prorok o kome je čula od drugih ljudi ili njenih predaka.

Kada je Isusa nazvala „Gospode," ona je pokušavala da Mu ukaže poštovanje, iako nije mogli zamisliti da je osoba pred njom bio Mesija. Ali, smatrajući Ga za proroka, ona Ga pita nešto što je oduvijek zanimalo, pitanje o mjestu na kom se treba moliti.

U ovo vrijeme, Jevreji su bogoslužili u hramu u Jerusalimu na vrhu gore Garizim, u okviru svoje zemlje. Tokom vladavine kralja Rovoama, Izrael je bio podjeljen na sjeverno i južno kraljevstvo. A Jerovoam, kralj Sjevernog Izraela gradio je svjetilišta na viskoim mjestima da bi spriječio ljude da odlaze u Jerusalim. Pošto je čula nejasne glasine o ovim istorijskim činjenicama, ona je htjela da sazna gdje nalazi prikladno mjesto za bogosluženje.

„Ženo! Vjeruj mi"

„Reče joj Isus: 'Ženo vjeruj mi da ide vrijeme kad se nećete moliti Ocu ni na ovoj gori ni u Jerusalimu. Vi ne znate čemu se molite; a mi znamo čemu se molimo: jer je spasenje od Jevreja.'" (4:21-22)

Ljudima Izraela mjesto bogosluženja je od izrazitog značaja. Hram je tamo gdje je Gospod prisutan, tako da se postavlja na stranu kao sveto. Jevreji su vjerovali da je hram centar svemira. Ipak, značajnije od mjesta na kome bogoslužimo, je način na koji bogoslužimo—sa kojom vrstom srca bogoslužimo. Bog je zadovoljan kada ljudi djelaju po dobroti i kada se mole sa istinskom ljubavlju ka Bogu, ali On ne prihvata bogosluženja ljudi koji se mole sa zlobom u njihovim srcima.

Žena Samarićanka nije imala tačno znanje o Bogu i Spasitelju, te nije mogla ispravno da pruži bogosluženje. Samarija je izgubila svoj kulturni identitet i postala je politeisitčko društvo, u kome je preovlađivalo obožavanje idola, te žena nije baš tačno poznavala Boga. Da je imala tačne informacije o Bogu i Mesiji, ona bi vjerovatno prepoznala da je čovjek preko puta nje Mesija.

Ljudi koji zaista poštuju Boga, brzo bi prepoznali Isusa kao Mesiju. Oni su takođe znali—kao što su stari proroci prorekli—spasenje će doći od Davidove linije; od nekoga rođenog u Vitlejemu, u zemlji Judeji. Zbog toga je Isus rekao ženi: „Vi ne znate čemu se molite; a mi znamo čemu se molimo: jer je spasenje od Jevreja."

„Ali ide vrijeme, i već je nastalo, kad će se pravi bogomoljci moliti Ocu duhom i istinom"

„Ali ide vrijeme, i već je nastalo, kad će se pravi bogomoljci moliti Ocu duhom i istinom, jer Otac hoće takve bogomoljce. Bog je Duh; i koji Mu se mole, duhom i istinom treba da se mole." (4:23-24)

Bogosluženje je formalnost u kojoj Bogu dajemo poštovanje i obožavanje. Ono Bogu daje hvale i slavu i time uzdiže Njegovo sveto ime. Razlog zbog kog čovjek treba da bogosluži Bogu je taj, što je Bog stvorio univerzum za čovjeka i On je poslao Njegovog jednog jedinorodnog Sina, Isusa Hrista, da ga spasi od grijeha.

Ipak, Bog ne prima bilo kakvu vrstu bogosluženja. Ovo možemo vidjeti iz Kajinovih i Aveljovih bogosluženja. Avelj je žrtvovao prvorođeno jagnje i loj, a Kajin je žrtvovao rod sa polja. Kajin je bogoslužio Bogu u tijelu, u skladu sa onim što je smatrao da je pravilan oblik bogosluženja. Avelj se sa druge strane, bogoslužio je Bogu u duhu, u skladu sa Božjom voljom, koristeći žrtvovanu krv. Bog je prihvatio samo Aveljovo bogosluženje.

Šta znači bogosluženje u duhu? Kakvu vrstu bogosluženja Bog prihvata? To su darovi bogosluženja Bogu u duhu i istini. Bogosluženje u duhu znači da se preuzme 66 knjiga Biblije kao ishrana, u skladu sa vođstvom Svetog Duha i bogosluženje iz središta nečijeg srca. Bogosluženje u istini znači da bogoslužimo čitavim našim tijelom, umom, voljom i iskrenošću; sa radošću, zahvalnošću, molbom, pohvalom, djelima i darovima. Kada Bogosužimo Bogu na ovaj način, Bog će prihvatiti naše bogosluženje i zaštititi nas od nesreća, bolesti i opasnosti. On če takođe blagosloviti naš posao i radna mjesta.

Isus je ženi Samarićanki odgovorio odgovorom koji ona nije očekivala, govoreći joj o duhovnom bogosluženju. On joj je govorio o vremenu koje dolazi, kada ćemo se moliti u duhu i istini. Ovo „vrijeme" koje je Isus spomenuo, odnosi se na vrijeme posle Isusovog uskrsnuća i uspinjanja na Nebesa, koje je od trenutka kada će doći Sveti Duh, do Isusovog povratka u vazduhu. Ali žena nije mogla u potpunosti da razumije šta znači bogosluženje u duhu i istini.

„Ja sam koji s tobom govorim."

„Reče Mu žena: 'Znam da će doći Mesija koji se zove Hristos, kad On dođe kazaće nam sve.' Reče joj Isus: 'Ja sam koji s tobom govorim.'" (4:25-26)

Žena Samarićanka je iskreno čekala Mesiju o kome su preci i proroci Starog Zavjeta govorili. Ali ona nije znala ko je On bio. Čak ni Jevreji, koji su tvrdili da poznaju zakon, nisu mislili da će Mesija biti Spasitelj čovječanstva; Oni su mislili da će on jednostavno biti kralj, koji će ih spasiti od ugnjetavanja Rimskog Carstva.

Isus joj otkriva tajnu koja je iznenađuje. Da je On Sam Maesija. „Ja sam koji s tobom govorim."

Sa slojevima bola i patnje zakopanim u njenom srcu, ova

žena je jedino Mesiju čekala. Sada kada je On stajao pred njom, koliko li je bila uzbuđena! Kao magla koja se raziđe u vazduhu, sve njene sumnje su u trenutku nestale. Bez i trunke sumnje, ona je povjerovala Isusovim Riječima.

Isus uči Svoje učenike

Koliko je vremena prošlo? Dok je Isus ženi Samarićanki propovjedao jevanđelje, Njegovi učenici su se vratili nakon što su kupili nešto hrane. Oni su znali da Isus nije poznavao nikog u Samariji. Ipak, oni su ga vidjeli gdje razgovara sa ženom, kao da je On dugo poznavao.

> „I tada dođoše učenici Njegovi, i čuđahu se gdje govoraše sa ženom; ali nijedan ne reče: Šta hoćeš? Ili šta govoriš s njom?" (4:27)

Svi učenici su mislili da je čudno što Isus razgovara sa Samarićankom, ali niko Njega nije otvoreno pitao šta On radi. Iz svakodnevnog posmatranja Isusa, oni su znali da su Njegove Riječi i Njegova djela uvek u isitni i da u Njemu nije bilo obmane ili neistine. Zbog toga, ni jedan od njih nije lako mogao da kaže da li je ono što On radi „isparvno" ili „pogriješno." Jevreji se nisu miješali sa Samarićanima, ali oni su znali da ako Isus razgovara sa tom ženom, mora da je u pitanju poseban razlog. Zbog toga nisu sumnjali u Njega.

Ipak, da učenici nisu imali srca koja osuđuju i kažanjavaju od samog početka, oni vjerovatno ne bi bili „iznenađeni." Svaka osoba odlučuje šta je ispravno ili pogrješno u skladu sa svojim znanjem, obrazovanjem, iskustvom i mudrošću. Kada se nešto ne podudara sa čovjekovim ličnim mislima, on lako osuđuje i kažnjava. Ali nečije znanje, teorija, ili iskustvo nisu uvijek istina, tako, nečije rasuđivanje uvijek može biti pogrješno.

Žena Samarićanka evangelizuje

> „A žena ostavi sudove svoje i otide u grad i reče ljudima: 'Hodite da vidite čovjeka koji mi kaza sve što sam učinila; da nije to Hristos?' Iziđoše, dakle, iz grada i pođoše k Njemu." (4:28-30)

Zbog radosti što je upoznala Mesiju, ona je zaboravila zašto je došla na izvor i ostavljajući za sobom svoj lonac za vodu, požurila je u grad. Zbog čega joj lonac za vodu više nije bio potreban? Sada kada je upoznala Isusa, koji je vječna živa voda—vječni život sam po sebi, njen cilj se totalno promjenio! Sa novim sjajem na svom licu, ona je kazala svima da je čovjek koga nikad prije nije upoznala, znao sve o njenoj prošlosti i da je On Mesija koga su čekali.

„Hodite da vidite čovjeka koji mi kaza sve što sam učinila; da nije to Hristos?" Ove riječi su bile dovoljne da pobude radoznalost ljudi iz grada.

Jelo je Moje da izvršim volju Onog koji Me je poslao

„A učenici Njegovi moljahu Ga, međutim, govoreći: 'Ravi! Jedi.' A On im reče: 'Ja imam jelo da jedem za koje vi ne znate.' Tada učenici govorahu među sobom: 'Već ako Mu ko donese da jede?' A On im reče: 'Jelo je Moje da izvršim volju Onog koji Me je poslao, i da svršim Njegov posao.'" (4:31-34)

Dok je žena Samarićanka bila u gradu, Isusovi učenici su Ga nagonili da jede hranu koju su kupili. Ali Isus im kaže da On ima jelo. „Ja imam jelo da jedem za koje vi ne znate."

Na prvi pogled se čini da Isus odbija hranu koju su učenici teško pronašli, ali ne u ovom slučaju. Isus je koristio ovo podesno vrijeme kada su svi bili gladni, da ih pouči o „duhovnoj hrani" na način, koji će se urezati u njihova srca. Ali pošto nisu razumijeli učiteljeve namjere, oni su Njegove Riječi protumačili svako na svoj način. Onda su pitali jedni druge: „Niko Mu nije ništa donio za jelo, zar ne?"

Učenici, čije duhovne oči još nisu bile otovorene, govorili su o hrani za tijelo, dok je Isus govorio o duhovnoj hrani koja donosi vječni život. Isus govori da je duhovna hrana djelo Božje volje i ispunjava Njegova djela. Onda, šta je Božja volja i Božje djelo?

U 1. Poslanici Solunjanima 5:16-18 kaže se: „*Radujte se svagda; molite se Bogu bez prestanka; na svačemu zahvaljujte; jer je ovo volja Božja u Hristu Isusu od vas.*" A u 1. Poslanici Solunjanima 4:3, kaže se: „*Jer je ovo volja Božja, svetost vaša...*" Tako da biti radostan, moliti se i davati uvijek zahvalnost i posvetiti naša srca je volja Božja. Šta više, činiti u skladu sa Božjim Riječima, na primjer, voljeti jedan drugoga, biti u miru i oprostiti jedan drugome, takođe je volja Božja.

A šta je Božje djelo? To su molitve, evangelizacija, posvećenost i služenje da se ispuni Božje kraljevstvo. Ipak, ako radimo Božja djela, ali radimo sa zlobom u našim srcima i nastavimo da griješimo, mi ne činimo u skladu sa Božjom voljom, te je naš posao uzaludan. Bog traži čisto, dobro, istinsko srce. Kada obavljamo Božja djela, moramo ih činiti u skladu sa Božjom voljom. Samo tada se naša srca mogu ispuniti radošću i Svetim Duhom; a kao rezultat toga, primićemo odgovore za želje naših srca.

Koji žanje i koji sabira

„Ne kažete li vi: 'Još četiri mjeseca pa će žetva prispjeti?' Eto, velim vam: podignite oči svoje i vidite njive kako su već žute za žetvu. Koji žnje prima platu, i sabira rod za život vječni, da se raduju zajedno i koji sije i koji žnje." (4:35-36)

Nakon što je Njegovim učenicima govorio o duhovnoj hrani, On nastavlja, ilustrujući primjer o „žetvi", govoreći o sijanju i žetvi. U zavisnosti od sjemena, neki usjevi se žanju brže, neki značajno kasnije. Šta mislite, zašto je Isus kazao: „Još četiri mjeseca pa će žetva prispjeti?"

U većini slučajeva, riječi i brojevi zabilježani u Bibliji, imaju duboko duhovno značenje, a mi treba da se potrudimo da ih razumijemo ispunjenošću Svetim Duhom. U 1. Posalnici Petrovoj 3:8 kaže se: „...*da je jedan dan pred Gospodom kao hiljadu godina, i hiljadu godina kao jedan dan;*" a u Danilu 9:27 takođe se govori da se jedan dan računa kao godinu dana, a da se sedam godina računa kao jedna nedelja. Tako da „četiri mjeseca" u ovom slučaju označavaju četiri hiljade godina.

Od vremena postanka čovjeka, Adam je zgriješio i bio mu je zabranjen ulaz u Edenski Vrt, a kroz vrijeme kada je Avram postao otac vjere, do vremena kad je Isus došao na zemlju, prošlo je otprilike četiri hiljade godina. Od vremena kad je Bog započeo kultivaciju čovjeka da bi zadobio istinsku djecu, do vremena kad je došao Isus Spasitelj, prošlo je četiri hiljade godina.

Nakon što je Isus došao, počeo je proces žetve kultivisanih duša. Zbog toga što je Isus izbavio čovječanstvo iz njihovih grijehova, oni koji Ga prihvate, oprostiće im se grijesi i biće spašeni kroz vjeru. Tako da, „Još četiri mjeseca pa će žetva prispeti?" označava da se četiri hiljade godina nakon kultivacije čovjeka, put spasenja otvorio kroz našeg Spasitelja Isusa Hrista.

Ko su onda „sijači", a ko su „oni koji žanju?" Jedan od sijača je Bog, koji je poslao Njegovog Sina Isusa na ovaj svijet. Drugi je Isus, koji je postao zrno pšenice time što je umro na krstu i otvorio put spasenja. A mi, Božja djeca, smo oni koji žanjemo onakve duše koje su sazrele u izboru sjemena. Drugim riječima, kao oni koji sabiraju, mi možemo povesti mnogo duša na put spasenja.

„Koji žnje prima platu" znači da je onaj koji žanje već primio spasenje kroz vjeru. Poslanica Efežanima 2:8 govori: „*Jer ste blagodaću spaseni kroz vjeru; i to nije od vas, dar je Božji,"* A u Poslanici Rimljanima 3:24 je zapisano: „*...opravdaće se za badava blagodaću Njegovom, otkupom Isusa Hrista."*

Spasenje je besplatan dar od Boga. Iako bi trebalo da se suočimo sa vječnom smrću zbog naših grijehova, kroz vjeru u Isusa Hrista, mi smo primili „platu", ili divnu milost spasenja. Zbog toga naporno radimo da proširimo jevanđelje; da bi i drugi ljudi mogli primiti vječni život zajedno sa nama. Ovo je „sabiranje roda za vječni život."

Kada mi—iz zahvalnosti za milost spasenja koja nam je data—predano širimo jevanđelje i ubiramo žito, Bog se na Nebesima raduje (Jevanđelje po Luki 15:7). Mi, širioci jevanđelja, takođe se radujemo sa Njim. U 3. Jovanovoj Poslanici 1:3, Jovan govori o ovoj radosti: „*Obradovah se vrlo kad dođoše braća i posvjedočiše tvoju istinu, kako ti u istini živiš."*

„Jer je u tom istinita bjeseda da je: 'Drugi koji sije a drugi koji žnje.' Ja vas poslah da žnjete gdje se vi ne trudiste; drugi se trudiše, a vi u posao njihov uđoste." (4:37-38)

Mnogi ljudi ubiraju ono što je Isus posijao; ipak ovo nije plod našeg rada ili žrtvovanja. Ovo je rezultat Isusove smrti na krstu. Dakle, mnogi Isusovi učenici i drugi ljudi su bili mučenici dok su širili jevanđelje. Čak i u Starom Zavjetu, postojali su proroci koji su—iz njihove ljubavi prema Bogu—pokušali da povedu ljude putem istine, ali su bili proganjani. Ovi ljudi su sijači.

Apostol Pavle je rekao: *„Ja posadih, Apolo zali, a Bog dade te uzraste"* (1. Korinćanima Posalnica 3:6). Svako može da zaliva i da žanje, ali proroci, Isus i Isusovi učenici su bili oni koji su sijali. Ali to ne znači da danas više nema onih koji siju. Bog i dalje sije kroz određene sluge koje priznaje. Ipak, mnogi ljudi danas zalivaju i žanju ono što je već posijano.

Mnogi od Samarjana vjerovaše Ga

„I iz grada onog mnogi od Samarjana vjerovaše Ga za besjedu žene koja svjedočaše: 'Kaza mi sve što sam učinila.' Kad dođoše, dakle, Samarjani k Njemu, moljahu Ga da bi ostao kod njih; i onde osta dva dana. I mnogo ih više vjerova za Njegovu besjedu; a ženi govorahu: 'Sad ne vjerujemo više za tvoju besjedu, jer sami čusmo i poznasmo da je Ovaj zaista spas svijetu, Hristos.'" (4:39-42)

Dok je Isus podučavao svoje učenike o duhovnom svetu, žena Samarićanka je otišla u grad i tonom punim uzbuđenja rekla svima da je upoznala Mesiju. Nakon što su čuli ženino svjedočenje, mnogi Samarićani su počeli da vjeruju u Isusa.

Neki ljudi pretpostavljaju, da pošto je Samarićanka imala

petoricu muževa, njen život nije bio mnogo uzoran. I takođe govore da je razlog iz kog je otišla na izvor u podne, bio da bi izbjegla kontakt sa drugim ljudima. Da je ova pretpostavka tačna, ona bi bila ismijana od strane ljudi u gradu i oni je vjerovatno ne bi slušali. Kad je viknula: „Hodite da vidite!" oni vjerovatno ne bi marili za njene riječi. Važna činjenica ovde je da su ljudi iz grada vjerovali onome što je žena rekla.

Iz ovoga možemo vidjeti da je žena bila priznata od strane ljudi i da su joj oni vjerovali. Zbog toga je njena evangelizacija bila efektnija i ljudi su vjerovali u ono što je ona rekla. Kao rezultat njenog svjedočenja, mnogo ljudi je došlo da prihvati Isusa kao njihovog Spasitelja. Nakon što su primili Božju milost, oni su tjerali Isusa da ostane sa njima malo duže da bi mogli da slušaju Njegove Riječi. Vidjevši njihova dobra i iskrena srca, Isus je ostao da bi podjelio jevanđelje sa njima.

Onda su ljudi rekli ženi: „Sad ne vjerujemo više za tvoju besjedu, jer sami čusmo i poznasmo da je Ovaj zaista spas svijetu, Hristos." Prvo su povjerovali u ono što je žena rekla, ali nakon što su upoznali Isusa i slušali Njegovu Riječ, oni su mogli istinski da povjeruju iz središta njihovih srca da je On zaista bio Mesija koji je došao da ih spasi.

Drugi znak u Kani

Kakav je to nevjerovatan blagoslov što su mnogi ljudi u Siharu došli da vjeruju u Isusa preko jedne žene Samarićanke! Zbog njihove iskrene želje za istinom, Isus je ostao sa njima i propovjedao je jevanđelje dva dana, prije nego što se zaputio u Galileju.

Zašto prorok na svojoj postojbini nema časti

„A poslije dva dana iziđe odande, i otide u Galileju: Jer sam Isus svjedočaše da prorok na svojoj postojbini nema časti. A kad dođe u Galileju, primiše Ga Galilejci koji bjehu vidjeli sve što učini u Jerusalimu na praznik; jer i oni idoše na praznik." (4:43-45)

Iz Samarije, Isus je otišao odmah u Galileju bez zaustavljanja u Nazaret, Njegov rodni grad. Ovo je zato što su ljudi iz Njegovog grada odbili Isusa. Jednom, kada im je Isus propovjedao, oni su se osjetili osuđenima u njihovim srcima i pokušali su da Ga protjeraju iz njihovog grada. I ne samo to, poveli su Ga na vrh brda da Ga bace sa litica (Jevanđelje po Luki 4:16-30).

Ljudi su odbili Isusa, jer nisu mogli da razumeiju, kako bi neko ko je sa njima odrastao i ko je bio sin običnog stolara, mogao da bude njihov Mesija ili prorok (Jevanđelje po Mateju 13:53-58). Oni nisu vidjeli njihovim duhovnim očima sve znakove koje je On izvodio; jednostavno su gledali u Njega njihovim fizičkim očima.

Ipak, Isus je bio dobrodošao svuda drugdje. Posebno su Ga sa dobrodošlicom dočekivali ljudi koji su živjeli na obali jezera Galileje. Nakon što su vidjeli sve znakove i čuda koja je Isus izveo u Jerusalimu za vrijeme pashe, Galilejci su znali da On nije bio običan čovjek.

Carev čojvek koji je došao da posjeti Isusa

„Dođe pak Isus opet u Kanu galilejsku, gdje pretvori vodu u vino. I bješe neki carev čovjek čiji sin bolovaše u Kapernaumu. Ovaj čuvši da Isus dođe iz Judeje u Galileju, dođe k Njemu i moljaše Ga da siđe i da mu iscjeli sina; jer bješe na samrti." (4:46-47)

Pri dolasku u Galileju, Isus odlazi u Kanu, gradu unutar

Galileje. Ovo je mjesto na kom je Isus učinio Njegov prvi znak, pretvarajući vodu u vino (Jevanđelje po Jovanu, poglavlje 2). Zvaničnik cara Heroda je čuo da je Isus došao u Kanu i putovao je čak iz Kapernauma da Ga posjeti. Njegov sin je bio bolestan i na samrti.

Kapernaum je udaljen od Kane otprilike 32km; nije lako prevaliti takav put napred i nazad. Pošto je bio carev zvaničnik, on je mogao da odvede svog sina na liječenje kod najboljih lekara tog vremena. I u to vrijeme, Isus je bio optužen da je „opsjednut demonima" od strane viskokih svještenika, književnika i drugih vođa.

Ipak, ovaj čovjek je čuo o znacima i čudima koje je Isus izvodio, kao što je pretvaranje vode u vino i iscjeljenje bolesnih. Tako je on došao kod Isusa sa čistim i srcem koje vjeruje. On je iskreno vjerovao da é Isus iscjeliti njegovog sina, te je prekljinjao Isusa da dođe i da ga iscjeli.

> „I reče mu Isus: 'Ako ne vidite znaka i čudesa, ne vjerujete.' Reče Mu carev čovjek: 'Gospode, siđi dok nije umrlo dijete moje.'" (4:48-49)

Carev zvaničnik je u hitnoj situaciji jer njegov sin može umrijeti svakog trenutka. Ali umjesto da odmah pođe sa njim, Isus kaže: „Ako ne vidite znaka i čudesa, ne vjerujete." Čovjek koji je pun brige i straha za svog sina, vjerovatno ne može ni da shvati ove riječi. „Gospode, siđi dok nije umrlo dijete moje."

Često se dešava da ljudi oko nas otvore svoja srca i prihvate Gospoda bez da vide bilo kakve znakove ili čuda. Ali, bez da iskuse znakove i čuda, lako im je da imaju vjeru koja se bazira na njihovom znanju, što je vjera bazirana na tjelesnom. Suprotno tome, ljudi koji iskuse Božje znakove i čuda, razumiju da kada Bog interveniše, sve se može dogoditi, i tako oni dobijaju istinsku vjeru, ili duhovnu vjeru. Stoga ovi ljudi lakše žive u skladu sa Božjom Riječju.

Naravno, neki ljudi i dalje sumnjaju čak iako se znaci i čuda dešavaju pred njihovim sopstvenim očima, ali ljudi sa dobrim srcima rastu u vijeri kada svjedoče Božjim znacima i čudima. Iz ovog razloga je Isus izvodio znakove i čuda gdje god je On išao.

Carev zvaničnik je imao dobro srce—zbog toga je vjerovao svim vjestima koje je čuo o Isusovim znacima; ipak, on nije imao istinsku vjeru. Ovo vidimo po tome što traži od Isusa da dođe prije nego mu sin umre.

Da je istinski vjerovao u Svemoćnog Boga koji može da oživi mrtve, on ne bi brinuo čak i da mu sin umre. Ovo je ograničenje vjere, zasnovano na znanju. Čak i kada čuje za svemoćnu moć Boga, osoba koja svoju vjeru bazira na tjelesnu vjeru, dolazi do određene tačke kada ne može pokazati više vjere. Tek kada probije ovu tačku, može iskusiti čudo, u skladu sa svojom vjerom. To je istinska vjera koja čovjeku dozvoljava da vidi Božju slavu. Zbog toga je Isus rekao: *„Ako možeš vjerovati? Sve je moguće onome koji vjeruje,"* (Jevanđelje po Marku 8:13), a *„Idi, i kako si vjerovao neka ti bude"* (Jevanđelje po Mateju 8:13).

Isus odmah iscjeljuje sa Njegovim riječima

„Reče mu Isus: 'Idi, sin je tvoj zdrav.' I vjerova

čovjek riječi koju mu reče Isus, i pođe. I odmah kad on silažaše, gle, sretoše ga sluge njegove i javiše mu govoreći sin je tvoj zdrav. Tada pitaše za sahat u koji mu lakše bi. I kazaše mu: 'Juče u sedmom sahatu pusti ga groznica.'" (4:50-52)

Isus ne okrivljuje carevog zvaničnika zbog njegove vjere zasnovane na znanju. Umjesto toga, vidjevši njegovu iskrenost u tome što je putovao čak od Kapernauma, On odgovara na njegov zahtjev.

„Idi, sin je tvoj zdrav." On nije vidio sopstvenim očima da mu sin ozdravljuje, ali vjerujući Isusovoj Riječi, vraća se u Kaprenaum. Dok je još bio na putu do kuće, ugledao je poznata lica u daljini. Njegove sluge, koje su trebale da neguju njegovog sina, trčale su ka njemu.

Oni su žurili da mu saopšte da je njegov sin dobro. Zvaničnik je povjerovao Isusovoj Riječi, ali koliko li je bio srećan da čuje iz prve ruke da mu je sin dobro! Smirujući svoje srce, upitao je o stanju svoga sina, i takođe je pitao u kom satu je njegovom sinu bilo bolje. Saznao je da je njegovom sinu, koji je bio na samrti usled groznice, bilo bolje istog trenutka kada je Isus izgovorio: „Idi, sin je tvoj zdrav."

„Tada razumije otac da bješe onaj sahat u koji mu reče Isus: 'Sin je tvoj zdrav; i vjerova on i sva kuća njegova.' Ovo opet drugo čudo učini Isus kad dođe iz Judeje u Galileju." (4:53-54)

Da je carev zvaničnik posumnjao, čak i nakon što je čuo Isusove Riječi, njegov sin vjerovatno ne bi bio iscjeljen. Zbog toga što je na kraju pokazao vjeru kroz svoja djela, on je iskusio čudesno iscjeljenje svoga sina, kao i blagoslov za cijelu porodicu, time što je došao da vjeruje u Isusa. Nakon znaka pretvaranja vode u vino, iscjeljenje sina carevog zvaničnika, bio je drugi znak koji je Isus učinio u Kani.

Isto tako, vjera pretvara nemoguće u moguće. Isus je rekao: *„Zato vam kažem, sve što ištete u svojoj molitvi vjerujte da ćete primiti, i biće vam"* (Jevanđelje po Marku 11:24). Ovo Sveto Pismo im ne govori: „vjerujte da ćete primiti," u budućem vremenu. Ono govori: „Vjerujte da ste primili", u prošlom vremenu. To znači da se vi morate moliti vjerujući da ste već primili odgovor.

Biblija govori: *„Ali neka ište s vjerom, ne sumnjajući ništa; jer koji se sumnja on je kao morski valovi, koje vjetrovi podižu i razmeću. Jer takav čovjek neka ne misli da će primiti šta od Boga"* (Jakovljeva Poslanica 1:6-7). Kada se mi molimo sa potpunom vjerom u Svemogućeg Boga bez i malo sumnje, tada se čudesni znakovi događaju.

Poglavlje 5

Znak na Vitezdanskom bazenu

1. Čovjek koji je iscjeljen posle 38 godina bolesti
(5:1-15)

2. Jevreji koji su progonili Isusa
(5:16-30)

3. Isusovo svjedošenje za Jevreje
(5:31-47)

Čovjek koji je iscjeljen posle 38 godina bolesti

Nakon što je izveo Njegov drugi znak u Galileji, Isus je otišao u Jerusalim. Postojalo je nekoliko praznika koje su svaki od odraslih muškaraca Jevreja morali da održavaju svetim; pasha, praznik nedjelje i praznik sjenica. Tako da, prateći Božju volju, Isus je otišao u Jerusalim da učestvuje u ovim praznicima.

Ljudi koji su se okupili oko Vitezdanskog bazena

„A potom beše praznik jevrejski, i iziđe Isus u Jerusalim. U Jerusalimu, pak, kod ovčijih vrata ima banja, koja se zove jevrejski Vitezda, i oko nje pet pokrivenih tremova. U kojima ležaše mnoštvo bolesnika, slijepih, hromih, suvih, koji čekahu da se zaljuja voda; jer anđeo Gospodnji silažaše u određeno vrijeme u banju i mućaše vodu; i koji najprije ulažaše pošto se zamuti voda, ozdravljaše, makar kakva bolest da je na njemu." (5:1-4)

Hram Jerusalima je imao nekoliko kapija. Jedna od kapija, koja je bila smještena na sjeveroistočnoj strani hrama, nazvana je „ovčija vrata." Izgrađena u doba Nehemije, oko 445 godine prije Hrista. (Nehemija 3:1), nazvana je „ovčija vrata" zato što je van kapija bila stočna pijaca, a ovce koje su bile potrebne kao žrtve bogosluženja su se unosile kroz ovu kapiju. Odmah do ovčijih vrata je bazen kojeg su Jevreji nazvali „Vitezda." Ovaj bazen je napravljen kao vrsta rezervoara koji sakuplja kišnicu i služio je da snabdeva vodom cio hram. Interesantna stvar o ovom bazenu je ta da je obično, jasna izvorska voda nailazila sa dna bazena i pomjerala vodu unutar bazena. Ljudi su vjerovali da je uzrok tome anđeo koji silazi i miješa vodu. A prva osoba koja bi ušla u bazen odmah nakon što se dogodi ovako nešto bila bi iscijeljena od bilo koje bolesti da je imao. Zbog toga je ovaj bazen uvijek bio prepun bolesnicima. Slijepi, hromi i paralizovani-ljudi sa svim vrstama bolesti- koji su stajali kraj bazena, čekali su da se voda promiješa.

Drevni Biblijski rukopisi nemaju riječi: „čekahu da se zaljuja voda; jer anđeo Gospodnji silažaše u određeno vrijeme u banju i mućaše vodu; i koji najprije ulažaše pošto se zamuti voda, ozdravljaše, makar kakva bolest da je na njemu." Međutim, ovaj stih se pojavio u kasnijim rukopisima, što je nagoveštaj da je ovo bilo samo popularno vjerovanje među ljudima u to vrijeme. Kao i Božja Riječ, Biblija nema ni najmanju grešku; međutim,

: : Ovčija vrata smještena na sjevernoj strani zidina Jerusalima

: : Bazen Vitezda smješten blizu ovčijih vrata

s vremena na vrijeme, postoje riječi koje su zapisane u njoj da bi pomogle čitaocu da bolje razumije i iskusi okolnosti tog vremena.

Isus, koji je iscjelio bolesne na dan Sabata

„A onde bješe jedan čovjek koji trideset i osam godina bješe bolestan. Kad vide Isus ovog gdje leži, i razumije da je već odavno bolestan, reče mu: 'Hoćeš li da budeš zdrav?' Odgovori Mu bolesni: 'Da, Gospode; ali nemam čovjeka da me spusti u banju kad se zamuti voda; a dok ja dođem drugi siđe prije mene.' Reče mu Isus: 'Ustani, uzmi odar svoj i hodi.' I odmah ozdravi čovjek, i uzevši odar svoj hođaše. A taj dan bješe dan Sabata." (5:5-9)

Nastrešnica Vitezde je uvijek bila prepuna invalidima. Da bi bili prvi koji će ući u bazen nakon što je voda promješana, ljudi su pokušavali da se približe bazenu što je više moguće. Među njima je bio čovjek koji je bio bolestan 38 godina. Postoji stara korejanska izreka: „Duga bolest nema vjernog djeteta," što znači da čak i najvjernija osoba ne može da istraje u svojoj vjernosti i svojoj savjesti ako bolest roditelja traje nepodnošljivo dugo. Time što je bolestan bio 38 godina, ovaj čovjek je vjerovatno bio napušten od strane njegove porodice i bez ijedne osobe da mu pruži pomoć. Međutim, u sredini velikog bola i patnje, on nije odustajao od nade. Sa nadom da će se jednog dana osjećati dobro, on je stajao pored bazena. Vidjevši srce čovjeka koji je strpljivo čekao bez gubljenja nade, Isus je posegao prema čovjeku sa ljubavlju.

„Hoćeš li da budeš zdrav?"
Pošto je bio lišen takvih blagih riječi već duže vrijeme, on odgovara, objašnjavajući njegovu nesrećnu situaciju. Čak i kada je voda bila promiješana, neko drugi koji je mnogo sposobniji od njega, bi ušao u bazen prije njega. On je tražio od Isusa da mu pomogne da uđe u bazen, ali sljedeće što je Isus rekao je čovjeka iznenadilo.

„Ustani, uzmi odar svoj i hodi."
Za nekoga ko je živio kao hendikep dugo vrijeme, ovo bi zvučalo bizarno. On bi čak i pomislio da mu se Isus podsmijeva. Ali, prije nego što je bio i svjestan, on je bio na nogama! Nekako, snaga je u njegovom tijelu bila obnovljena. Isus je izgovorio samo nekoliko riječi i bolest koja je mučila čovjeka 38 godina na prečac ga napustila! Isus nije liječio bilo koga. On je iscjeljivao ljude nakon što je vidio njihovu vjeru i djela. Isus je iscjelio ovog čovjeka zato što, uprkos njegovoj dugoj patnji, njegovo srce je bilo dobro. Bilo je to istrajn i puno nade.

Jevreji koji nisu razumijeli pravo značenje Sabata

„Tada govorahu Jevreji onome što ozdravi: 'Danas je subota i ne valja ti odra nositi.' A on im odgovori: 'Koji me iscjeli on mi reče: Uzmi odar svoj i hodi.' A oni ga zapitaše: 'Ko je taj čovjek koji ti reče: Uzmi odar svoj i hodi?' A iscjeljeni ne znaše ko je; jer se Isus ukloni, jer ljudstva mnogo bješe na mjestu." (5:10-13)

Čovjek koji je bio invalid 38 godina nije imao više razloga da ostane kraj bazena. Kako je uzeo njegov odar da bi krenuo, Jevreji su ga prekorili. Ovo je zato što dan kada je bio iscjeljen bio je dan Sabata a tradicija vođa striktno zabranjuje pomjeranje predmeta na taj dan. Izraelci su iskusili nevolje svaki put kada se nisu povinovali Božjim zapovjestima ili Njegovim zakonima. Kada je kralj koji se plašio Boga bio na prijestolu, Izrael je imao mir. Ali kada je kralj koji se nije plašio Boga i bogoslužio idolima bio na prijestolu, Izrael su osvajale druge nacije i njegov narod je bio zarobljen. Tako da kako bi se povinovali na mnogo strožiji način Božjim zapovjestima, Izraelci su prilagodili zapovjesti da bi uključili još više određenih detalja. Ovo se pominje u Bibliji kao „tradicija starješina."

Tako da na primjer, kako bi se pridržali zapovjesti „Održavaj dan Sabata svetim," Jevreji su dodali nekoliko odeljka na ovu zapovjest, slušajući detaljne stvari od kojih treba da se suzdrže. Oni su u zapovjest dodali nekoliko stvari kao što su: ne treba sijati seme ili orati njivu, niti umjesiti testo i peći ga, ne bi trebalo prati veš, niti napisati dvije riječi ili ih obrisati, ne treba čistiti, niti pomjerati predmet sa jednog mjesta na drugo, i tako dalje.

Međutim, Bog nikada nije rekao: „Ne uzimaj odor svoj i hodaj na dan Sabata." Bog je zapovjedio Njegovom narodu da održavaju dan Sabata svetim da bi ih blagoslovio i da bi oni održavali taj dan svetim, a ne shvatajući pravo značenje Njegovih zapovjesti, Izraelci su napravili ova pretjerana pravila i na taj način ih načinili teškim za njih same. Kada su oni čuli da je invalid sa 38 godina iscjeljen, ono bi trebali da budu srećni zbog njega, ali umjesto toga, Jevreji su osudili ovaj događaj.

„Danas je subota i ne valja ti odra nositi."
Jevreji koji su bili uznemireni, nastavili su sa njihovim slučajem.
„Ko je taj čovjek koji ti reče: „Uzmi odar svoj i hodi?"
Srećom Isus, znajući unaprijed da će Jevreji osjetljivo da reaguju na iscjeljenje bolesnog na dan Sabata, sklonio se kada su Jevreji počeli sa njihovim ispitivanjem. Isus se nije sklonio zato što je bio slab i bezmoćan. Čak i kada je On bio nepravedno optužen, On je samo činio sa pravednošću. Bez obzira u kojoj se situaciji On nalazio, On nikada nije učinio nešto što bi omelo ispunjavanje Božje volje.

„Eto si zdrav, više ne griješi, da ti ne bude gore."

„A potom ga nađe Isus u crkvi i reče mu: 'Eto si zdrav, više ne griješi, da ti ne bude gore.' A čovjek otide i kaza Jevrejima da je ono Isus koji ga iscjeli." (5:14-15)

Kada je Isus ponovo u hramu sreo čovjeka koji je bio invalid 38 godina, On ga je upozorio: „Više ne griješi, da ti ne bude gore."
Isus je učio čovjeka da, jeste, Bog ga je iscjelio. Međutim, ako ne živi u skladu sa Božjom Riječju i zgriješi ponovo, on će biti pogođen sa još težom bolešću. Tako da ovde, mi možemo vidjeti

da bolest potiče od grijeha. Ovo je isto ne samo sa bolesnim, već takođe i sa svim drugim problemima. Kada mi volimo i plašimo se Boga i živimo u skladu sa Njegovom voljom, bolest i nesreće ne mogu da nam se približe i mi primimo blagoslov napretka u svim oblastima naših života.

Ali ako ne živimo u skladu sa riječju, mi ćemo početi da patimo od svih vrsta bolesti i problema. Najčešće, ljudi misle da se neko razboljeva zbog loše sreće ili zato što je nasledno. Međutim, uzrok nasledinh bolesti se mnogo puta odnosi na grijeh zbog ne pridržavanja Božje Riječi. Ako na primjer, mi neredovno jedemo obroke, ili ako smo se prejeli, najprije naš probavni sistem a zatim i svi ostali organi u našem tijelu postaće slabi. Ovo je zbog našeg neuspjeha da dobro čuvamo naša tijela koja nam je Bog dao. Tako da, ovo je isto i biti nepokoran Božjoj Riječi.

U Izlazku 15:26, kaže se: *„Ako dobro uzaslušaš glas GOSPODA Boga svog, i učiniš što je pravo u očima Njegovim, i ako prigneš uho k zapovjestima Njegovim i sačuvaš sve uredbe Njegove, nijednu bolest koju sam pustio na Misir neću pustiti na tebe; jer sam ja GOSPOD, ljekar tvoj."* Kada se mi pridržavamo Božjih zakona i živimo prihvatljive živote pred Bogom, On će iscjeliti bilo koju bolest koju možda imamo i učiniće nas potpunim.

Čovjek nije znao ko je taj koji ga je isjcelio. Ali nakon što je opet sreo Isusa u hramu i naučio da je On taj koji ga je iscjelio, on je bio presrećan. Kada su ga pitali, on je sa radošću rekao Jevrejima da je Isus taj koji ga je iscjelio, ali on nije znao njihove namjere. On nije znao da će njegove riječi na bilo koji način ugroziti Isusa.

Nakon što je iscelio nekoga, bilo je prilika kada je Isus rekao da ide i kaže o tome njegovim rođacima, a postojale su prilike kada je On govorio da nikome ne govori o tome (Jevanđelje po Mateju 8:4; Jevanđelje po Luki 8:56). Ako druga osoba koja ima dobro srce čuje o iscjeljenju i neko je ko će dati slavu Bogu i imati vjeru u Njega, onda Isus govori iscjeljenoj osobi da kaže njemu ili njoj. Međutim, ako osoba koja čuje o tome je osoba koja će proganjati drugu osobu ili će mu načiniti štetu zbog toga što se dogodilo, onda će Isus njemu reći da ne govori nikome. Zbog toga je važno da budemo mudri kada dijelimo informacije sa nekim-najprije moramo proučiti njihovo srce.

Jevreji koji su progonili Isusa

Isus je proganjan od strane Jevreja zato što je izvodio čuda na dan Sabata. Ne razumijući jasno zakone, oni su optužili Isusa koji je izvodio dobra djela. Međutim, Isus govori u Jevanđelju po Marku 2:27-28: *„Subota je načinjena čovjeka radi, a nije čovjek subote radi. Dakle je Gospodar Sin Čovječiji i od subote."*

Budući da je Gospodar Sabata, Isus je iscjelio ljude koji su patili od bolesti i pokazao im je ljubav koja je nadmašila čak i zakone. Ovako, Bog je naklonjen ljubavlju i saosjećanju više nego zakonima.

„I zato gonjahu Jevreji Isusa, i gledahu da Ga ubiju, jer činjaše to na Sabat. A Isus im odgovaraše: 'Otac Moj dosle čini, i Ja činim.' I zato još više gledahu Jevreji da Ga ubiju što ne samo kvaraše subotu nego i Ocem svojim nazivaše Boga i građaše se jednak Bogu." (5:16-18)

Dobra osoba ne sudi i ne osuđuje druge. Umjesto toga, on pokušava da razumije bolje druge stavljajući sebe na taj položaj. Međutim, Jevreji su pokušavali da odaberu svađu sa Isusom i Njega osude zato što je činio dobra djela. Na ovo, Isus je rekao: „Otac Moj dosle čini, i Ja činim," i On naglašava činjenicu da On ne čini po Njegovoj volji. Kada su oni ovo čuli, Jevreji su postali bijesni i težili su još više da ubiju Isusa. Za njih, izgledalo je da Isus nije samo prekršio Sabat, već nazivajući Boga Njegovim Ocem, On je izjednačavao Sebe jednakim Bogu.

Međutim, u osnovi, Isus i Bog su jedno. On je bio sa Bogom od početka i On je vidio kako je univerzum stvoren i održavan. Zato što je On vidio sve od početka do kraja i znao je sve od početka, On je uvek činio u skladu sa Božjom voljom i nikada nije činio ništa što bi bilo protiv Božje volje ili plana. Jevreji, koji su bili duhovno slijepi, nisu mogli da razumiju ovu činjenicu. Na vrh toga, Isus je činio stvari koje oni samo nisu mogli da urade i dobijao je slavu od naroda, tako da su oni postali ljuti i bijesni.

Isus pokušava da pomogne Jevrejima da razumiju

„A Isus odgovarajući reče im: 'Zaista, zaista vam kažem, Sin ne može ništa činiti Sam od Sebe nego šta vidi da Otac čini; jer šta On čini ono i Sin čini onako. Jer Otac Sina ljubi, i sve Mu pokazuje što Sam čini; i pokazaće Mu veća dela od ovih da se vi čudite.'" (5:19-20)

Hajde da kažemo da otac koji posjeduje veliku kompaniju želiu da prenese njegov posao na njegovog sina. On će učiti sina o svemu što mu je potrebno o vođenju poslovanja i takođe i najveće tajne kompanije. Slično tome, Bog je naučio Njegovog Sina, Isusa, koji je bio sa Njim od početka (od stvaranja do kultivacije čovjeka), Njegvo proviđenje i sve tajne stvaranja. Isus je došao na ovu zemlju da bi nama pokazao čemu ga je Otac Bog naučio i šta je Njemu pokazao. Iscjeljivanje bolesnih, vraćanje mrtvih u žive i umirivanje vjetrova i voda, On je izvodio nevjerovatna čuda (Jevanđelje po Luki 8:24).

A ljudima koji su svi bili zapanjeni sa onim što je On radio, On je prorokovao da će vidjeti čak i veće stvari kojima će biti još više zapanjeni. Sa ovim On je mislo na događaj gdje će On preuzeti grijehove svih ljudi dok umire na krstu i gdje će vaskrsnuti trećeg dana. Povrh toga, kada se Isus uzdiže na Nebesa nakon vaskrsenja biće toliko čudesan događaj i događaj koji niko ranije nije vidio. Isusov povratak na ovu zemlju na kraju vremena će takođe biti inspirativan i divan događaj.

Odnos između Oca i Sina

„Jer kao što Otac podiže mrtve i oživljuje, tako i Sin koje hoće oživljuje. Jer Otac ne sudi nikome, nego sav sud dade Sinu, da svi poštuju Sina kao što Oca poštuju. Ko ne poštuje Sina ne poštuje Oca koji Ga je poslao." (5:21-23)

Bog, koji ima vrhovnu vlast nad životom i smrti osobe, takođe je dao tu vlast Njegovom Sinu, Isusu. Tako da, kada Isus govori: „Sin koje hoće oživljuje," On naznačuje da Isus može da da život kome god On poželi.

Tako da, šta znači kada Sveto Pismo kaže da je Bog dao sve osude Sinu? Kao što Poslanica Rimljanima 3:10 govori: *„Ni jednog nema pravednog,"* nakon pada Adama, cijelo čovječanstvo mora da ide na put smrti. Ali Bog ljubavi je pripremio put spasenja za nas; a taj put je Isus Hrist. Tako da svako ko vjeruje u Njega i živi u skladu sa Njegovom Riječju ide na Nebesa a oni koji to ne čine idu u Pakao. Zbog toga Sveto Pismo kaže: „On [Bog] sav sud dade Sinu." Ovo znači da je Božja volja, Isusova volja.

Kao što je zapisano u Poslanici Rimljanima 5:1: *„Opravdavši se, dakle, vjerom, imamo mir s Bogom kroz Gospoda svog Isusa Hrista,"* Isus je most vjere koji spaja naš odnos sa Bogom. Kada mi vjerujemo i povinujemo se Isusovoj Riječi, onda smo mi vjerovali i povinovali se Božjoj Riječi. Zbog toga je poznavanje i poštovanje Isusa Hrista, u stvari, poznavanje i poštovanje Boga.

Kada čuju glas Božjeg Sina

„Zaista, zaista vam kažem, ko Moju riječ sluša i vjeruje Onome koji je Mene poslao, ima život vječni, i ne dolazi na sud, nego je prešao iz smrti u život. Zaista, zaista vam kažem, ide čas i već je nastao, kad će mrtvi čuti glas

Sina Božjeg, i čuvši oživjeti. Jer kao što Otac ima život u Sebi, tako dade i Sinu da ima život u Sebi; i dade Mu vlast da i sud čini, jer je Sin Čovječiji." (5:24-27)

Ko god da sluša riječi Isusa i vheruje u Boga koji je Njega poslao neće doći u osudu; već će proći iz smrti u život. Ruheč „vheruje" u Svetom Pismu ne znači samo da je opravdana dok je izgovorena sa nečijim usnama „Ja vjerujem." To označava vjerovanje koje potiče od „duhovne vjere" koja je opravdana nečijim djelima koja su u skladu sa Božjom Riječju.

„Mrtvi" se ne odnosi na fizički mrtve ljude, već na ljude koji su duhovno mrtvi. Kada je Bog stvorio ljude, On ih je stvorio da budu živa bića sa duhom, dušom i tijelom. Ali kada se prvi čovjek Adam, nije povinovao Bogu, grijeh je ušao u čovjeka i njegov duh je umro.

Tako da svi Adamovi potomci su rođeni sa prvim grijehov i njihovi duhovi su mrtvi; međutim, kada čuju jevanđelje i prihvate Isusa Hrista kao njihovog Spasitelja i prime Svetog Duha, njihovi duhovi su oživljeni. I kada čine u skladu sa Božjom Riječju i pretvore se sve više i više u osobu od istine, ili u osobu od duha, to je ono što Sveto Pismo naziva, da je čuo glas Božjeg Sina. I Gospod govori da čas dolazi kada će ljudi čuti glas Božjeg Sina.

On također govori: „Jer kao što Otac ima život u Sebi, tako dade i Sinu da ima život u Sebi." Život se ovde odnosi na vječni, duhovni život koji ne iščezava. A Isus, koji je jedan sa Bogom, također ima život u Njemu (Jevanđelje po Jovanu 14:6), tako da ako mi vjerujemo u Njega i Njega prihvatimo, mi također stičemo vječni život.

I Zato što je Isus Sin Čovjeka, Bog je Njemu dao vlast da izvršava presude; a ove osude su načinjene u skladu sa životom osobe. Što znači, osoba koja vjeruje u Isusa Hrista ima život i prema tome odlazi na Nebesa; a osoba koja ne vjeruje u Isusa Hrista nema ovaj život i ide u Pakao. Tako da, zašto je Bog dao Njegovom Sinu da izvrši presudu?

Baš kao što i mi moramo da stavimo predmet na vagu da bi izmjerili njegovu težinu, nama je takođe potreban standard sa kojim možemo da sudimo da li osoba ima život ili ne. Isus Hrist je skala života i standard presuda. Ovo je zato što je Isus sam život i sama istina. I zbog toga je Bog dao Njegovom Sinu vlast da izvrši osude.

Vaskrsenje života i vaskrsenje suda

„Ne divite se ovome, jer ide čas u koji će svi koji su u grobovima čuti glas Sina Božjeg, i izići će koji su činili dobro u vaskrsenje života, a koji su činili zlo u vaskrsenje suda. Ja ne mogu ništa činiti Sam od Sebe. Kako čujem onako sudim, i sud je Moj pravedan; jer ne tražim volje Svoje nego volju Oca koji Me je poslao." (5:28-30)

Kada im je rečeno da život i osuda zavise od Božjeg Sina, neki ljudi su bili u nevjerici. Oni su pitali: „Šta se dogodilo sa ljudima koji su živjeli i umrli prije nego što je rođen Isus?" Zbog toga je Isus rekao: „Ne divite se ovome" i onda nam je On govorio o osudi savjesti.

Prošlo je tek stotinu i nekoliko godina od kako je hrišćanstvo stiglo u Koreju. Onda, šta će se dogoditi sa tim ljudima koji su živjeli prije stotinu godina ili sa ljudima iz vremena Starog Zavjeta? Ako su svi ovi ljudi poslati u Pakao samo zato što nisu znali Isusa Hrista, kako onda možemo da kažemo da je Bog ljubav?

Bog, koji je sama ljubav, priprmio je put spasenja za one ljude sa dobrim srcima. Za one ljude koji su činili dobra djela za vrijeme njihovog života, oni će iskusiti vaskrsenje života, a oni koji su činili zla djela će iskusiti vaskrsenje osude (Poslanica Rimljanima 2:14-16). Tako da „osuda savjesti" je put spasenja koji je Bog pripremio za one koji su živjeli u vremenima Starog Zavjeta prije nego što je Isus došao i one koji su živjeli u vremenima Novog Zavjeta a nikada nisu imali priliku da čuju jevanđelje.

Iako nikada nisu čuli jevanđelje, oni su ljudi koji su u čudu i imaju strahopoštovanje prema nebesima i daju sve od sebe da pokušaju da vode dobar i pravedan život i prema tome žive u skladu sa Božjom voljom do određene mjere (Knjiga Propovednika 3:11; Poslanica Rimljanima 1:20). Postoje neki ljudi koji žrtvuju svoje živote zbog njihove zemlje, ili njihove roditelje ili čak i za njihove prijatelje. Ovo je požrtvovana ljubav.

Ako ova vrsta ljudi čuje jevanđelje, zar neće prihvatiti Gospoda, primiti spasenje i ući na Nebesa? Tako da kroz osudu savjesti, Bog dozvoljava ovim ljudima da prime spasenje (Pogledajte u knjizi, *Pakao*).

Na ovaj način Bog pravde daje svima poštenu osudu. Kada je Isus govorio o osudi, ljudi koji su slušali iznenada su bili obuzeti strahom i oni su se pitali: „Kako će izgledati ova osuda?"

Znajući pitanja u njihovim mislima, Isus je odgovorio: „Ja ne mogu ništa činiti Sam od Sebe. Kako čujem onako sudim, i sud je Moj pravedan; jer ne tražim volje Svoje nego volju Oca koji Me je poslao."

Isusovo svjedošenje za Jevreje

Proroci Starog Zavjeta i Jovan Krstitelj su već raširili riječ o Isusu. Oni su prorokovali da će Isus biti rođen iz porodice Jesejove i da će nacije Njemu pribjegavati, da će biti On rođen u Vitlejemu i da su Njegova putovanja napred još odavna, od vječnih vremenai (Isaija 11:10, Mihej 5:2). Ovi proroci nisu samovoljno govorili. Bog im je rekao ova proročanstva o Isusu Hristu.

Pored ovih proročanstva, znakovi i čuda koje je Isus izvodio govore sami za sebe: da je Isus došao od Boga. Ali Jevreji Njega ipak nisu prepoznali i počeli su da Njega proganjaju, tako da je On pokazao dokaz da je On Božji Sin. On je učinio ovo samo iz ljubavi prema njima, kako bi oni mogli da prime spasenje.

„Ima drugi koji svjedoči za Mene"

„Ako Ja svjedočim za Sebe, svjedočanstvo Moje nije istinito. Ima drugi koji svjedoči za Mene; i znam da je istinito svjedočanstvo što svjedoči za Mene. Vi poslaste k Jovanu, i posvjedoči vam za istinu. A Ja ne primam svjedočanstva od čovjeka, nego ovo govorim da se vi spasete." (5:31-34)

Zamislite samo kako bi sramotno i smiješno izgledalo da se neko o sebi hvali a da to niko ne primjeti? Tako da čak iako imamo dovoljno povjerenja da se hvalimo samim sobom, mi najprije moramo da budemo prepoznati od strane ljudi u našoj okolini. Isus je imao svako pravo da se hvali Sobom ali On je samo čekao da Bog pokaže drugima ko je On bio. Umjesto da svjedoči sa Sebe, Isus je koristio znakove koje je Bog manifestovao kroz Njega da bi im se obratio.

Onda šta mislite zašto je Isus rekao da On ne prima svjedočenja od čovjeka? Ovo je bilo zato što u to vrijeme nije postojao niko ko je mogao da da potpuno i tačno svjedočenje o Isusu. Čak ni Jovan Krstitelj nije mogao da da savršeno svjedočenje o Isusu. Zbog toga je Jovan dok je bio zarobljen poslao njegove učenike da pitaju Isusa: *„Jesi li ti Onaj što će doći, ili drugog da čekamo?"* (Jevanđelje po Mateju 11:3).

Na ovo, Isus je odgovorio sljedećim stihovima 4-5: *„Idite i kažite Jovanu šta čujete i vidite; slijepi progledaju i hromi hode, gubavi čiste se i gluvi čuju, mrtvi ustaju i siromašnima propovjeda se jevanđelje."* On je ovo rekao zato što samo spoznajom, ova činjenica će im dati do znanja: „Da, ovo je definitivno Jedan koga je Bog poslao."

Duhovne stvari raspoznaju se samo u duhovnim stvarima (1. Korinćanima Poslanica 2:13); ali u to vrijeme, ljudi nisu znali da je Isus Bog. Zbog toga, njima je bilo jako teško da tačno svjedoče o Isusu. Kako bi poveo koliko je moguće što više ljudi ka spasenju, Isus je govorio mnogo o dokazima i djelima Božjim. Ali, Jevreji koji su bili prepuni ljubomore pogriješno su razumijeli i mislili su da se Isus hvali o Sebi a znajući ovo veoma dobro, Isus je rekao da svjedočenje koje On dobija nije od čovjeka.

Čuda i znakovi: Božja djela

„On bješe vidjelo koje goraše i svijetljaše, a vi se htjeste malo vremena radovati njegovom svijetljenju. Ali Ja imam svjedočanstvo veće od Jovanova; jer poslovi koje Mi dade Otac da ih svršim, ovi poslovi koje Ja radim svjedoče za Mene da Me Otac posla." (5:35-36)

Lampa se gasi kada ostane bez ulja. Isus upoređuje Jovana sa lampom zato što je njegov život bio kratak. Jovan je rođen 6 meseci pre Isusa, ali za vrijeme Isusovog javnog službovanja-dok je Jovan bio u ranim tridesetim godinama-njegov život se završio od Heroda Antipe.

Ali za vrijeme njegovog kratkog života, Jovan je prekorio grješnike i kršioce zakona svjedočeći istinu, baš kao što i lampa daje svjetlost u tami (Jevanđelje po Jovanu 5:33). Kao lampa koja priprema put za Gospoda, on je ukazao ljudima na grijehove i vodio ih je ka pokajanju i ka pravednosti. Baš kao što je ranije spomenuto, nakon proroka Malahije, Izrael je bio u dohovnoj tami 400 godina, a Jovan je u stvari bio prvi prorok koji je ponovo objavio Božju Riječ. Tako da je njegova popularnost bila ogromna. Pošto je Jovan postao kao lampa, ljudi su uživali u gledanju ove svjetlosti, ali Jovanov vapaj za pravedost bio je prolazan; jer on je objavljivao o nekome ko će doći poslije njega, ko je bio Isus.

Tako da dokaz koji će biti mnogo tačniji od Jovanovog svedočenja, biće prava djela Boga koja je Sam Isus izvodio. Kroz brojne znakove i čuda, Isus je ljudima pokazao dokaz da je Bog sa Njim.

Sveta Pisma svjedoče o Isusu

„I Otac koji Me posla sam svjedoči za Mene. Ni glas Njegov kad čuste ni lice Njegovo vidjeste. I riječ Njegovu nemate u sebi da stoji; jer vi ne vjerujete Onome koga On posla. Pregledajte Pisma, jer vi mislite da imate u njima život vječni; i ona svjedoče za Mene; i nećete da dođete k Meni da imate život. Ja ne primam slave od ljudi; nego vas poznajem da ljubavi Božje nemate u sebi. Ja dođoh u ime Oca Svog i ne primate Me; ako drugi dođe u ime svoje, njega ćete primiti." (5:37-43)

Bog je svjedočio o Isusa kroz mnoge znakove i čuda, ali Fariseji, Sadukeji i učitelji zakona nisu vjerovali u Njega. Za ovo, Isus govori da oni imaju: „ni glas Njegov kad čuste ni lice Njegovo videste." On dodaje da je ovo zato što oni nemaju Njegovu Riječ koja prebiva u njima. Ovi ljudi se diče da imaju znanje o Božjoj Riječi nego bilo ko drugi. Zašto bi Isus rekao ovim ljudima: „I riječ Njegovu nemate u sebi da stoji?"

Kada primi Božju Riječ, u zavisnosti da li osoba prima sa dobrim srcem ili sa zlim srcem, spoljašni izgled je drugačiji. Ovi ljudi su veoma dobro znali da će im Bog poslati Mesiju, kao što je prorokovano u Starom Zavjetu. Međutim, umjesto da prime ove riječi sa razumijevanjem Božjeg srca, oni su je primili u skladi sa njihovim sopstvenim mislima i načinima koji ide njima u korist; tako da kada je zapravo pravi Mesija stao pred njima, oni nisu mogli da ga prepoznaju i Njega nisu prihvatili. Zbog njihovog ponosa da poznaju Zakon i zbog njihove sebičnosti da zadrže njihov položaj u društvu, oni su u stvari proganjali Isusa. Zbog toga je Isus rekao da Božja Riječ nije u njima.

Mnogi ljudi misli da ako su pročitali Božju Riječ u Bibliji i slušali propovedi da oni mogu da prime spasenje; međutim to nije istina. Samo kada razumijemo Božju Riječ i činimo u skladu sa time, naše spasenje može biti potpuno (Jevanđelje po Mateju 7:21). Čak i kada sa sigurnošću znamo gdje je naše odredište, ako se ne pomeramo ka njemu, mi nikada ne možemo da dođemo do njega. Slično tome, ako znamo da želimo da idemo na Nebesa, jednostavna spoznaja Božje volje nas neće tamo odvesti, Mi moramo da razumijemo Njegovu volju i činimo po njoj.

Pošto su ovi učitelji zakona bili oslijepljeni njihovom zlobom i nisu mogli da prepoznaju Isusa, Isus im je čvrsto odgovorio:

„Ja ne primam slave od ljudi; nego vas poznajem da ljubavi Božje nemate u sebi." Isus ne pokušava da primi slavu od ljudi sa ove zemlje. Slava ove zemlje je uzaludna; a na kraju ide ka tome da iščezne.

Bog nam ne daje spasenje da bi dobio slavu. On nam nudi spasenje jednostavno zato što nas On voli. Bog želi da podjeli Njegovu ljubav sa nama koji smo, nakon dobijanja spasenja, postali Njegova iskrena djeca. Kada osoba dobije spasenje i promjeni se u istinbu, on ili ona počeće da daju slavu Bogu, koju Bog prima sa mnogo radosti.

Ljudi koji ne prihvate Isusa nemaju ni ljubav prema Bogu. Pošto oni žive u sredini njihove sopstvene sebičnosti i oslijepljeni su sa njom, čak iako je Isus došao u ime Boga, oni Njega ne prepoznaju.

Da ste vjerovali Mojsiju tako biste vjerovali i Meni

„Kako vi možete vjerovati kad primate slavu jedan od drugog, a slave koja je od jedinog Boga ne tražite? Ne mislite da ću vas tužiti Ocu; ima koji vas tuži, Mojsije, u koga se vi uzdate. Jer da ste vjerovali Mojsiju tako biste vjerovali i Meni; jer on pisa za Mene. A kad njegovim pismima ne vjerujete kako ćete vjerovati Mojim riječima?" (5:44-47)

U zavisnosti od količine zla koju imamo u našim srcima, toliko ćemo se i truditi da ispunimo sebične želje i iz tog razloga, mi ne možemo da volimo Boga. U to vrijeme, Jevreji su se trudili da steknu slavu, moć i slično; i nisu težili za slavom koja dolazi od Boga. Tako da je Isus ukazao na to šta je u njihovim srcima sa optužbom da Njega proganjaju i da žele Njegov pad.

Tako da, šta znači ono što je Isus rekao: „Koji vas tuži, Mojsije je?" Za vrijeme ovih vremena, ljudi su revnosno čitali i vjerovali u zakone, zato što su ljudi dobijali spasenje zasnovane na njihovim djelima, sa Mojsijevim Zakonom koji je bio osnova. U sudnici, advokat branioc brani optuženog dok tužitelj progoni i optužuje njegova pogriješna djela. Kada stojimo pred Bogom, Mojsijev Zakon stoji kao tužitelj koji uzima pravna djela protiv nas.

U budućnosti, nakon Gospodovog povratka, kada Milenijumsko kraljevstvo dođe do kraja, postojaće Sud Velikog Bijelog Prijestolja Za vrijeme ovog suđenja, Bog će biti sudija a Isus će biti advokat. Oko Boga i Isusa, dvadeset i četiri starješine će prisustvovati suđenju kao porota i svakoj osobi će se suditi po tome koliko je on ili ona živio u istini, zasnovanoj po Mojsijevom Zakonu. Pojedinac neće dobiti spasenje samo zato što je vjerovao u Isusa Hrista. Njegovom životu će se suditi u svjetlosti Zakona.

Mojsijev Zakon je zapisan za Isusa Hrista. Prema tome, Isus pita učitelje zakona kako oni mogu da vjeruju u Njegove riječi ako nisu vjerovali Mojsijevim pisanjima. Ako osoba vjeruje u pravo značenje Zakona, koje nam je Bog dao, onda će on takođe vjerovati i u Isusa Hrista, koji ispunjava Zakon. A ako neko zaista vjeruje iz sredine njegovog srca, onda će kao Isus Hrist činiti u svjetlosti i u pravednosti i ići će ka putu spasenja.

Poglavlje 6

Hleb života

1. Znak dvije ribe i pet hljebova ječmenih
(6:1-15)

2. Isus, koji je hodao po vodi i gomila koja Ga je pratila
(6:16-40)

3. Jedenje mesa Sina čovječijeg i ispijanje Njegove krvi za vječni život
(6:41-59)

4. Učenici koji odoše od Isusa
(6:60-71)

Znak dvije ribe i pet hljebova ječmenih

Galilejsko more je tehnički jezero, ali u Bibliji se opisuje kao "more," jer je jezero veoma veliko i čini se da veliki dio vode liči na more ili okean. U Starom Zavjetu, naziva se jezero Hinerota, jer je u obliku harfe; a u Novom Zavjetu naziva se jezero Genesaret, a ponekad i more Tiverijade. Tokom Njegovog javnog službovanja, Isus je putovao po okolini blizu obala Galilejskog mora, da bi ljudima govorio o Božjem kraljevstvu, i takođe je činio mnoge znake i čuda gdje god je išao.

"Potom otide Isus preko mora galilejskog kod Tiverijade. I za Njim iđaše mnoštvo naroda, jer viđahu čudesa Njegova koja činjaše na bolesnicima. A Isus iziđe na goru, i onde seđaše sa učenicima Svojim. A bješe blizu pasha, praznik jevrejski." (6:1-4)

: : Oblast okolo Galilejskog mora

Isusovih dvanaest učenika su takođe otišli u parovima da šire jevanđelje, pokazujući Božju moć kroz znakove i čuda. Prirodno, glasine o Isusu su se brzo širile. Da bi se na kratko odmorili, Isus i Njegovi učenici su se ukrcali na brod i otplovili ka gradu Vitsaida, gradu koji se nalazio na drugom kraju Tiverijadskog mora. Vidjevši ih da odlaze na brodu, mnogo ljudi iz različitih gradova je izašlo da ih vidi. Ljudi su u stvari odlazili ispred njih i čekali ih. Vidjevši gomilu ljudi koji su im se divili nakon što su vidjeli znak, Isus je osjetio samilost, jer su oni bili kao ovce bez pastira. Tako je On iscjelio bolesne i prosvećivao ih mnogobrojnim učenjima (Pogledajte Jevanđelje po Mateju 14:13-14; Jevanđelje po Marku 6:30-34; Jevanđelje po Luki 9:10-11).

Bilo je to nekoliko dana pred pashu. Ljudi su slušali Božju Riječ, bez pojma o vremenu koje je prolazilo. Pošto je bivalo kasno, učenici koji su bili sa Isusom počeli su da brinu, jer su se nalazili na velikom, praznom polju, na kome nije bilo hrane.

Isus testira Filipa

„Podignuvši, dakle, Isus oči, i vidjevši da mnoštvo naroda ide k Njemu, reče Filipu: 'Gdje ćemo kupiti hljeba da ovi jedu?' A ovo **govoraše kušajući ga, jer sam znaše šta će činiti.** Odgovori Mu Filip: 'Dvjesta groša hljeba nije dosta da svakom od njih po malo dopadne.'"
(6:5-7)

Bilo je kasno, a ljudi cio dan nisu ništa jeli. Znajući da će biti

gladni, Isus upita Filipa: „Gdje ćemo kupiti hljeba da ovi jedu?"
Isus je znao šta će On uraditi, ali je čekao Filipov odgovor. On ga je kušao. Naravno, Isus nije pokušavao da ga stavi na svoje mesto; On je jednostavno dao Filipu priliku da posmatra sam za sebe i da stekne veću vjeru.

Iskušenja se mogu uširoko podjeliti u dvije grupe. Prva su iskušenja koja nam dolaze od neprijatelja đavola, kada ne vjerujemo u skladu sa Božjom Riječju (Jakovljeva Poslanica 1:13-15). Druga su iskušenja koja nam Bog šalje da bi nas blagoslovio; kao u slučaju sa Avramom, kada je Bog tražio da žrtvuje Isaka, njegovog jedinog sina. Ako mi, sa vjerom, pobjedimo iskušenje i budemo priznati od strane Boga, mi možemo primiti i duhovne i fizičke blagoslove kao Avram, koji je postao korijen blagoslova. Suprotno tome, kada smo u iskušenju zbog naših sopstvenih grešaka, ako se pokajemo i povinujemo se Božjoj Riječi, iskušenje će se završtiti, ali za to nećemo primiti nikakav poseban blagoslov.

Tokom svih mojih godina službovanja, iskusio sam mnoga iskušenja i nevolje. Jedno od njih bilo je kada su moje tri ćerke bile žrtve trovanja ugljen-monoksidom iz gasa za grejanje; a drugo je kada sam izgubio mnogo krvi i bio na ivici smrti. Pored ovih događaja, iskušenja koja sam iskusio su bila vrlo teška, da sa gledišta čovjeka od tijela, tuga i teškoće ovih iskušenja, bile su nepodnošljive. Onda, postojala su vremena, kada je iskušenje bilo toliko veliko, da bi bilo lakše da sam položio svoj život, nego da nastavim da prolazim iskušenje.

Ipak, ja sam uspio da prođem kroz svako iskušenje sa vjerom.

Bog nije dozvolio ova iskušenja u mom životu zbog nekih pogrešnih djela. Kroz ove procese iskušenja, Bog je dodavao sve više i više Njegove moći u moj život.

Nakon Isusovog iznenadnog pitanja, Filip je počeo da računa. Procjenjujući koliko hrane bi bilo potrebno po osobi i brojeći koliko ljudi ima, Filip je odgovorio sa samopouzdanjem:
„Dvjesta groša hljeba nije dosta da svakom od njih po malo dopadne."

Groš je bio monetarna valuta Rimskog Carstva. Jedan groš je vredeo kao jedna dnevnica, tako da je dvjesta groša bilo jednako plati za dvjesta dana. Recimo da je dnevna plata oko pedeset dolara. Onda bi suma koja je njima bila potrebna, iznosila deset hiljada dolara. Filipova računica djeluje razumno. Ipak, da je posjedovao istinsku vjeru, on ne bi koristio svoj ljudski razum. On bi odgovorio: „Mislim da ćeš Ti biti u stanju da riješiš ovo."

Filip još uvijek nije shvatao neograničenu Isusovu moć, pomoću koje ništa nije nemoguće. Mnogo puta se ljudi trude da riješe svoje probleme pomoću znanja i mudrosti; ipak, čovjekovo shvatanje ima ograničenje, tako da sa jedne ili druge tačke gledišta, ljudi dostignu svoje granice. Ali, ako imamo duhovnu vjeru, onda ništa nije nemoguće (Jevanđelje po Marku 9:23). Zašto? Zato što sa Bogom, sve je moguće.

Učenici kojima je nedostajala duhovna vjera

„Reče Mu jedan od učenika Njegovih, Andrija, brat

Simona Petra: 'Ovde ima jedno momče koje ima pet hljebova ječmenih i dvije ribe; ali šta je to na toliki svet?' A Isus reče: 'Posadite ljude.' A bješe trave mnogo na onome mjestu. Posadi se dakle ljudi na broj oko pet hiljada." (6:8-10)

Dok su Isus i Filip razgovarali, Andrej je hodao kroz gomilu da vidi da li neko od njih ima hranu. Provjerio je kod mnogih ljudi, ali jedinu hranu koju je našao, bio je ručak mladog dječaka, koji se sastojao od dvije ribe i pet ječmenih hljebova. Kad je rekao Isusu šta je pronašao, on je znao da je ta količina hrane suviše mala. Svi su mogli da vide, da je količina hrane koju su imali, bila nedovoljna.

Učenici su vidjeli brojne znakove i čuda dok su Ga pratili na Njegovom službovanju, ali još uvijek nisu imali potpunu vjeru u Njega. Mnogo ljudi se izjašnjava da vjeruje u svemoćnog Boga, ali kada se suoče sa teškoćama, oni ne uspjevaju da pokažu svoju vjeru i bore se. Njegovi učenici, uključujući i Andreja, pokazivali su vjeru zasnovanu na znanju. Oni nisu imali duhovnu vjeru—vjeru u kojoj neko vjeruje iz središta njegovog srca ijdela u skladu sa tim.

Oko Isusa su sjedeli ljudi u grupama od po stotinu i pedeset (Jevanđelje po Marku 6:40). Pošto je polje bilo prekrivneo travom, ljudima je bilo lako da sjede u grupama. Bilo je toliko mnogo ljudi, da su izgledali kao talasi vode na široko otvorenom polju. Tu je bilo pet hiljada ljudi, ne računajući žene i djecu (Jevanđelje po Mateju 14:21). Tako da je tu bilo deset hiljada ljudi i više. Sve ove ljude je trebalo nahraniti, a oni su imali samo pet ječmenih hljebova i dvije ribe.

Ali za svemoćnog Boga, broj ljudi nije problem. Da je bilo 10.000 ili 100.000 ljudi, to ne bi bio problem, jer On svakako ni iz čega može napraviti nešto. Isto je i u slučaju bolesti. Ozbiljnost bolesti ne određuje koliko je lako ili teško primiti iscjeljenje od te bolesti. To u stvari zavisi od vjere svakog od nas. Bogu su sve bolesti iste.

Isus izvodi znak dvije ribe i pet hljebova ječmenih

„A Isus uzevši one hljebove, i davši hvalu, dade učenicima, a učenici onima koji behu posađeni; tako i od riba koliko hteše. I kad se nasitiše, reče učenicima Svojim: 'Skupite komade što pretekoše da ništa ne propadne.' I skupiše, i napuniše dvanaest kotarica komada od pet hlebova ječmenih što preteče iza onih što su jeli." (6:11-13)

Uzevši ribu i hljebove od učenika, Isus se zahvalio i počeo je da dijeli ljudima hranu. Pošto su Ga cijelog dana pratili, mora da su bili prilično gladni! Ukupna količina hrane koja je bila potrebna da zadovolji njihovu glad, bila je nevjerovatno velika. Ali šta se dogodilo? Svako je dobio onoliko hrane koliko je želio, a hrana se nije potrošila. Preko 10.000 ljudi je jelo dok nisu bili siti, a ipak su ostali ostaci hrane. Isus je rekao Njegovim učenicima da sakupe sve ostatke hrane. Na njihovo iznenadenje, bilo je dvanaest kotarica punih ostataka hrane.

Postoji razlog zašto je Isus rekao učenicima da sakupe ostatke. Ostaci hrane su bili dokaz znaka koji im je Bog pokazao. Ljudi imaju tendenciju da zaboravljaju ono što se desilo u prošlosti. Iako su bili svjedoci Božjeg djela, nakon nekog vremena, ljudi to lako zaborave. Da se ovaj dan završio samo jelom do osjećaja sitosti, ovaj događaj bi bio divna uspomena kratko vrijeme, a onda prije ili kasnije, bio bi zaboravljen. Ali svi ostaci ribe i hljeba bili su konkretan dokaz činjenice da je Bog poslao znak.

Koji značaj imaju dvanaest kotarica? U Bibliji, svaki broj ima značenje. Broj „12" je broj svjetlosti i označava savršenstvo (Jevanđelje po Jovanu 11:9). Ako pažljivo pogledate, tu su dvanaest plemena Izraela, dvanaest Isusovih učenika i dvanaest bisernih kapija Novog Jerusalima. Bog koristi borj „12" kao znak obećanog blagoslova. Kada u Svetom Pismu piše da je bilo dvanaest kotarica sa ostacima hrane, to znači da ljudi koji čine potpuno u svjetlosti, što je istina, Bog će im odgovoriti blagoslovima koji se prelivaju.

Ljudi koji su željeli da Isusa načine kraljem

> „A ljudi vidjevši čudo koje učini Isus govorahu: 'Ovo je zaista Onaj prorok koji treba da dođe na svijet.' A kad razumije Isus da hoće da dođu da Ga uhvate i da Ga učine carem, otide opet u goru Sam." (6:14-15)

Znak je nešto što se dešava po Božjoj moći koja je izvan mogućnosti shavtanja od strane čovjeka. Ljudi koji su vidjeli nevjerovatan znak pred svojim očima, počeli su uzbuđeno da razgovaraju među sobom. Ljudi su u pomami vikali: „Ne samo

: : Crkva množenja hljeba i riba u Tabghi

da se neizliječive bolesti liječe, već mi možemo jesti koliko želimo, kad god želimo!" Oni su priznali: „Ovo je zaista Onaj prorok koji treba da dođe na svijet", a razgovor o nevjerovatnoj stvari koja se upravo desila, počeo je da cveta svuda.

Ljudi su dugo čekali Mesiju o kome su govorili Proroci iz Starog Zavjeta (Knjiga Ponovljenog Zakona 18:15). Povrh toga, Izraelci su bili tlačeni od strane Rimljana. Videvši Isusa, ljudi su shvatili da je On imao mudrost, prenosio je moćne poruke i činio znakove. U svim oblastima, nije bilo osobe koja bi se mogla porediti sa Njim. Oni su mislili, ako Isus postane kralj,

On će ih sigurno osloboditi Rima. Nakon što su prisustvovali znaku, umjesto da dobiju istinsku vjeru, ljudi su počeli da traže sopstvenu slavu.

Isus je znao da ovi ljudi žele da Ga načine kraljem na silu. Zbog toga je on rekao Njegovim učenicima da uzmu brod i da odu na drugu stranu i nakon što je masu ljudi poslao daleko, On je otišao na goru da se moli (Jevanđelje po Mateju 14:22-23). Isus nije učinio znak dvije ribe i pet hljebova ječmenih da bi postao kralj. On je to učinio da bi ljudima dao dokaz koji potvrđuje Riječ koju On propovjeda; da bi povjerovali u Njega Samog, Božjeg Sina i u Boga koji je Ga je poslao (Jevanđelje po Jovanu 4:48; Jevanđelje po Marku 16:20).

Isus, koji je hodao po vodi i gomila koja Ga je pratila

Galilejsko more je okruženo viskoim, strmim planinama, kao što su Golanska visoravan i gora Hermon. Takođe je na oko 20 metara ispod nivoa Sredozemnog mora. Usled ovih geografskih karakteristika, vrijeme je tamo vrlo nepredvidivo. Jaki udari vjetra se često javljaju i nepredvidivi su.

„A kad bi uveče siđoše učenici Njegovi na more, i uđoše u lađu, i pođoše preko mora u Kapernaum. I već se bješe smrklo, a Isus ne bješe došao k njima. A more se podizaše od velikog vjetra. Vozivši, pak, oko dvadeset i pet ili trideset potrkališta ugledaše Isusa gdje ide po moru i bješe došao blizu do lađe, i uplašiše se. A On im reče: 'Ja sam; ne bojte se.' Onda Ga s radošću uzeše u lađu; i odmah lađa bi na zemlji u koju iđahu." (6:16-21)

Kako se spuštalo veče, učenici su se ukrcali na brod da bi putovali u Kapernaum. Kao i obično, vjetrovi su bili vrlo jaki. Kako je vrijeme prolazilo, vjetrovi su jačali a more je postalo olujno, a lađa koja je nosila učenike se tresla na talasima, kao opali list u vjetrovitom jesenjem danu. Bio je mrkli mrak i učenici nisu mogli ništa da vide. Kad je Isus bio sa njima, oni su bili dobrodošli gdje god da su išli i svi su uvijek bili dobro. Ali sada, oni su bili sami bez Isusa, i žestoki vjetrovi i talasi su ih šibali sa lijeva i desna. Prirodno, uhvatio ih je strah.

Kada su učenici konačno bili u stanju da spuste vesla u vodui da veslaju 4 kilometra, vidjeli su figuru koja je ličila na osobu koja se nalazila iznad mračne vode. Vidjevši učenike koji se bore sa turbulencijama, Isus je hodao po vodi da bi došao do njih (Jevanđelje po Mateju 14:25). Za trenutak, učenici su pomislili da je On duh, i vrisnuli su od straha. Čovjek koji hoda po vodi je bio nevjerovatan prizor! Da bi smirio prestrašene učenike koji nisu mogli da prepoznaju svog učitelja, Isus je rekao: „Ja sam; ne bojte se."

Ako pogledate u Jevanđelje po Mateju 14:28, Petar govori Isusu: „*Gospode! Ako si Ti, reci mi da dođem k Tebi po vodi.*" Na ovo, Isus je odgovorio: „Dođi!" Petar je istupio sa lađe i hodao po vodi. Ali, uskoro je vidio pobesnelu vodu, uplašio se i počeo da tone u vodu. Petar je vikao: „Gospode spasi me!" Istog trenutka, Isus ga je izvukao iz vode i stupio na lađu zajedno sa njim. Razlog zbog kog učenici nisu mogli da prepoznaju Isusa i zbog kog su bili ispunjeni strahom, je zato što su oni ugradili njihove tjelesne misli u situaciju u kojoj su bili. Osoba koja živi u istini stiče hrabrost pred Bogom, tako da u nju ne može ući strah (1 Jevanđelje po Jovanu 3:21-22, 4:18). Ovo je zato što

Bog uvijek štiti i pridržava osobu koja se povinuje Njegovim zapovjestima.

Zbog toga što su oni vidjeli Isusa u središtu teškoća, učenici su bili još više oduševljeni nego ikada prije. Koliko bi veličanstveno bilo da se nerješivi problem iznenada riješi Božjom moći? Kad je Isus stupio na lađu, vjetar je stao. Onda su se oni sa lađe Njemu poklonili i priznali: *„Ti si zasigurno Božji Sin!"* (Jevanđelje po Mateju 14:33). I prije nego su i primjetili, njihova lađa je stigla na obale Kapernauma.

Ljudi koji su došli u Kapernaum da se sretnu sa Isusom

„Sutradan, pak, narod koji stajaše preko mora kad vide da lađe druge ne bješe onde osim one jedne što u nju uđoše učenici Njegovi, i da ne uđe Isus s učenicima Svojim u lađu nego sami učenici Njegovi otidoše. A druge lađe iz Tiverijade dođoše blizu onog mjesta gdje jedoše hljeb kad Gospod dade hvalu. Kad vidje narod da Isusa ne bješe onde ni učenika Njegovih, uđoše i oni u lađe, i dođoše u Kapernaum da traže Isusa. I našavši Ga preko mora rekoše Mu: 'Ravi! Kad si došao ovamo?'" (6:22-25)

Ljudi koji su iskusili čudo dvije ribe i pet ječmenih hljebova, nisu mogli da zaborave snažan utisak od prethodnog dana, i došli su na isto mjesto sutradan. Bili su sigurni da su prethodne noći samo učenici otišli za Kapernaum u jednoj od dvije lađe koje su bile na obali. Tako su pomislili: „Pošto Isus nije otišao sa njima, možda Ga još možemo ovdje sresti." Ipak, više nikog nije bilo tamo.

Pošto je jedna od dvije lađe još uvijek bila tamo, ljudi su bili veoma radoznali gdje je Isus. Jedna lađa koja je ostala je siguran dokaz da je Isus hodao po vodi da bi prešao na drugu stranu. Ipak, ljudi koji nisu znali šta se dogodilo prethodne noći, bili su zbunjeni i pitali su se: „Šta se dogodilo?"

Srećom, u isto vrijeme pristigle su druge lađe iz Tiverijade. Tako su ljudi ušli u ove lađe i krenuli put Kapernauma u nadi da će pronaći Isusa. Kada su stigli, Isus je bio tamo. Jedna lađa je još uvijek bila na obali sa druge strane, a oni su bili radoznali kako je Isus prešao more bez lađe. Kada su Ga pronašli, pitali su: „Ravi! Kad si došao ovamo?"

Isus je znao zašto su Ga tako željno tražili. Neki su Ga pratili jer su bili zaintrigirani Njegovim izuzetnim učenjima, a neki jer su bili zadivljeni znakovima koje je izvodio. Ipak, najistaknutiji razlog zbog kog su ga tražili, bili su fizički razlozi. Oni su tražili Isusa ili da bi bili iscjeljeni od bolesti, ili da bi napunili svoje trbuhe hranom. Ljudi nisu pratili Isusa zato što su mogli da dobiju duhovno razumijevanje, već su Ga više pratili zbog njihove lične ili fizičke dobiti. Da su Ga tražili zbog duhovnih razloga, Isus bi bio radosniji, ali istina je bila da su njihova srca težila tjelesnim stvarima.

Šta ćemo činiti da radimo djela Božja?

„Isus im odgovori i reče: 'Zaista, zaista vam kažem, ne tražite Me što čudesa vidjeste, nego što jedoste hljeba i nasitiste se. Starajte se ne za jelo koje prolazi, nego za jelo koje ostaje za vječni život, koje će vam dati Sin Čovječiji, jer ovog potvrdi Otac Bog.' A oni Mu rekoše: 'Šta ćemo činiti da radimo djela Božja?' Odgovori Isus i reče im: 'Ovo je djelo Božje da vjerujete onog koga On posla.'" (6:26-29)

Isus odgovori ljudima koji su prošli more ka Kapernaumu: „Ne tražite Me što čudesa vidjeste, nego što jedoste hljeba i nasitiste se. Starajte se ne za jelo koje prolazi, nego za jelo koje ostaje za vječni život, koje će vam dati Sin Čovječiji, jer ovog potvrdi Otac Bog."

Ovdje, „jelo koje prolazi", odnosi se na hranu za tijelo koja se jede i vari. Ponekad su ljudi toliko fokusirani na tjelesnu hranu i na stvari koje ispunjavaju kratak fizički život ovde na zemlji, da završe idući ka vječnoj smrti. Kakvu nerazumnu stvar čine! Ovo naravno ne znači da ne treba da radimo da bismo zaradili za tjelesnu hranu—to jednostavno znači da treba da postavimo veće prioritete za sticanje duhovne hrane. Isus im je obećao da će im dati duhovnu hranu.

Duhovna hrana je Božja Riječ, koja je istina. Kao što ljudi unose hranu da bi održavali fizički život, tako mi moramo uneti i Božju Riječ, ili istinu, da bismo održavali duhovni život. Isus je onaj koji daje ovu duhovnu hranu. On je taj na koga je Bog Otac „stavio Svoj pečat." Staviti pečat znači vjerovati i garantovati za kvalitet nekoga ili nečega; tako pečat simbolizuje „pouzdanost." Prema tome, ovo Sveto Pismo znači da je Bog Isusu povjerio misiju spasenja čovječanstva. Isus je došao na ovaj svet i snosio nevolje i patio na krstu zbog naših grijehova.

Pošto je Isus rekao ljudima da ne rade za hranu koja prolazi, oni su postali uznemireni. Jedini razlog zbog kog su pitali: „Šta ćemo činiti da radimo djela Božja?" nije bio taj što su imali vjeru u Isusa, već zato štosu bili zaprepašćeni znacima koje je On izvodio. Poznavajući njihova srca, Isus je odgovorio: „Ovo je djelo Božje da vjerujete onog koga On posla."

Danas se mnogi Hrišćani izjašnjavaju da vjeruju u Boga. Ipak, postoji razlika između istinskog vjerovanja i samo pohađanja crkve. Osoba koja iskreno poznaje i vjeruje u Gospoda, čini u pokornosti prema Božjoj Riječi sa radošću i zahvalnošću. Oni takođe doživljavaju Boga u svakodnevnom životu. Ipak, oni koji se samo kreću naprijed i nazad do crkve bez ove radosti, pokornosti i zahvalnosti, ne razlikuju se mnogo od nevjernika. Ako priznaju da su Hrišćani, a i dalje padaju u očaj, žale se i postaju ozlojeđeni kada se suoče sa iskušenjem ili teškoćama, onda se oni samo pozivaju na ime Gospoda svojim usnama, i ne žive istinski u istini.

Vjera nije samo posećivanje crkve po navici, radi molitve. Vjera je ljubav prema Bogu i djelovanje u skladu sa Njegovom Riječju. Ovo je „činjenje Božjih djela." Za one koji pitaju kako da čine Božja djela, Isus ih prosvećuje dajući im duhovni odgovor. On im govori da vjeruju u Isusa Hrista, u onog koga On posla i da postanu sveta Božja djeca.

„A oni Mu rekoše: 'Kakav dakle Ti pokazuješ znak da vidimo i da vjerujemo? Šta radiš Ti?' Očevi naši jedoše manu u pustinji, kao što je napisano: 'Hljeb s neba dade im da jedu.' Tada im reče Isus: 'Zaista, zaista vam kažem, Mojsije ne dade vama hljeb s neba, nego vam Otac Moj daje hljeb istiniti s neba. Jer je hljeb Božji onaj koji silazi s neba i daje život svijetu.'" (6:30-33)

Iako im je Isus prenio duhovnu poruku, ljudi su i dalje željeli da vide znak svojim očima. Oni su se pitali da li je Isus možda u stanju da učini da hljeb dođe sa neba, ili možda On može izvesti nešto još nevjerovatnije. Oni nisu vjerovali da je Isus Božji Sin, već da je On neko ko ima izuzetne moći, koje prosečna osoba nema. Oni su mislili da je On još jedan prorok kao Mojsije, koji je učinio da mana padne sa neba za vrijeme Izlaska Izraelaca.

Isus govori u Jevanđelju po Mateju 12:39: „*Opaka i preljubnička generacija traži čudesni znak!*" Neko koga zanima da brine samo o sebi, ne vjeruje čak i kada mu se govore duhovne poruke i nastavlja da traži znake. Sa druge strane, osoba sa dobrim srcem je dirnuta jednostavno Riječju istine i prima Isusa Hrista kada neko sa njom podjeli jevanđelje. Ovo je razlika između osobe od tijela i osobe od duha.

Znajući šta je ljudima bilo na umu, Isus ih podučava da Mojsije nije učinio da mana siđe pomoću njegovih moći; već da je bila data od Boga. Da bi im pokazao da postoji duhovni svijet—iako ga ne možemo vidjeti sopstvenim očima—On ističe činjenicu da je mana došla sa nebesa i da oni moraju da vjeruju svojim srcima. A pošto oni nisu mogli da shvate stvari koje su duhovne prirode, On ih poredi sa hljebom. On govori da je hljeb koji dolazi sa nebesa život i da on dolazi da podari vječni život.

Ja sam hljeb života

„Tada Mu rekoše: 'Gospode! Daj nam svagda taj hljeb.' A Isus im reče: 'Ja sam hljeb života; koji Meni dolazi neće ogladneti, i koji Mene vjeruje neće nikad ožednjeti. Nego vam kazah da Me i vidjeste i ne vjerujete. Sve što Meni daje Otac k Meni će doći; i koji dolazi k Meni neću ga istjerati napolje.'" (6:34-37)

Iako je Isus koristio hljeb da bi predstavio vječni život, ljudski umovi su još uvijek mislili na hljeb koji su iskreno jeli prethodnog dana. Ne razumijevajući duhovno značenje Isusovih Riječi, oni su zahtjevali da im Isus da hljeb koji bi mogli da jedu, kao što je Mojsije dao manu njihovim precima. Na ovo, Isus daje neočekivani odgovor. „Ja sam hljeb života; koji Meni dolazi neće ogladneti, i koji Mene vjeruje neće nikad ožednjeti."

Isus je govorio da je On hljeb života. Kada Sveto Pismo govori da se dođe Isusu, koji je hljeb života, to znači da se dođe u istini (Jevanđelje po Jovanu 14:6). Samo onda kada tražimo da živimo u istini, mi možemo otići pred Gospoda i staviti sve u Njegove ruke. Oni koji dođu pred Gospoda i stave sve u Njegove ruke dok se mole i žive u istini, Bog će zaštititi i blagosiljati njihove porodice, njihova radna mjesta ili sve stvari, duhovne ili materijalne. Takođe, kada prime moć odozgo, oni će moći da čine stvari izvan njihovih ograničenja, i što je najvažnije, pošto imaju vječni život, njihov duh neće nikad ogladnjeti ili ožednjeti.

Iako steknemo slavu, moć i bogatstva svijeta, kad se naš život privede kraju, sve ove stvari izblijede kao isparenje (Jakovljeva Poslanica 4:14). Kao što je zapisano u Knjizi Propovednika 1:8: *„Sve je mučno, da čovjek ne može iskazati. Oko se ne može nagledati, niti se uho može naslušati,"* iako čovjek stekne mnoge dobre stvari, on će uvijek željeti više. Tako osoba koja radi da bi stekla stvari tijela, a ne pouzda se u Božju volju, steći će onoliko koliko radi, ne znajući nikada šta je čeka u toku života. I ponekada može iskusiti neočekivane opasnosti i zamke. Povrh svega toga, istinsko zadovoljstvo nigdje neće naći.

Iako je Isus podučavao načinu na kojem nikada više neće biti žedni i gladni, ljudi su opet tražili šta bi mogli da pojedu iako su to imali na sve strane. Ljudi kao što su ovi, koji jure za tjelesnim stvarima, imaju zlo u njihovim srcima. Iz ovog istog razloga, čak i kada im je Isus pokazao nevjerovatne znake i čuda, oni su sumnjali i nisu vjerovali u Njega. Oni su slušali jednim uvom, a na drugo je izlazilo. Suprotno tome, ljudi sa dobrim srcima su vidjeli znake i čuda koje je Isus izvodio i oni su priznali: *„Kad On ne bi bio od Boga ne bi mogao ništa činiti,"* i oni su Ga priznali kao Božjeg Sina (Jevanđelje po Jovanu 9:33). Zbog toga je Isus rekao: „Sve što Meni daje Otac k Meni će doći; i koji dolazi k Meni neću ga istjerati napolje." Ljudi sa dobrotom u njihovim srcima su spremnni da prime spasenje iz središta njihovih srca. Tako, kada čuju o Božjim djelima, oni dolaze pred Isusa i žele da znaju još. Iako neko možda sada ne poznaje Boga, ako ima dobro srce, on će jednog dana doći pred Isusa i prihavtiti Ga kao Spasitelja.

Gospod nikad ne bi odbacio nekog ko ima dobro srce. Čak iako je griješio i udaljio se od Boga, ako se pokaje i okrene se na drugu stranu, Bog če mu oprostiti i neće ni pamtiti njegov grijeh (Poslanica Jevrejima 8:12). To je Božja ljubav.

Prije nego sam upoznao živog Boga, ja sam takođe mislio: „Bog ne postoji. Kada umrem, to je to." Ipak, duboko u svom srcu ja nisam u potpunosti poricao život poslije smrti i plašio sam se misleći: „Šta ako postoji pakao? Šta će se desiti ako umrem i odem u pakao?" Zbog toga sam se trudio da živim u dobroti. I kada je Bog izliječio sve moje bolesti, odmah sam prihvatio Gospoda.

Ja činim volju Onoga koji me posla

„Jer siđoh s neba ne da činim volju Svoju, nego volju Oca koji Me posla. A ovo je volja Oca koji Me posla da od onog što Mi dade ništa ne izgubim, nego da ga vaskrsnem u poslednji dan. A ovo je volja Onog koji Me posla da svaki koji vidi Sina i vjeruje Ga ima život vječni; i Ja ću ga vaskrsnuti u poslednji dan." (6:38-40)

Kao Božji Sin, Isus je došao na ovaj svijet u tijelu. On se nikad nije razmetao tokom Njegovog službovanja, već je svu slavu davao jedino Bogu. Da bi spriječio zablude kod ljudi koji su Ga vidjeli njihovim fizičkim očima, Isus je propovjedao jedino o Bogu i činio samo ono što je bilo Božja volja.

Kad Isus govori: „A ovo je volja Oca koji Me posla da od onog što Mi dade ništa ne izgubim," On misli na to da On u svom srcu nije imao nimalo zla ili djela koja bi mogla da dovedu do toga da se neko okrene od Boga, već je u Njegovoj ljubavi prema grješnicima, On dao Svoj život da bi platio kaznu njihovih grijehova. I ne samo da je On pokazao ljubav prema svim ljudima, već je On svaku dušu koju je upoznao pažljivo njegovao, da bi je spriječio da zaluta i davao im svaku priliku da se pokaju. Tako da, kada Isus kaže da On „ništa nije izgubio," On misli na to da nije nikoga izgubio, jer svako ko Ga prihvati i odbaci grješnost i zlo iz svog srca i dođe u istini, postaje Božje dijete.

Razlog zbog kog je Isus došao na ovaj svijet, bio je da bi ljudi mogli da prime vječni život i da bi poslednjeg dana mogli opet da žive. Kako bi to neko mogao opet da živi? Kada farmer posije sjeme, sjeme umire, ali iz njega nastaje novi podmladak. A zimi, drveća izgledaju golo i mrtvo, ali kada dođe proleće, novi pupoljci počinju da klijaju i drvo ponovo oživi. Kao što se crv transformiše u larvu, a gusenica se transformiše u leptira, poseldnjeg dana, kada se Gospod vrati, svi ljudi koji vjeruju u Njega će se transformisati u vaskrsnuta tijela.

Kao što je zapisano u 1. Posalnici Korinćanima 15:52, *„Jer će zatrubiti i mrtvi će ustati neraspadljivi, i mi ćemo se pretvoriti,"* kada se Gospd vrati, tijela vjernika koji su već umrli će vaskrsnuti i transformisati se u neuništiva, vaskrsnuta tijela, i ponovo će se ujediniti sa njihovim dušama koje su bile na Nebesima. I istog trenutka, vjernici koji su još uvijek živi će se takođe transformisati u blistava vaskrsnuta tijela i podići će se. To se zove „Vaznesenje."

I u ovim duhovnim tijelima, vjernici će učestvovati u Sedmogodišnjem svadbenom veselju u vazduhu i onda će se vratiti na zemlju i vladati sa Gospodom hiljadu godina. Nakon tog vremena, biće Suđenje Velikog Bijelog Prijestolja, posle čega će za svakog vjernika biti određeno vječno stanište na Nebesima, u zavisnosti od nagrada koje su požnjeli.

Jedenje mesa Sina čovječijeg i ispijanje Njegove krvi za vječni život

Nakon pada južne Judeje i uništenja Hrama, Jevrejima je bila potrebna nova zajednica i novo mjesto da bi nastavili svoje živote u vjeri. Ovo je istorijska pozadina u kojoj je rođena jevrejska sinagoga. Sinagoga je bila mjesto na kome su se održavali svi susreti i bila je izvorni centar za različite stavri, kao što su obrazovanje djece i donošenje zakona. U sinagogi u Kapernaumu je Isus podučavao da je On hljeb života koji je sišao sa neba.

Jevreji viču protiv Isusa

„Tada vikahu Jevreji na Njega što reče: 'Ja sam hljeb koji siđe s neba.' I govorahu: Nije li ovo Isus, sin

Josifov, kome mi znamo oca i mater? Kako dakle on govori: 'Ja siđoh s neba?' Onda Isus odgovori i reče im: Ne vičite među sobom. Niko ne može doći k Meni ako ga ne dovuče Otac koji Me posla; i Ja ću ga vaskrsnuti u poslednji dan. 'U prorocima stoji napisano: „I biće svi naučeni od Boga." Svaki koji čuje od Oca i nauči, doći će k Meni. Ne da je ko vidio Oca osim Onog koji je od Boga; On vide Oca.'" (6:41-46)

Jevreji su počeli da viču među sobom. Oni su bili sigurni da su Isusa rodili Marija i Josif. Takođe su Ga vidjeli da živi sa njima. Ali pošto je Isus sada tvrdio da je sišao sa nebesa, oni nisu razumijeli. Ipak, ovi ljudi su vikali, jer su gledali u Isusa samo njihovim fizičkim očima. Iako je On pokazao da je Bog bio sa Njim kroz čudesne znakove i čuda, oni su bili zasljepljeni njihovim tjelesnim mislima i nisu vjerovali.

Nežnim tonom, Isus im je rekao: „Ne vičite među sobom. Niko ne može doći k Meni ako ga ne dovuče Otac koji Me posla." Ovo se i danas odnosi na nas. Da Bog ne nadgleda naše umove i srca i ne vodi nas našim stopama, niko ne bi mogao da dođe do Isusa. Slušati Rieč i razumijeti je, moguće je jedino milošću Božjom.

Izjava: „Svaki koji čuje od Oca i nauči," ne znači da je neko upoznao Boga i učio od Njega licem u lice. To znači da kada neko sluša Riječ ili je čita, Bog daje toj osobi prosvećenje ili razumijevanje koje joj je potrebno. Drugim riječima, neko ko bogosluži Bogu u duhu i istini sa vierom, poslušaće Riječi sluga Gospodnjih i primiće ih kao da riječi dolaze od Boga Samog, i biće vođen ka razumijevanju. Postoje posebni slučajevi kada se ljudi zaista sretnu sa Bogom licem u lice, ili čuju direktno Njegov glas, kao Mojsije ili Ilija; ali u većini slučajeva, ljudi se sreću sa Njim dok proučavaju ili pokušavaju da razumiju Njegovu Riječ, ili kroz vizije i slično. Iako Boga ne možemo vidjeti našim sopstvenim očima, mi Ga i dalje možemo upoznati i iskusiti Ga dok proučavamo Bibliju kako nas Sveti Duh pokreće.

Recimo na primjer, da smo saznali da je volja Božja da volimo čak i naše neprijatelje, i mi pokušamo da oprostimo i volimo nekog koga nismo uopšte ni voljeli. Mi možemo odbaciti grijeh koji se naziva „mržnja" i imati duhovnu ljubav pomoću snage Svetoga Duha u onoj mjeri u kojoj smo pokušali. Kada ovo učinimo, mi ćemo uroditi plodovima ljubavi, plodovima Svetog Duha i plodovima isitne—to znači „doći" Isusu i Bogu.

Nakon što su čuli da svako ko je učio od Oca može doći k Isusu, Jevreji možda ne bi razumijeli i pitali bi: „Ko je vidio Boga? I kada su oni učili od Njega?" Zbog toga je Isus dodao da to zapravo ne znači da je neko fizički „vidio" Oca.

Hljeb koji ću ja dati tijelo je Moje

„Zaista, zaista vam kažem, koji vjeruje Mene ima život vječni. Ja sam hljeb života. Očevi vaši jedoše manu u pustinji, i pomriješe. Ovo je hljeb koji silazi s neba: da koji od Njega jede ne umre. Ja sam hljeb živi koji siđe s neba; koji jede od ovog hljeba živjeće vavijek; i hljeb koji ću Ja dati tijelo je Moje, koje ću dati za život svijeta." (6:47-51)

Ako ne platite cijenu nečega, to ne možete dobiti. Isto tako, iako poznajete Riječ života, ako ne vjerujete u to i ne ponašate se u skaldu sa tim, ne možete dobiti vječni život (Jakovljeva Poslanica 2:22). Neko ko ne poznaje Boga će mrzeti, biće ozlojeđen i živjeće svoj život prema svojim željama. Suprotno tome, neko ko posjeduje vjeru će, u skladu sa Božjom Riječi, odbaciti zavist, ljubomoru i zlo i težiće da živi život pun radosti i zahvalnosti. Ovo je zato što on zna i vjeruje da može imati vječni život, dokle god živi u skladu sa Riječju.

Izraelci koji su došli iz Egipta pojeli su manu koju je poslao Bog, ali izuzev Isusa Navina i Haleva, svi su umrli u pustinji. Ovo je zato što, uprkos činjenici što su vidjeli mnogoborjne znake i čuda, kad god bi se suočili sa teškoćama, oni su i dalje bili ozlojeđeni i žalili su se, umjesto da pokažu svoju vjeru. Iako su pojeli manu koju je Bog posalo sa neba, zato što nisu činili u vjeri, oni nisu mogli da steknu istinski život.

Ali Isus govori da je On hljeb života i da ko jede od Njegovog tijela neće umrijeti, već će živjeti vječno. Kako onda mi možemo jesti tijelo nekoga ko je živio prije dvije hiljade godina? Ovo Sveto Pismo ne znači da mi stvarno treba da jedemo Isusovo tijelo.

Kao što jedemo hranu da bismo održavali naša fizička tijela, mi moramo jesti i hljeb koji nam daje naš Gospod, ili Njegovo „tijelo", da bismo živjeli vječno. A „tijelo" Gospoda je simbol Božje Riječi. Osoba koja se povinuje Božjoj Riječi i živi u skladu sa njom, ne kraju će vaskrsnuti i živjeti vječno; i zbog toga je Isus nazvao Sebe „hljebom života."

Jer je tjelo Moje pravo jelo i krv Moja pravo piće

„A Jevreji se prepirahu među sobom govoreći: 'Kako može ovaj dati nama tijelo Svoje da jedemo?' A Isus im reče: 'Zaista, zaista vam kažem, ako ne jedete tijelo Sina Čovječijeg i ne pijete krv Njegovu, nećete imati život u sebi. Koji jede Moje tjelo i pije Moju krv ima život vječni, i Ja ću ga vaskrsnuti u poslednji dan. Jer je tijelo Moje pravo jelo i krv Moja pravo piće.'" (6:52-55)

Kada je Isus nazvao Njegovo tijelo hljebom života, Jevreji su Ga ismijali. Oni su galamili pitajući kako mogu da jedu Isusovo tijelo. Da su oni imali i trunku dobrote u njihovim srcima, koja bi ih primorala da pokušaju da razumiju značenje Isusovih riječi, oni bi vjerovatno bili prosvećeni duhovnim značenjem Njegovih riječi. Ipak, oni su počeli da se prepiru i osudili su Isusa zbog toga što se Njegove riječi nisu poklapale sa njihovim mislima i mišljenjima. Zbog toga, nastala je rasprava.

Uprkos tome, Isus je nastavio da podučava Njegovu duhovnu poruku. On je rekao da oni moraju da jedu tijelo Sina Čovječijeg i piju Njegovu krv da bi imali život u sebi. Šta onda predstavljaju tijelo i krv Sina Čovječijeg?

Pošto je Isus sebe nazivao „Sinom," tijelo Sina Čovječijeg je Isusovo tijelo. Ali ako pogledate u Jevanđelje po Jovanu 1:1, kaže se: „*U početku bješe Riječ, i Riječ bješe u Boga, i Bog bješe Riječ.*" A u stihu 14 kaže se: „*I riječ postade tijelo i useli se u nas puno blagodati i istine; i vidjesmo slavu Njegovu, slavu, kao Jedinorodnoga od Oca.*"

Ovo znači da je Isus došao na ovaj svijet u tijelu, kao Božja Riječ. Zato je tijelo Sina Čovječijeg Božja Riječ, koja je sama po sebi istina; a jesti tijelo Sina Čovječijeg znači uneti Božju Riječ kao duhovnu hranu. Isus nam je pokazao iz prve ruke, kako da ovo učinimo, tako što je djelao u isitni—tačno u skladu sa Božjom Riječi—i čineći ovo usred nas, On nam je dao Njegovo tijelo.

Kada unosimo hranu, mi je moramo sprati na dole nekom vrstom tečnosti. Isto tako, mi moramo da unesemo i tijelo Sina Čovječijeg pomoću pića istine, što je krv Sina Čovječijeg. Pijući „krv Sina Čovječijeg," znači uneti Božje Riječi kao duhovnu hranu, i činiti u skladu sa njima sa vjerom. Na primjer, ako smo naučili o zapovjesti „Molitva," mi treba da se moliimo, prosvetimo sebe i trudimo se da činimo u istini.

Vjera nije samo poslušnost Božjoj Riječi i prosvećivanje kroz nju. To je djelanje po njoj i trajanje u njoj. Iz Jevanđelja po Jakovu 2:26, mi znamo da ako poznajemo Riječ ali ne činimo u skladu sa njom, onda imamo vjeru smrtnika. Mrtva vjera ne može nam dati život. Zbog toga, život stečen tako što se jede tijelo i pije krv Isusa Hrista živi vječno. Isus je uporjedio Njegovo tijelo i krv sa pravom hranom i pićem. On je učinio ovo zato što kao što je nama potreban svekodnjevni hljeb da bi izdržali život, nama je potrebno da jedemo Njegovo tijelo i pijemo Njegovu krv kako bi živjeli vječno.

Ali mi ne možemo živjeti u skladu sa Božjom Riječju samo pomoću ljudske snage. Prvo, mi sami moramo imati volju i učiniti napor da pokušamo da živimo u skladu sa Njegovom Riječju. Onda, moramo primiti Božju milost i moć kroz revnosnu molitvu, ina kraju, moramo primiti pomoć Svetog Duha. Ako bismo mogli da odbacimo naše grijehe samo pomoću naše snage, onda ne bi postojao razlog za razapinjanje Isusa na krstu i Bog ne bi imao razloga da pošalje Svetog Duha. Zbog toga što mi sami ne možemo riješiti problem griješnosti, Isus je morao da umre na krstu da bi platio kaznu za naše grijehove i Bog je morao da pošalje Svetog Duha da nam pomogne da živimo u skladu sa Njegovom Riječju.

Koji jede Moje tijelo i pije Moju krv

„'Koji jede Moje tijelo i pije Moju krv stoji u Meni i Ja u njemu. Kao što Me posla živi Otac, i Ja živim Oca radi; i koji jede Mene i on će živjeti Mene radi. Ovo je hljeb koji siđe s neba: ne kao što vaši očevi jedoše manu, i pomriješe; koji jede hljeb ovaj živjeće vavijek.' Ovo reče u zbornici kad učaše u Kapernaumu." (6:56-59)

Ljudi misle da kada vjeruju u Isusa, oni su prirodno u Isusu, i Isus u njima. Ali Biblija ne govori tako. Ona govori da osoba mora da jede tijelo Sina Čovječijeg i da pije Njegovu krv. Isus nije samostalno došao na ovaj svijet. On je bio poslat od Boga na ovaj svijet. Ali Jevreji su imali problem čak isa pukom činjenicom da ga je Bog tu poslao. Zbog toga što je bilo jasno da je Isusa poslao Bog, kao dokaz, On je rekao: „I koji jede Mene i on će živjeti Mene radi."

U to vrijeme, ni učenici nisu mogli da razumiju ono što je Isus govorio; ipak, nakon što je Isus umro na krstu i bio vaskrsnut, oni su razumijeli. Onda, zašto je Isus govorio stvari na takav duhovni način, da niko nije mogao jasno da razumije? To je bilo zbog ljudi koji će doći u budućnosti. Kao što je zapisano u Jevanđelju po Jovanu 14:26: „*A utješitelj, Duh Sveti, kog će Otac poslati u ime Moje, On će vas naučiti svemu i napomenuće vam sve što vam rekoh,*" Isus je rekao ove stvari kako bi ljudi u budućnosti koji prime Svetog Duha mogli da pročitaju i shvate ove riječi i steknu snagu od njih.

Učenici koji odoše od Isusa

Uopšteno, ljudi imaju sklonost da vjeruju tek kada vide nešto iz prve ruke sopstvenim očima. Kada neko govori o duhovnom svijetu koji se ne može vidjeti fizičkim očima, oni se ne trude da povjeruju. Isus je znao da je i među Njegovim učenicima postojao neko ko je, kao i Jevreji, mumlao za sebe, jer nije mogao da razumije Njegove duhovne Riječi. Ali Isus nastavlja da im govori duhovne riječi, jer će Ga na kraju ipak vidjeti kako umire na krstu, vaskrsava, i penje se na nebesa.

Duh je ono što oživljava; tijelo ne pomaže ništa

„Tada mnogi od učenika Njegovih koji slušahu rekoše: 'Ovo je tvrda besjeda, ko je može slušati?'

A Isus znajući u sebi da učenici Njegovi viču na to, reče im: 'Zar vas ovo sablažnjava? A kad vidite Sina Čovječijeg da odlazi gore gdje je prije bio? Duh je ono što oživljava; tijelo ne pomaže ništa; riječi koje vam Ja rekoh duh su i život su.'" (6:60-63)

Kad je Isus podučavao na mjestu sastanaka u Kapernaumu, među Isusovim učenicima je bilo nekoliko njih koji su razgovarali među sobom, govoreći da je Njegovo učenje teško za razumijevanje. Učenja koja je bilo teško shvatiti i razumijeti bila su to, da je Isus „hljeb koji je sišao sa nebesa" i da je osoba morala da „jede Njegovo tijelo" da bi živjela. Ako oni Isusovi učenici nisu mogli da razumiju, toliko o razumijevanju od strane drugih ljudi!

Isus je poznavao srca učenika vrlo dobro. On je bio tužan jer nije mogao da ih poduči o dubljim dimenzijama duhovnog svijeta. On je jedino govorio o istini, ali to je postalo kamen spoticanja. Ljudi koji imaju mnogo kamenja spoticanja u njihovim srcima, imaju ih zato što unutar sebe imaju različite oblike zla. Znajući da učenici mumlaju za sebe, Isus ih je pitao: „Zar vas ovo sablažnjava?" On je želio da im da ispravan odgovor. Onda On pita, šta bi uradili da Ga vide kako umire, vaskršnjava i penje se na nebesa.

Duh je od Boga i „duh" je nepromjenljiv, dobar i istinit. Duh nam daje život i konačno nas vodi ka vječnom životu. Na primjer, povinujući se, moleći se, voleći, opraštati itd., su znaci biti u duhu. Suprotno tome, biti u tijelu nije po istini i konačno vodi ka smrti. Nerado se moliti, mrzeti, osuđivati itd., i imati zlo u srcu, što je suprotno ljubavi i opraštanju, je život u vjeri, koja je zasnovana na tijelu.

Biti u tijelu dovodi do nesporazuma i nastanka svađe. Dvoje ljudi mogu unijeti iste riječi korigovanja ili ispravki, ali duhovna osoba će se povinovati, promjeniti svoje načine i pokajati se, dok će osoba od tijela osjetiti bes, ili će gajiti druga neprijatna osjećanja u svom srcu. Sa ovakvom vrstom vjere koja se bazira na tijelu, osoba ne može primiti vječni život. Ako unesemo Božju Riječ jedino našim umom, samo kao znanje i ako sudimo i osuđujemo, onda i mi vodimo život u vjeri koja se bazira na tijelu.

To nam ne daje život ; zato mi moramo ovo brzo promjeniti u vjeru koja je zasnovna na Duhu.. Mi moramo da unesemo Božju Riječ ne kao znanje i mišljenje, već u naša srca i u Svetom Duhu. Mi moramo široko da otvorimo naša srca i sa snažnim „Amin!" mi moramo da je unesemo kao duhovnu hranu. Čak iako smo đakoni ili starješine crkve, ako vodimo vjeran život u tijelu, kada teškoće dođu na naš put, mi nećemo moći da ih prevaziđemo istinskom vjerom.

Na drugoj strani, kada smo u Duhu, mi možemo sve. Stvari koje se čine nemogućim ljudskom umu, moguće su u Duhu sa vjerom. Kao što je Gospod rekao, sve može biti učinjeno u skladu sa našom vjerom. Zbog ove ogromne razlike, biti u Duhu i u tijelu, Isus je naglasio činjenicu da treba da odbacimo tjelesno, koje ništa ne donosi, i da težimo da budemo u Duhu. Tako, sve čemu je Isus podučavao učenike do sada, bio je duh i život, te je On duboko želio da ih Njegova učenja ožive i da ih vode ka vječnom životu.

Učenici odlaze, nesposobni da razumiju duhovne poruke

„Ali imaju neki među vama koji ne vjeruju, jer znaše Isus od početka koji su što ne vjeruju, i ko će Ga izdati. I reče: 'Zato vam rekoh da niko ne može doći k Meni ako mu ne bude dano od Oca Mog.' Od tada mnogi od učenika Njegovih otidjoše natrag, i više ne iđahu s Njim." (6:64-66)

Prirodno je da Jevreji nisu mogli da razumiju Isusove duhovne poruke. Ali čak i Njegovi učenici, koji su sa Njim proveli dugo vremena, nisu mogli da razumiju, niti da povjeruju u Njegove poruke. Oni su ih razumijeli nakon Isusovog vaskrsnuća, ali tada, oni jednostavno nisu mogli da razumiju. Isus je već znao da među njima, Juda Iskariotski neće vjerovati čak ni do samog kraja. Zato je On govorio o jednom koji će ga izdati; i na žalost, upravo to je Juda učinio. Prodao je svog učitelja i otišao putem smrti.

Ljudi koji su Ga pratili nadajući se novim znacima kao što je bio znak dvije ribe i pet hljebova ječmenih, takođe nisu razumijeli duhovne poruke i oni su na kraju napustili Isusa. Zbog toga je Isus rekao da Mu niko ne može doći osim ako Bog to ne odobri. Ovo važi i danas. Povremeno, ima ljudi koji ne mogu živjeti u istini, te na kraju napuštaju crkvu. Zbog toga što Božja Riječ isporučena preko oltara postaje oštri mač, koji probada dušu i duh, razdavaja zglobove i siječe kroz kost i srž, postoje ljudi koji nisu u stanju da to izdrže, te odlaze. Ipak, da zaista znaju da je u Božjoj Riječi vječni život i spasenje, oni ne bi odlazili.

Kome ćemo ići? Ti imaš reijči vječnog života.

„A Isus reče dvanaestorici: 'Da nećete i vi otići?' Tada Mu odgovori Simon Petar: 'Gospode, kome ćemo ići? Ti imaš riječi vječnog života. I mi vjerovasmo i poznasmo da si Ti Hristos, Sin Boga Živoga.' Isus im odgovori: 'Ne izabrah li Ja vas dvanaestoricu, i jedan je od vas đavo?' A govoraše za Judu Simonova Iskariota, jer Ga on htjede izdati, i bješe jedan od dvanaestorice." (6:67-71)

Nakon što je Isus izveo znakove i čuda, mnogi ljudi su željeli da postanu Njegovi učenicii pratili su Ga. Ali zbog toga što nisu mogli da razumieju Njegove duhovne poruke, počeli su da odlaze jedan po jedan. Isus se razlikovao od Mesije kakvog su oni zamišljali. Šta mislite, kako se Isus osjećao kad je gledao ove ljude?

Zato je Isus upitao dvanaestoricu učenika: „Da nećete i vi otići?" Simon Petar, koji inače voli da bude uključen, dao je iznenađujuće priznanje rekavši: „Gospode, kome ćemo ići? Ti imaš riječi vječnog života. I mi vjerovasmo i poznasmo da si Ti Hristos, Sin Boga Živoga."

Kao stariji brat, Simon Petar je uvijek bio u prvom planu. Kad god bi Isus i Njegovi učenici negdje išli, Simon Petar je vodio sve ostale. Ali čak i Simon Petar, koji je priznao da je Isus Sin Boga Živoga i da Ga nikad neće napustiti, u noći kada je Isus uhapšen, odrekao Ga se tri puta. Simon Petar nije imao u svom srcu da to učini, ali zato što je to bilo prije nego je primio Svetog Duha, a njegovo tijelo je bilo slabo, on je tako odreagovao prije nego je to i znao.

Isus je takođe znao, da je među dvanaestoricom učenika koje je odabrao, bio jedan koji će Ga prodati za novac. Ovdje moramo biti pažljivi. Samo zato što je osoba provela vrijeme sa Isusom, slušala Njegove Riječi i vidjela čuda koje je On izveo, to ne znači da ona ima spasenje.

Kada je Juda Iskariotski postao Isusov učenik, on vjerovatno nikad nije pomišljao da će izdati svog učitelja za novac. On nije sproveo u djelo Riječi istine koje je naučio od Isusa; umjesto toga on je počeo da griješi malo po malo kradući novac iz blagajne. Pošto se predavao iskušenjima Sotone i griješio, Isus je rekao: „Jedan od vas je đavo." Zbog toga ne bi trebalo da stanemo samo u poznavanju Božje Riječi; mi moramo da unesemo tijelo Sina Čovječijeg, pijemo Njegovu krv, živimo u istini i tako idemo ka vječnom životu.

Poglavlje 7

Učenje na praznik Građenje senica

1. Isus u tajnosti ide u Jerusalim
(7:1-13)

2. Isus se otkriva u Hramu
(7:14-31)

3. Jevreji pokušavaju da uhvate Isusa
(7:32-53)

Isus u tajnosti ide u Jerusalim

Zasnivano na Njegovm službovanju u Galileji, Isus je služio uglavnom u sjevernim dijelovima Izraela, kao što je Kapernaum i Vitsaida. Ove oblasti su imale snažno prisustvo nejevrejskih nacija; tako da ljudi iz ovih dijelova nisu niti odbacivali niti su progonili Isusa. Međutim, ljudi u južnim dijelovima oblasti Judeje, obično oko Jerusalima, progonili su Isusa do te mjere da su Njega željeli da ubiju.

Dok se praznik sjenica približavao

„I potom hođaše Isus po Galileji; jer po Judeji ne htede da hodi, jer gledahu Jevreji da Ga ubiju. Bješe pak blizu praznik jevrejski, građenje sjenica." (7:1-2)

Jevreji su imali veliku nacionalnu gordost i bili su ubijeđeni da su se pokoravali svakoj Božjoj zapovjesti. Ali zato što je Isus prekorio i ukazao na greške Fariseja i Sadukeja, koji su bili u to vrijeme političke i religiozne vođe, Jevreji nisu imali veoma dobra osjećanja prema Isusu. I zato što je Isus Sebe nazivao Sinom Božjim, oni su mislili da je Isus bio bogohulan. Isus je pokušavao da prosvjetli te ljude sa pravom Riječju Božjom. Međutim, s vremena na vrijeme, On ih je mudro izbjegavao. Naravno izbjegavati nekoga svakako bez prikladnog razloga nije Božja volja. Na primjer, u slučaju apostola Pavla-on je znao da ako ode u Jerusalim da će ga Jevreji zarobiti. Ali, on je otišao zato što je to bila volja Božja. Kako bi se pridržavao Božje Riječi, Danilo i njegovi prijatelji se nisu kompromitovali sa njihovim okruženjem, čak iako je to značilo da će biti bačeni u lavlji kavez ili vatrenu peć. Na isti način, ako mi znamo da je nešto Božja volja, mi treba da iznesem Njegovu volju bez imalo straha od smrti. A onda postoje i vremena u sredini iznošenja Božje volje, kada je potrebno da mudro izbjegnemo nešto ili nekoga.

Kada je Saul htio da ubije Davida, da bi spasio sebe, David je jednom morao da se ponaša kao lud čovjek ispred Ahisa, cara Gatskog. Ovo je bilo zato što nije mogao da reskira da izgubi njegov život prije nego što Bog odredi vrijeme. Isus je takođe činio mudro, i izbjegavao je određene sukobe s vremena na vrijeme da bi izneo Božju volju u određeno vrijeme.

Odprilike u ovo vrijeme, jevrejski praznik sjenica se približavao. Praznik sjenica je takođe poznat kao „Sukot" i to je proslava završetka žetve kada jevrejski narod postavlja šatore i daje zahvalnost Bogu u sjećanje na izlazak njihovih predaka iz Egipta. Za vrijeme ove proslave, ljudi daju zahvalnost i prisjećaju se kako je Bog spasio Izraelce od teškog ropstva u Egiptu. Oni se takođe prisjećaju kako ih je Bog uvijek vodio i štitio ih u pustinji. Izraelci održavaju ovaj praznik i prinose bikove ili ovnove kao žrtve paljenice svakodnevno narednih sedam dana. Ovo je tradicija koja će se nastavljati sa generacijama.

Isusova braća Njemu naređuju

„Tada Mu rekoše braća Njegova: 'Iziđi odavde i idi u Judeju, da i učenici Tvoji vide djela koja činiš. Jer niko ne čini šta tajno, a sam traži da je poznat. Ako to činiš javi Sebe svijetu.' Jer ni braća Njegova ne vjerovahu Ga." (7:3-5)

Da bi proslavili praznik sjenica, ljudi su obično išli u Jerusalimski hram. kako se približavao praznik sjenica, a nije izgledalo da je Isus planirao da napusti Jerusalim, Njegova braća su postala potištena. Oni su željeli da Isus ide u Jerusalim i da izvodi čudesne znakove, a zatim da ode u Judeju da prikupi podršku naroda. „Iziđi odavde i idi u Judeju, da i učenici Tvoji vide djela koja činiš."

Isusova braća su zapovjedala Isusu da stekne neku vrstu publiciteta, pošto je Njegovo službovanje bilo za dobrobit mnogih ljudi. Oni su ga posavjetovali: „Jer niko ne čini šta tajno, a sam traži da je poznat." Ovo možda zvuči kao mudri savjet i možda čak i izgleda kao dobar savjet. Međutim, zapisano je: „*Čovjek sprema srce, ali je od GOSPODA šta će jezik govoriti*" (Poslovice 16:1), ma koliko je čovjekova misao i ideja dobra, ako se ne slaže sa Božjom voljom, onda to nema ništa u vezi sa Bogom.

Dobar primjer nekoga ko je ovo dobro iskusio je kralj Saul, prvi kralj Izraela. Bog je rekao Saulu da uništi sve što je pripadalo Amalićanima, ali Saul nije poslušao. On je uhvatio neprijatelja kralja i vratio po njegovom izboru stoku i ovce. Saul je razmišljao da bi bilo bolje da prinese Bogu stoku i ovce dobrog kvaliteta, i uradio je kako je htio. Njegov spoljašnji razlog donošenja životinja je bio da prinese žrtve Bogu; ali u njegovom srcu, on je imao želju da pokaže njegovo veliko djelo ljudima i da pridobije njihove pohvale. Tako da na kraju, zato što se u nekoliko navrata Saul nije pokorioNjemu i odbio je da promjeni njegove puteve, Bog je odlučio da se od njega odrekne.

Slično tome, pošto su njihove sopstvene misli bile ispred Božje volje, Isusova braća su rasla u nestrpljivosti sa Isusom zato što je On uvijek čekao da Bog odredi vrijeme. Ovo je na kraju bilo zbog nedostatka vjere u Isusa. Da su Isusova braća imala makar osnovni nivo povjerenja u Isusa i da su znali da je Isusova jedina volja bila ispunjavanje Božje volje u svemu što je On činio, oni ne bi govorili na takav način. Umjesto da komentarišu o onome što su vidjeli pred njihovim očima, oni bi vjerovatno pokušali da shvate duhovno značenje u svemu što je Isus uradio.

Kada vjerujete Isusu dovoljno da se povinujete šta god vam On govori a da Njega ne ispitujete, tada vi počinjete da vidite sa razumijevanjem. Ovo znači da je zasigurno Marija svakako naučila njenu djecu o Isusu. Međutim, oni nisu vjerovali u

Njega. Oni su počeli da vjeruju samo nakon što je Isus vaskrso i uzdigao se na Nebesa.

Isus odgovara, znajući Njegovo vrijeme

„Tada im reče Isus: 'Vrijeme Moje još nije došlo, a vrijeme je vaše svagda gotovo. Ne može svijet mrzeti na vas, a na Mene mrzi, jer Ja svjedočim za nj da su djela njegova zla. Vi iziđite na praznik ovaj; Ja još neću izići na praznik ovaj, jer se Moje vrijeme još nije navršilo.' Rekavši im ovo, osta u Galileji." (7:6-9)

Kada su Njemu Njegova braća zapovjedila da Sebe načini što više poznatim javnosti, Isus im je odgovorio: „Vrijeme Moje još nije došlo." Na prvi pogled, Njegov odgovor izgleda veoma besciljan. Međutim, postoji razlog zbog kojega im je Isus odgovorio na ovaj način. Kao što je zapisano u Knjizi Propovednika 3:1: *„Svemu ima vrijeme. I svakom poslu pod nebom ima vrijeme,"* postojalo je određeno vrijeme kada je Isus morao sebe da otkrije i bude uhvaćen, kako bi ispunio Božju volju. Da su Njegova braća imala vjeru, Isus bi vjerovatno sve ovo objasnio detaljnije, ali pošto nisu imali vjeru, On se suzdržao od detaljnog objašnjavanja.

Iako je Isus činio samo dobra djela da bi spasio one ljude koji su išli putem vječne smrti, svijet je Njega mrzio. Zbog toga što je Isus širio Riječi prosvetljenja i Riječi dobrote u svijetu pod vlašću neprijatelja đavola, koji ima kontrolu nad tamom, On nije bio dobrodošao.

Štaviše, pošto je Isus isticao zla i podučavao načine dobrote, zli ljudi su osjećali da su im srca probodena. Ne samo da je zlo u njima bilo izloženo u sred bijela dana; već oni nisu mogli da pokažu Božju slavu kao što je Isus to učinio. Nije ni čudo što su bili ljubomorni na Isusa i mrzeli Ga. A Isus je znao da još uvijek nije bilo vrijeme za Njega da se pokaže pred ljudima kao što su ovi. Zbog toga je On rekao Njegovoj braći da odu do hrama prije Njega, dok je On Sam ostao u Galileji.

Isus u tajnosti ide u Jerusalim

„A kad iziđoše braća Njegova na praznik, tada i Sam iziđe, ne javno nego kao tajno. A Jevreji Ga tražahu na praznik i govorahu: 'Gdje je On?' I bjehu za Nj mnoge raspre u narodu; jedni govorahu da je dobar, a drugi: 'Nije, nego vara narod.' Ali niko ne govoraše javno za Nj od straha jevrejskog." (7:10-13)

Nakon što su njegova braća otišla u hram, Isus je tajno otišao u Jerusalim. On je znao tačno kada da ide, a kada da stane, i sa svakim Njegovim korakom, On je išao tamo gdje Ga je Bog vodio da ide. Dok su se ljudi okupljali za praznik, Jevreji su počeli da traže Isusa. Oni su znali da će On biti tamo. Mnogo se govorilo o Njemu. Neki ljudi su govorili da je On dobar čovjek, a neki da je On varao ljude.

Zbog toga što je Isus činio stvari koje su za ljudsko biće nemoguće, bilo je nekih ljudi koji su bili vrlo radoznali o Njemu. Ipak bilo je i drugih, koji su pokušavali sve da budu

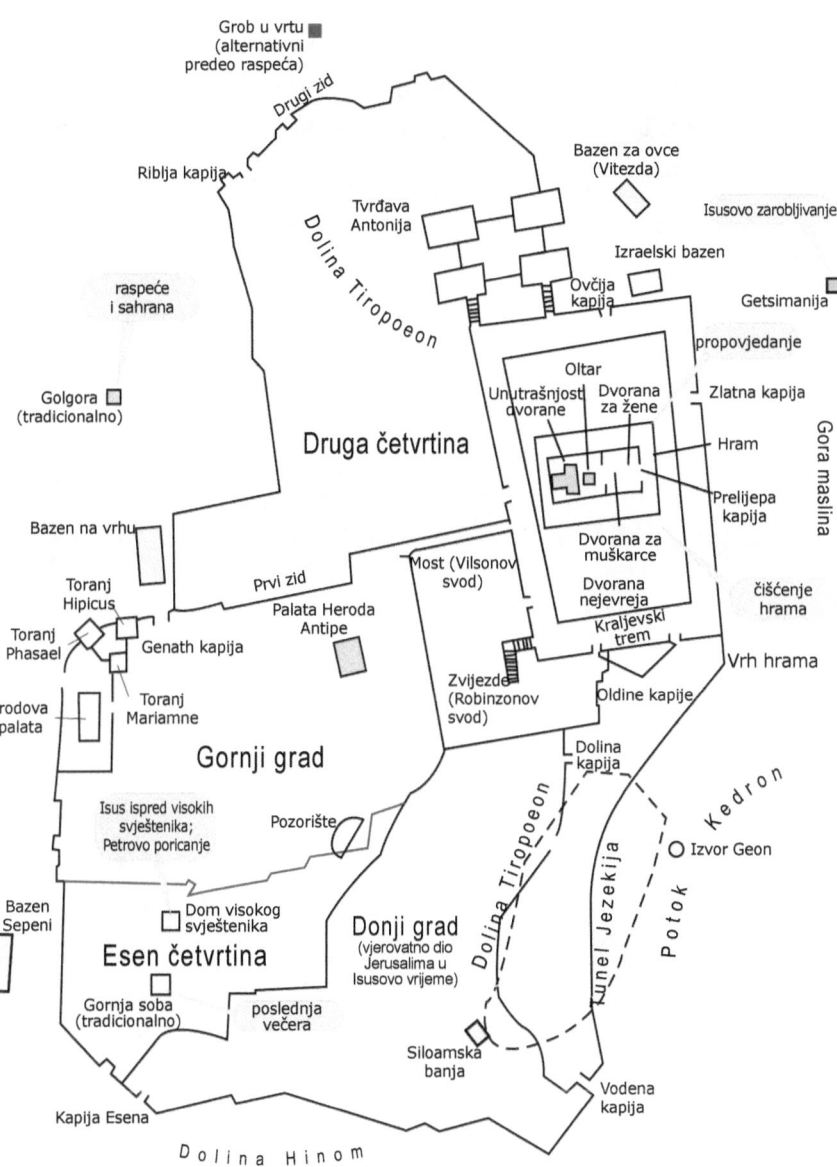

:: Jerusalim u vremenima Novog Zavjeta

smetnja Njemu. Ljudi sa dobrim srcima su znali da je ono što je Isus činio bilo dobro i ispravno. Ipak, plašeći se da bi Isus mogao biti povređen od strane jevrejskog društva, oni nisu mogli javno da govore o Njemu.

Isus se otkriva u Hramu

Primjereno svakoj situaciji, Isus je podučavao jevanđelje na mnogo različitih načina. Ponekad je On podučavao u planinama, ponekad na otvorenim poljima, a ponekad je stajao u čamcu koji je plutao na vodi i govorio ljudima koji su stajali na obali. Povremeno je posjećivao ljude u njihovim domovima, a povremeno je širio Božju Riječ u hramu. Ponekad je otkrivao učenja samo nekolicini Njegovih odabranih učenika u tajnosti.

Moja nauka nije Moja, nego Onog koji Me je poslao

„Ali odmah u polovini praznika iziđe Isus u crkvu i učaše. I divljahu se Jevreji govoreći: 'Kako ovaj zna knjige, a nije se učio?' Tada im odgovori Isus i reče:

'Moja nauka nije Moja, nego Onog koji Me je poslao. Ko hoće Njegovu volju tvoriti, razumijeće je li ova nauka od Boga ili Ja Sam od Sebe govorim. Koji govori sam od sebe, slavu svoju traži; a ko traži slavu Onog koji ga je poslao, On je istinit i u Njemu nema nepravde."' (7:14-18)

Kada su bili otprilike na polovini sedam dana praznika građenja sjenica, Isus je otišao gore u hram i tamo podučavao ljude. Zbog toga što je Isus podučavao Bibliju i Božju Riječ sa takvom lakoćom, Jevreji su bili zadivljeni. Oni su bili zadivljeni Isusovim učenjem, jer je Isus govorio Božje Riječi sa većom moći od rabina, koji su bili stručanjci za Zakon. Iako se On nikada nije obrazovao o Zakonu, Isus je slobodno koristio riječi iz Biblije da bi precizno objasnio Božju volju. Nije ni čudo da su ljudi bili zapanjeni!

Stajavši pred ljudima koji su bili zapanjeni Njegovim učenjima, Isus je dao svu slavu Bogu. Iako je On bio Božji Sin, imajući poniznost sluge, On je priznao da su sva Njegova učenja došla od Boga. On je takođe izjavio da kada ljudi vjeruju u učenja i djelaju u skladu sa njima, oni će znati da li su Njegova učenja došla od Boga ili ne. Time, On nije ostavio mjesta za raspravu.

Iako su riječi izgovorene kroz usta čovjeka, ako Bog ima kontrolu nad njegovim poslovima, onda se dešavaju nevjerovatne stvari kao rezultat tih riječi. Čak i danas, ako primimo riječi Božjeg sluge sa kojim Bog zaista boravi, i ako vjerujemo tim riječima i povinujemo im se kao da su zaista Božje Riječi, onda mi možemo iskusiti nevjerovatne stvari.

U skladu sa Poslanicom Jevrejima 4:12 mi znamo da je Božja Riječ živa i aktivna. Prema tome, svako ko vjeruje i povinuje se Njegovoj Riječi, iskusiće Njegovu moć. Zbog toga što Bog stoji iza riječi Njegovih vjernih slugu, kroz njihove molitve izliječene su bolesti, porodice stiču mir, nevjernici primaju jevanđelje, i mnogi drugi blagoslovi kao što su ovi dolaze od Oca.

Ljudi koji traže sopstvenu slavu, učiniće sve što mogu da se razmeću njihovim dobrim djelima i da prime pohvale. Zasljepljeni sopstvenim interesom, oni gaze po drugim ljudima i osuđuju ih i djelaju u nepravdi. Zbog toga njihovi konačni rezultati nisu mnogo dobri. Na primjer Hitler, ozloglašeni ratni zločinac iz Drugog Svetskog Rata, učinio je da mu njegovi ljudi salutiraju: „Heil Hitler!" što znači: „Živio Hitler!" Konačno, Hitler i Nemačka bili su zajedno u ruševinama.

Suprotno tome, osoba koja je poslata od Boga i koja teži ka Božjoj slavi će donijeti milost mnogim ljudima i spasiće mnogo duša. Apostol Pavle je posvjetio cio njegov život Božjoj slavi. Dok je izvodio velika čuda, on je davao slavu Bogu i kao apostol bezbožnika, on je poveo brojne duše ka Hristu. On je posvetio cijelo njegovo srce i volju za cilj Hrista. Zbog toga on je mogao smjelo da kaže: *„Ugledajte se na mene"* (1. Korinćanima Poslanica 11:1). On ovo nije govorio da bi se razmetao samim sobom; već je on govorio ljudima da imitiraju Hristov život, kao što je on to činio.

Isus je takođe samo nastojao da slavi Boga. On nikada nije pokušao da uzdiže samog Sebe, ili da stekne nešto za Sebe. Zato je On, kada je izveo čudo sa dvije ribe i pet hljebova ječmenih, gledao prema Nebesima dok ih je blagosiljao (Jevanđelje po Marku 6:41). Kada je Lazara vraćao u život, On se prvo pomolio salveći Boga. On je postao alat da bi svijetu pokazao živog Boga i Njegovu volju. A Bog je primio slavu čuvajući svaku riječ koja je izašla iz Isusovih usta.

Zašto tražite da Me ubijete?

„Ne dade li Mojsije vama zakon i niko od vas ne živi po zakonu? Zašto tražite da Me ubijete?" Odgovori narod i reče: „Je li đavo u Tebi! Ko traži da Te ubije?" Odgovori Isus i reče im: „Jedno djelo učinih i svi se divite tome." (7:19-21)

U Zakonima koje je Mojsije primio na gori Sinajskoj tokom Izlaska, tu su zapovjesti među kojima su: „Poštuj oca svojega i majku, ne ubij, ne čini preljubu i ne svjedoči lažno." Suštinsko značenje ovih zakona je da se razumije, da se oprosti i da se vole svi ljudi sa milošću i saosjećanjem.

Međutim, Jevreji u to vrijeme su bili zauzeti korišćenjem zakona kako su se ophodili prema ljudima da bi ih osudili, čak i do te mjere da su kritikovali Isusa zbog Njegovih pogrešnih djela, Kada je Isus iscjelio čovjeka koji je bio invalid 38 godina, oni su pokušali da Njega ubiju zato što je to On činio na dan Sabata. Ako se čudesan znak dogodi i Bog je slavljen, oni bi trebali da se raduju. Ali umjesto toga, onisu pokušali da ubiju Isusa tvrdeći da je prekršio Sabat.

Vidjevši njihova zla srca, Isus im je rekao: „I niko od vas ne živi po Zakonu. Zašto tražite da Me ubijete?" On ih je učio tome da, iako im je Bog dao Zakone da čine dobra djela, oni su ih koristili da pokušaju da ubiju nekoga. Osoba koja ispravno sprovodi Zakon, nikada ne bi uradila tako nešto.

Jevreji nisu mogli da razumiju duhovno značenje Isusovih riječi, i oni su Njega optuživali da je bio opsjednut demonima. Jevreji su smatrali da je Isus bio zbunjen zbog činjenice da je On bio progonjen i da je bio žrtva. Iako oni nisu javno pokušavali da Njega ubiju, u stvarnosti oni su imali veliku želju da Njega ubiju (Jevanđelje po Jovanu 5:18). Ovaj razgovor je jasno pokazao zlobu unutar njihovih srca. Neznajući šta je Isus govorio dok je govorio, oni su ga samo optuživali da je zaposjednut demonima, u skladu sa njihovim osudom.

Jevreji nisu mogli da shvate zašto je Isus iscjeljivao bolesne na dan Sabata, tako da su Njega osuđivali i Njega smatrali za nekakvog stranca. Tako da podsjećajući ih na to kako su dozvoljavali obrezivanje na dan Sabata, Isus im je dao veoma važnu lekciju.

Ako se čovjek na Sabat obrezuje

„Dade vam Mojsijeda se obrezujete (ne kao da je od Mojsija nego od otaca); i u subotu obrezujete čovjeka. Ako se čovjek u subotu obrezuje da se ne pokvari zakon Mojsijev, srdite li se na Mene što svega čovjeka iscjelih u subotu? Ne gledajte ko je ko kad sudite, nego pravedan sud sudite." (7:22-24)

Obrezivanje je ritual kod Izraelaca u kome se uklanja

prepucijum penisa kod muške bebe, 8 dana nakon rođenja. Ova praksa je počela od vremena Avraamovog, oca vjere (Postanak 17:10-14). Nakon što je napravio Njegov savez blagoslova sa Avraamom, Bog je rekao Avraamu da obreže čitavu njegovu porodicu, kao znak da je primio savez. Ako neko ne bi bio obrezan, on bi bio odsječen od Božjih ljudi i ne bi mogao da primi obećani blagoslov.

Čak i Mojsije, koji je primio na sebe ogroman zadatak Izlaska, bio je blizu usmrćenja od strane Boga, jer nije obrezao sebe. Zbog toga što je bio vođa zadužen za tako važan zadatak, kao što je vođstvo Izraelaca iz Egipta, Mojsije je morao da bude savršeniji i potpuniji nego bilo ko drugi. Bog je strogo upozorio Mojsija na važnost obrezivanja. Jevreji su smatrali Mojsijevo iskustvo vrlo važnom lekcijom i imali su na umu važnost obrezivanja. Zbog toga je u jevrejskom društvu za vrijeme Isusa, čak nakon 2000 godina od Avraamovog saveza, čin obrezivanja bio dozvoljen bez oklevanja, čak i na dan Sabata.

Tako je Isus rekao onim Jevrejima koji su mu sudili i osuđivali Njegova djela: „Ako se čovjek u subotu obrezuje da se ne pokvari zakon Mojsijev, srdite li se na Mene što svega čovjeka iscjelih u subotu?" Isus nije ovo rekao zato što On nije mogao da razumije osjetljivost Jevreja na Njegovo iscjeljenje bolesnih na Sabat, ili zato što je bio frustriran. Koristeći obrezivanje kao ilustraciju, On je samo želio da ih pouči onome što je ispravno. Govoreći im da ljubav i samilost moraju biti ispred Zakona, On ih je naučio: „Ne gledajte ko je ko kad sudite, nego pravedan sud sudite."

U 1. Samuelovoj Poslanici 16:7, kada je Samuilo pokušao da miropomaže Jesejevog prvorođenog sina Elijava, Bog mu govori: *„GOSPOD ne gleda na šta čovjek gleda. Čovjek gleda šta je na očima, a Gospod gleda na srce."* Isus, koji vrlo dobro poznaje Božje srce, takođe gleda u središte srca čovjeka, a ne u njegov spoljašnji izgled (Jevanđelje po Jakovu 2:1-4). Zato je On pokušavao da poduči Jevreje, koji su sudili i osuđivali Zakonima, da sude istinom i pravdom.

Ljudi koji sude po izgledu

„Tada govorahu neki od Jerusalimljana: 'Nije li to Onaj kog traže da ubiju?' I gle, kako govori slobodno i ništa Mu ne vele. Da ne doznaše naši knezovi da je On zaista Hristos? Ali ovog znamo otkuda je; a Hristos kad dođe, niko neće znati otkuda je." (7:25-27)

Kada je Isus upitao gomilu: „Zašto tražite da Me ubijete?" Jevreji su shvatili da su njihovi unutrašnji motivi razotkriveni, te su počeli da optužuju Isusa da je zaposednut đavolom i ponašali su se prema Njemu kao da On govori u delirijumu. Onda se pojavila treća strana i posvjedočila o ovoj istini. Došli su neki ljudi i rekli da su vođe pokušavale da ubiju Isusa. I tako je istinitost Isusovih Riječi bila potvrđena od treće strane.

Zbog toga što je Bog Bog pravde, kada mi hodamo putem pravednosti, On se brine o tome da istina uvijek preovlađuje (Psalmi 37:6; Amos 5:24). Zato se zreo Hrišćanin neće raspravljati i svađati, čak iako je lažno optužen ili se prema njemu ponaša nepošteno. Ovo je zato, jer kada dođe vrijeme, sve stvari će se otkriti.

Ipak, treća strana koja je potvrdila Isusove Riječi, nije se razlikovala od ljudi koji su pokušali da uhvate Isusa. Oni su se raspitivali zašto optuženi još uvijek nije blagovremeno priveden. Kao što cio svijet izgleda plavo kada ga neko gleda kroz plave naočare za sunce, tako su i ovi ljudi gledali u Isusa sa negativnim osjećanjima i mislima, te su jedino mogli da vide razloge da Ga osude.

Isto tako, kada vi slušate Božju Riječ sa dobrotom i istinskim srcem, vi ćete postati nadahnuti i pokrenuti da se pokajete i promjenite. Ipak, kada pomješate vaša osjećanja i misli, govoreći stvari kao: „To je vjerovatno bilo ovako ili onako," onda ćete vi konačno počiniti smrtni grijeh suđenja i osuđivanja.

Gomila ljudi je takođe pitala: „Da ne doznaše naši knezovi da je On zaista Hristos?" A onda su dodali: „Ali ovog znamo otkuda je." Oni su time mislili da oni znaju da je Isus rođen kao Josifiv sin, što znači da On nije Bog i da On nije Božji Sin. U skladu sa njihovom logikom i rezonovanjem, niko ne bi trebalo da zna odakle dolazi Mesija.

Ali da li je istina da niko nije znao odakle je došao Mesija? U Bibliji nije zapisan tačan datum i vrijeme Hristovog ili Mesijinog rođenja. U to vrijeme nije bilo lako ni učiteljima Zakona ni Sadukejima da predvide vrijeme Mesijinog rođenja, jer su oni imali samo nekoliko stihova koji su se odnosili na Njegovo rođenje (Danilo 9:25; Malahije 3:1). Zato su postojala različita mišljenja među njima o Mesijinom rođenju. Oni su čak mislili da će Mesija imati nadljudsku i okultnu ličnost i da će se On pojaviti iznenada. Ipak, iako je možda bilo teško znati tačno vrijeme Mesijinog rođenja, postoji mnogo pororčanstava koja nam govore o Mesiji.

Mihej 5:2 govori: *„A ti, Vitlejeme Efrato, ako i jesi najmanji među hiljadama Judinim, iz tebe će mi izaći koji će biti Gospodar u Izrailju. Kome su izlasci od početka, od vječnih vremena."*

Činjenica da će Mesija biti rođen u Vitlejemu, bila je poznata čak i među Jevrejima koji su živjeli u Isusovo vrijeme. Ako pogledate Jevanđelje po Mateju 2:1-6, tu se kaže da nakon što se čulo od tri mudraca da je kralj rođen, kralj Herod je hteo da Ga ubije, jer se plašio da će izgubiti svoj položaj kralja. Zato je okupio sve visoke svještenike i pisare i upitao ih: „Gdje bi trebalo da se rodi Hrist?" Onda koristeći proročanstvo iz knjige Miheja, oni su odgovorili da će On biti rođen u Vitlejemu, u zemlji Judeje.

Knjiga Ponovljenog Zakona 18:18 govori o tome kako će Isus biti smatran prorokom, a Isaija 9:1 proriče da će Isusovo javno služenje početi u Galileji. Ima mnogo drugih proročanstava u Bibliji, kao što je u Isaiji 53, gdje se mogu naći proročanstva o Isusu. Ipak, i bez proročanstava mi možemo dešifrovati istinskog Mesiju kroz moćna Božja djela koje je On izveo i kroz Riječi koje su izašle iz Njegovih usta.

Takođe, usamljeni i pobožni Sajmon, Ana (žena koja je cio svoj život provela moleći se u hramu i čekajući Mesiju), dobri pastiri koji su njegovali ovce i tri mudraca, svi su prepoznali Mesiju (Jevanđelje po Luki 2; Jevanđelje po Mateju 2:1-11). Vođeni Svetim Duhom ili obaviješteni od strane anđela, ovi ljudi su otišli bebi Isusu i povinovali se Njemu, dajući slavu Bogu. Zato, ljudi koji su priznali da niko ne bi trebalo da zna odakle dolazi Mesija, u stvari su priznali da oni nisu Božji ljudi. Mesija je bio pred njihovim očima, a oni još uvijek nisu mogli da Ga prepoznaju.

Sam od Sebe ne dođoh

„Tada Isus povika u crkvi učeći i reče: 'I Mene poznajete i znate otkuda Sam; i Sam od Sebe ne dođoh, nego ima stiniti koji Me posla, kog vi ne znate. Ja Ga znam, jer sam od Njega i On me posla.' Tada gledahu da Ga uhvate; i niko ne metnu na Nj ruke, jer još ne bješe došao čas Njegov. A od naroda mnogi Ga vjerovaše, i govorahu: 'Kad dođe Hristos eda li će više čudesa činiti nego Ovaj što čini?'" (7:28-31)

Jevreji su poznavali Isusovo mjesto rođenja i Njegovu porodičnu situaciju, ali to je bio samo fizički aspekt Isusa. Tako je Isus prvo priznao njihove riječi, a onda im je On rekao da je došao od Boga.

On im je najprije rekao: „I Mene poznajete i znate otkuda Sam." Ovdje riječ „znate" ima dva značenja. Osoba koja razumije Isusove Riječi u duhu i vjeruje da je On zaista pravi Hrist, zna da je On došao na ovaj svijet kao Božji Sin i Spasitelj. Sa druge strane, osoba koja razumije Njegove Riječi bukvalno i tjelesno, zna da je Isus sin Josifa stolara. Tako, kada su Jevreji rekli da „znaju" Isusa, oni su mislili na bukvalno značenje.

Isus je rekao da On nije došao Sam od Sebe i da postoji On koji Ga je posalo. Onda je On dodao da je Onaj koji Ga je posalo istinski. Kada Isus kaže da On nije došao Sam od Sebe, to znači da je On došao od Boga Oca. Pod Božjim proviđenjem, Isus, koji je sa Bogom bio od početka, došao je na ovaj svijet da spasi čovječanstvo, čija je smrt usled griješnosti bila neizbježna. Isus je takođe rekao: „Ima istiniti koji Me posla." Istina znači duh, život, i ono što je vječno—što nikad ne propada i ne mijenja se. A moć istinskog Boga, koji je istina, bila je sa Njim do sada, zato se toliko mnogo znakova i čuda dogodilo kroz Isusa.

Isus je rekao da On poznaje Onog koga oni nisu znali. Mnogo ljudi je u interakciji sa predsjednikom preko različitih vrsta medija i oni tvrde: „Ja poznajem predsjednika." Ipak, ovo ne znači da ih predsjednik sve poznaje. Predsjednik mora takođe da tvrdi da poznaje nekog, da bi taj mogao da kaže da zaista poznaje predsjednika. Isto važi i za poznavanje Boga. Ako neko tvrdi da poznaje Boga, on mora imati odnos sa Bogom. Imati odnos sa Bogom znači živjeti u svjetlosti, ili živjeti u skladu sa Božjom Riječi (1 Jevanđelje po Jovanu 1:7). Ali Jevreji nisu imali ovakav odnos sa Bogom. Oni čak nikada nisu vidjeli sliku Boga. Dalje, oni su bili ljudi tjelesnog, te su oni vidjeli sve njihovim fizičkim očima. Zato je Isus rekao da oni ne poznaju Boga. Onda je On objasnio da On poznaje Boga, jer je On od Boga i da je On došao na ovaj svijet u skladu sa Božjom voljom.

Onda su ljudi u hramu koji su slušali ovo, počeli da pokazuju pomješane reakcije. Neki ljudi su govorili da Isus bogohuli na Boga i pokušali su da Ga uhvate. Srećom, još nije bilo došlo Njegovo vrijeme, te oni Njemu nisu mogli ništa da učine. Suprotno tome, bilo je mnogo onih koji su vidjeli Isusa u pozitivnom svjetlu. On nije samo jednostavno rekao: „Ja sam istina, zato vjerujte u Mene." On je vodio ljude da vjeruju, izvodeći znake i čuda da dokaže da je Bog bio sa Njim. Počevši sa čovjekom koji je bio bolestan 38 godina, Isus je ljudima iscjeljivao sve vrste bolesti. On je iscjeljivao slijepe i gluve i ponovo ih činio potpunim. On je pretvorio vodu u vino, nahranio preko pet hiljada ljudi sa dvije ribe i pet hljebova ječmenih i hodao je po vodi. Mnogo ljudi je ili čulo o ovim čudesnim znacima ili su bili svjedoci iz prve ruke. Zato su oni pitali: „Kad dođe Hristos eda li će više čudesa činiti nego Ovaj što čini?" Iako oni nisu bili svjedoci onome što se tačno dogodilo, ljudi sa dobrim srcima su vidjeli stvari koje je Isus učinio i potvrdili su to kao istinu.

Jevreji pokušavaju da uhvate Isusa

Nakon što su vidjeli Isusa da izvodi veličanstvene znakove, ljudi su slavili Boga govoreći da se veliki prorok pojavio među njima i da je Bog došao da spasi Njegove ljude (Jevanđelje po Luki 7:16). Ipak, nisu svi mislili na ovaj način. Bilo je i onih Jevreja koji su željeli da uhvate Isusa.

Visoki svještenici i Fariseji

„Čuše Fariseji od naroda takav govor za Njega, i poslaše Fariseji i glavari svještenički sluge da Ga uhvate. Tada reče Isus: 'Još sam malo vremena s vama, pa idem k Onome koji Me posla. Tražićete Me i nećete Me naći; i gdje sam Ja vi ne možete doći.' A Jevreji rekoše među sobom: 'Kuda će ovaj ići da ga mi ne nađemo? Neće li ići među rastrkane Grke, i Grke učiti? Šta znači ova riječ što reče: Tražićete Me i nećete Me naći; i gdje sam Ja vi ne možete doći?'" (7:32-36)

Visoki svještenici i Fariseji su primjetili veliko interesovanje ljudi za Isusa i sva govorkanja o Njemu. Kao vođa svještenstva, jednom godišnje, Visoki svještenik je bio zadužen da ulazi u Svetinju nad svetinjama koja je bila odvojena kao sveta i prinosi žrtve za ljude. A kao vjerski vođa, on ima prava da vježba političku moć. Kao svještenici i ono što su bili, oni više nisu mogli da samo posmatraju Isusa kako objavljuje da je On poslat od Boga. Tako konačno, oni su kovali zavjeru sa Farisejima da uhvate Isusa i poslali su svoje čuvare za Njim.

U ovoj groznoj situaciji, Isus je hrabro rekao ljudima da će se On vratiti Bogu Ocu. On je objasnio da On neće više biti ovdje na zemlji i da će u odgovarajuće vrijeme koje je Bog odredio On poneti krst, vaskrsnuti i sjedeti na desnoj strani pored Boga. Ali nerazumjevajući duhovno značenje Isusovih Riječi, Jevreji su Ga uključujući Fariseje i pisare, ismijavali.

Fariseji su bili jedni od glavnih jevrejskih podjeljenika koji su nastali negdje između prvog vijeka prije Hrista i prvog vijeka poslije Hrista. Fariseji su vjerovali u postojanje anđela, vaskrsenje mrtvih i borili su se za striktno pridržavanje zakona Judaizma sve do poslednje klauzle. Međutim, Isus je ukorio ove ljude govoreći: *„Teško vama književnici i Fariseji, licemjeri..."* (Jevanđelje po Mateju 23:13). On je to učinio jer kao i okrečeni grobovi, oni su se činili svetim od spolja, ali oni su bili ispunjeni zlom u njihovim srcima.

Pisari su oni ljudi koji tumače i podučavaju zakone Od vremena od kada su se jevrejski zarobljenici vratili iz Vavilona, oni su započeli energičan pokret da se garantovano drže zakona unutar Judeje. Tako su od tada učitelji koji su mogli da tumače zakone i da podučavaju ljude kako da primjenjuju zakone, preuzeli vrlo važan zadatak. Ali zbog toga što su se ovi učitelji hvalisali svojim autoritetom, zasnivajući svoje razloge na tradiciji starijih—koji su došli prenošenjem zakona usmeno sa kolena na koleno—oni nisu mogli da izbjegnu konflikt koji su imali sa Isusom, koji je samo tumačio Bibliju u skladu sa Božjom voljom. Povrh svega toga, Isusove moćne Riječi su stavile njihovu moć i autoritet na rizik.

Ovi Jevreji nisu mogli da razumiju Isusa i oni su nastavili da prihvataju njihove tjelesne misli da protumače Isusove Riječi. Oni su se pitali: „Kuda će ovaj ići da ga mi ne nađemo? Neće li ići među rastrkane Grke, i Grke učiti?" Isus nikada nije rekao da ide u Grčku i On nikada nije imao namjeru da to uradi, ali oni su pravili svakave pretpostavke.

Zašto je ovim ljudima, koji su navodno proučavali i podučavali Božju Riječ, bilo toliko teško da razumiju Isusove Riječi? Pošto su bili od tjelesnog, oni su prihvatili njihovu ovozemaljsku mudrost i znanje za sve. Oni su takođe smatrali da su njihovo znanje, misli i iskustva bili bolji od drugih. Zbog toga oni nisu mogli da upozanju Boga koji je duh (Poslanica Rimljanima 8:5-8). Zbog toga što su bili fiksirani na misli tjelesnog, koje su Bogu neprijateljske, oni nisu prepoznali ko je Isus bio.

Isusovo obećanje za Svetog Duha

„A u poslednji veliki dan praznika stajaše Isus i vikaše govoreći: 'Ko je žedan neka dođe k Meni i pije.' 'Koji Me vjeruje, kao što Pismo reče, iz njegova tijela poteći će rijeke žive vode.' A ovo reče za Duha kog poslije primiše oni koji vjeruju u ime Njegovo; jer Duh Sveti još ne bješe na njima, jer Isus još ne bješe proslavljen." (7:37-39)

Za čovjeka koji hoda u pustinji gdje sunce snažno prži, jedan gutljaj hladne vode je vrijedniji od kese sa zlatom. Ali ovo nije više od samo puke žeđi tjelesnog. U svim ljudskim bićima postoji drugačija vrsta žeđi: duhovna žeđ. Ovo je tip žeđi o kojoj je Isus govorio.

Takođe, postoje dvije vrste duhovne žeđi. Jedna je žeđ koju osjeća zla osoba. Zla osoba stalno traži zlo. Ovakvi ljudi nikada nemaju mira tokom života. Izraelski prvi kralj Saul, bio je vrlo skromna osoba prije nego je postao kralj. Ipak, nakon što je postao kralj postao je gord i tvrdoglav i nije se povinovao Bogu. On je uvijek bio nervozan i zabrinut da će izgubiti prijesto zbog Davida, koga je Bog prepoznao kao „onog koji je po Njegovom srcu." Kao rezultat toga, Saul je proveo čitav svoj život pokušavajući da ubije Davida. Sa svojim zlom u srcu, on je sebi nanio teškoće i patio je od gorućeg bola u svom srcu.

Ipak, žeđ koju osjeća osoba sa dobrim srcem je totalna suprotnost ovome. Usamljena osoba ima istinsku želju da upozna istinskog prijatelja, sa kojim može izgraditi nepromjenljiv odnos i sa kojim može podijeliti najdublje misli i osjećanja. Roditelji i djeca i muževi i žene, svi žele da jedni sa drugima imaju odnos pun povjerenja. Svako u svom unutrašnjem biću ima žeđ za ljubavlju, vjerom, istinom, radošću i saosjećanjem.

Nakon proslave praznika građenja sjenica u Jerusalimu, Isus je rekao ljudima koji su osjećali ovakvu vrstu žeđi: „Ko je žedan neka dođe k Meni i pije." Onda Isus kaže, da će rijeke žive vode teći njihovim unutrašnjim bićima. Ovdje, živa voda označava Svetog Duha koga oni koji vjeruju u Hrista primaju. Za one koji private Isusa i prime Svetog Duha, njihova glad za pravednošću je utoljena, a žeđ njihove duše je ugašena. Zato Sveto Pismo kaže: „Iz njegova tijela poteći će rijeke žive vode."

Isus postaje centar diskusije

„A mnogi od naroda čuvši ove riječi govorahu: 'Ovo je zaista prorok.' Drugi govorahu: 'Ovo je Hristos.' A jedni govorahu: 'Zar će Hristos iz Galileje doći? Ne kaza li Pismo da će Hristos doći od sjemena Davidovog, i iz sela Vitlejema odakle bješe David?' Tako raspra postade u narodu Njega radi." (7:40-44)

Svako je imao različito mišljenje o Isusu. Neki su govorili da je „prorok," drugi daje „Hrist," a drugi su i dalje sumnjali: „Zar će Hristos iz Galileje doći?"

Zašto su se mišljenja ljudi toliko razlikovala? Ovo je zato što su neki Isusa gledali sa duhovnog gledišta, a neki su Ga gledali kroz okvir njihovog sopstvenog uma. Ljudi koji su Ga vidjeli duhovnim očima, prihvatili su Isusa kao Hrista, ali oni koji su Ga vidjeli zasnovano na njihovom znanju, nisu mogli da vide ko je zaista bio Isus. Oni su na kraju sumnjali u Njega. Zbog toga, zasnovano na njihovom istorijskom znanju ili pozadini, oni su pitali: „Zar će Hristos iz Galileje doći?"

Kao najsjevernija oblast Izraela, Galileja je često bila ranjiva na invaziju drugih stranih naroda. Usled toga, Galileja je imala snažno prisustvo paganskih kultura. Zato u Isaiji 9:1 piše: „Galileja Pagana," a u Jevanđelju po Jovanu 7:52, Fariseji kažu: *„Tražite, i vidite da nijedan prorok ne proističe iz Galileje."* U skladu sa njihovim okvirom znanja i logike, oni vjeruju da ne postoji način da bi Hrist, koji će spasiti Izrael, mogao da bude rođen na takvom mjestu. Pošto su oni poredili Isusa sa Mesijom koga su oni zamislili, zasnovano na njihovom znanju, oni nisu mogli da shvate istinu.

U to vrijeme, Izraelci su bili pod supresijom Rimljana te su oni maštali o Mesiji sa političkom i vojnom moći, koji će moći da ih spasi od Rimljana. Isus nije ispunio njihova očekivanja. U njihovim očima, On je bio samo sin siromašnog stolara. Zato Ga oni nisu mogli vidjeti kao mogućeg kralja koji će spasiti cio Izrael.

Tako, na osnovu Svetog Pisma: „Hrist će doći iz Vitlejema," oni nisu priznali Isusa. Oni su u stvari iskoristili proročanstvo zapisano u Bibliji o Mesiji da bi se odrekli Isusa.

Da, kao što je proročanstvo govorilo, Isus je rođen u Vitlejemu, a onda je odrastao u Nazaretu. Ali proročanstvo Ga je poznavalo samo kao Nazarećanina. Pošto su oni gledali njihovim predisponiranim mislima, oni nisu mogli da vide istinu. Kao rezultat ovih različitih gledišta, pojavila se kontroverza. Među ovim ljudima, bilo je onih koji su pokušali da nađu razlog da uhvate Isusa; ipak, još uvijek nije bilo vrijeme koje je Bog odredio, te niko nije mogao da Ga pipne.

Zašto ga ne dovedoste?

„Dođoše pak sluge ka glavarima svješteničkim i Farisejima; i oni im rekoše: 'Zašto ga ne dovedoste?' A sluge odgovoriše: 'Nikad čovjek nije tako govorio kao ovaj čovjek.' Tada im odgovoriše Fariseji: 'Zar se i vi prevariste? Vjerova li ga ko od knezova ili od Fariseja? Nego narod ovaj, koji ne zna zakon, proklet je.'" (7:45-49)

Kada su sluge koje su poslate od visokih svještenika i Fariseja čuli Isusove Riječi oni su primjetili da On nije kao svi drugi, i oni su osjetili moć i autoritet u Njegovim Riječima. A pošto je Isus bio savršen u svim Njegovim putevima, iako su im njihovi gospodari naredili da Ga uhvate, sluge su morale da se vrate bez Njega. Sluge koje su se vratile praznih šaka, visoki svještenici i Fariseji su pitali: „Zašto Ga ne dovedoste?"

Frustriranim gospodarima, sluge su neočekivano odgovorile: „Nikad čovjek nije tako govorio kao ovaj čovjek." Sa gledišta slugu, uvijek je oko Isusa bila gomila ljudi, te nije bilo lako uhvatiti Ga. Oni su mogli ovo da iskoriste, kao i mnogo drugih izgovora za to što nisu mogli da uhvate Isusa, ali oni su ipak hrabro odgovorili njihovim gospodarima. Ovo pokazuje da su ove sluge bile snažno dirnute Isusovim Riječima.

Nakon što su čuli izveštaj slugu, Fariseji su im grubo zaprijetili povišenim tonom: „Zar se i vi prevariste?" Onda su zapitali, da li je još neko od knezova ili Fariseja, koji su navodno bili elita, zaveden. Mi moramo razumijeti da su ovi ljudi bili veoma ponosni na svoj status i oni su sebe smatrali različitim od neukih, običnih ljudi. Oni su smatrali da ako je neko od knezova ili Fariseja vjerovao u Isusa, da je to značilo da su zavedeni i da je taj apsurdan, koji ne poznaje Zakone.

Zbog toga se Fariseji nisu uzdržavali od suđenja drugim ljudima koji su pratili Isusa i nazivali su ih „prokletima." Oni su im sudili, koristeći riječi iz Ponovljenog Zakona 27:26: *„Proklet da je koji ne bi ostao na riječima ovog zakona, i tvorio ih. A sav narod neka kaže: Amin."* Upravo oni ljudi koji su se ponosili poznavanjem Zakona su oni koji su izvrtali Božju Riječ.

Fariseji su bili istrajni. Ne samo da su oni podjelili Zakone na manje dijelove da bi ih se tačnije pridržavali, već su oni sa namjerom upamtili i proučili tumačenja Zakona koji se prenosio usmjeno. Tako, kada su vidjeli ljude koj imaju gledišta koja se nešto razlikuju od njihovih, oni su ih osuđivali kao budalste, čak ih i proklinjali.

Ali ko su ljudi koji su zaista prokleti? To su bili ograničeni i nadmeni Fariseji koji su išli putem smrti odbijajući da vjeruju u Isusa. Nakon što su ubili Isusa, oni su navukli na sebe i na buduće naraštaje prokletstvo plaćanja cijene zbog prolivanja Isusove krvi. 70. g.n.e., nakon pada Jerusalima, Jevreji su protjerani sa njihove zemlje i rasuli su se po čitavom svijetu. A dugi period vremena nakon toga bili su proganjani i tlačeni od strane mnogih drugih naroda.

U Poslanici Rimljanima 12:14, se kaže: *"Blagosiljajte one koji vas gone: blagosiljajte, a ne kunite."* Osoba sa dobrim srcem koje je ispunjeno istinom, nikada neće drugog povrijediti svojim riječima, ili otkriti tuđe mane. Ona neće imati zle misli i neće biti zadovoljna nepravdom. Umjesto toga, onaće dozvoliti da samo dobre i lijepe riječi izađu iz njenih usta. Isus je imao moć i autoritet da sudi svijetu; ipak, On nikada nikog nije prokleo nasumice kao što su Fariseji činili.

Nikodim brani Isusa

„Reče im Nikodim što dolazi k Njemu noću, koji bješe jedan od njih: 'Eda li zakon naš sudi čovjeku dokle ga najprije ne sasluša i dozna šta čini?' Odgovoriše mu i rekoše: 'Nisi li i ti iz Galileje? Razgledaj i vidi da prorok iz Galileje ne dolazi.' I otidoše svaki svojoj kući." (7:50-53)

Kada su Fariseji nastavili da proklinju one koji su vjerovali u Isusa, Nikodim to više nije mogao da gleda i ukazao je na njihovo nepravedno gledište i predrasude. Nikodim je uitao: „Eda li zakon naš sudi čovjeku dokle ga najprije ne sasluša i dozna šta čini?" Koristeći diskreciju, Nikodim je prosvjetlio Fariseje, koji su se zasnovano na njihovim izvrnutim gledištima, nemilosrdno raspravljali među sobom za svoje pozicije. Iako je on bio Farisej, Nikodim je bio drugačiji. On je pokušavao da se povinuje Božjim Zakonima sa dobrim srcem.

Ostali Fariseji koji su mislili da je Nikodim bio na njihovj strain, bili su šokirani njegovim riječima i za trenutak su bili iznenađeni. Oni su pokušali da ga opovrgnu, ali pošto je Nikodimov argument bio tako oštar i na mjestu, oni nisu mogli da smisle kontra-argument. Jedino što su oni mogli da odgovore bilo je: „Nisi li i ti iz Galileje? Razgledaj i vidi da prorok iz Galileje ne dolazi." Ovo je bio slab odgovor koji je nipodoštavao Isusa, nazvavši Ga Galilejcem.

Teško je povjerovati da oni nisu znali da Isus nije rođen u Galileji. Ipak, oni nisu mogli da smisle logičan i ubjedljiv kontra-argument na ono što je Nikodim rekao i to je bilo jedino što su mogli da odgovore. I tako su oni odustali od njihove rasprave o Isusu i vratili su se svojim kućama. Zavjera onih koji su hteli da uhvate Isusa, propala je. Pred dobrom osobom u istini, bilo kakva neisitina—laži, obmana i slično—sve izlazi na vidjelo. Mudrost od dobrote je od Boga; te tama ne može ništa učiniti, osim da bježi od nje.

Poglavlje 8

Istina će vas osloboditi

1. Isus oprašta ženi koja je učinila preljubu
(8:1-11)

2. Isusova poruka Jevrejima
(8:12-30)

3. Sloboda u istini
(8:31-47)

4. Jevreji pokušavaju da kamenuju Isusa
(8:48-59)

Isus oprašta ženi koja je učinila preljubu

Jednog dana Petar je pitao Isusa: *"Gospode! Koliko puta ako mi sagriješi brat moj da mu oprostim? Do sedam puta?"* (Jevanđelje po Mateju 18:21). Petar je smatrao da, oprostiti nekome sedam puta, to pokazuje veliko saosjećanje. Ali Isusov odgovor otišao je daleko od Petrove mašte. On je rekao: *"Ne velim ti do sedam puta, nego do sedam puta sedamdeset"* (stih 22).

Ovdje, Isus ne govori da nekome treba da oprostimo 490 puta. Sedam je savršen, ili kompletan broj. Tako, oprostiti nekome sedam puta sedamdeset, označava kompletan oproštaj, ili oprostiti neograničeni broj puta. Na isti način, Isus ne samo da je činio dobra djela i dao život ljudima; On je takođe oprostio griješnicima njihove grijehove i time pomogao onima kojima je oprošteno, da osjete duboku ljubav Božju.

Sadukeji i Fariseji koji su uhvatili preljubnike

„A Isus otide na goru Maslinsku. A ujutru opet dođe u crkvu, i sav narod iđaše k Njemu; i sjedavši učaše ih. A književnici i Fariseji dovedoše k Njemu ženu uhvaćenu u preljubi, i postavivši je na sredu, rekoše Mu: 'Učitelju, ova je žena uhvaćena sad u preljubi. A Mojsije nam u zakonu zapovjedi da takve kamenjem ubijamo; a Ti šta veliš?'" (8:1-5)

Nakon Njegove poruke na Praznik građenja senica, Isus je otišao na goru Maslinsku. Gora Maslinska, koja se nalazi u istočnom dijelu Jerusalima, dobila je ime po neobično velikom broju maslinovog drveća koje se tamo nalazilo. Na vrhu planine, mogao se vidjeti čitav grad jednim pogledom. Ovdje je Isus držao Njegove besjede o jevanđelju o Nebesima, i ovde je takođe On plakao dok je propovjedao o događajima koji će se desiti. To je značajno mjesto, jer su Isusovi otisci stopala tamo ugrađeni.

Gora Maslinska je takođe značajno mjesto u istoriji Izraela. Zaharija 14:1-5 pominje da će Mesija stajati tu, a prorok Jezekilj je takođe rekao da je vidio u viziji, da će slava GOSPODA biti tamo. U podnožju gore Maslinske je gora u Getsimaniji, gdje je Isus često odlazio da se moli. Ovdje se Isus tako revnosno molio, da je Njegov znoj postao kao kapljice krvi, u noći prije nego su Ga uhvatili da bi Ga razapeli.

Nakon što se noću molio na gori Maslinskoj, Isus se ujutru vratio u hram. Dok je tamo podučavao ljude, dogodilo se veliko komešanje. Sadukeji i Fariseji su se borili da prođu kroz gomilu

: : Gora maslina, smještena u istočnom dijelu Jerusalima

i doveli su Isusu jednu ženu. Gurajući je u središte dešavanja, rekoše nasumice: „Učitelju, ova je žena uhvaćena sad u preljubi."

Prema Mojsijevom Zakonu, bilo da se radi o muškarcu ili ženi, osoba koja počini preljubu, osuđena je na smrt (Levitski Zakonik 20:10). Sadukeji i Fariseji su pitali da primjene ovaj zakon na ženi. Žena se tresla od stida i straha od smrti, jer su njeni grijesi bili javno izloženi da svi vide. Ipak, Sadukeji i Fariseji nisu marili za njen život. Oni su se osjećali vrlo trijumfalno, jer su pomoću Zakona sada imali izgovor da testiraju Isusa.

Koji je među vama bez grijeha neka najprije baci kamen

„Ovo, pak, rekoše kušajući Ga da bi Ga imali za šta okriviti. A Isus saže se dole i pisaše prstom po zemlji. A kad Ga jednako pitahu, ispravi se i reče im: 'Koji je među vama bez grijeha neka najprije baci kamen na nju.' Pa se opet saže dolje i pisaše po zemlji." (8:6-8)

U stvarnosti, Sadukeji i Fariseji su bili u kriznoj fazi, jer je mnogo ljudi počinjalo da prati Isusa. U poređenju sa njihovim učenjima, Isusova učenja su bila neuporedivo moćnija. Povrh svega toga, Isus ih je korio, te su oni kao vođe naroda, bili u neprijatnoj situaciji. Kako su se njihova neprijateljska osjećanja prema Isusu gomilala, oni su počeli da vrebaju svaku priliku da Isusa uhvate nespremnog. Nakon što su uhvatili ženu koja je učinila preljubu, oni su iskoristili ovaj događaj kao dobru priliku da testiraju Isusa.

Umjesto da se usredsrede na grijeh žene koja je počinila preljubu, oni su se fokusirali na to da pronađu bilo kakvu grešku u Isusovoj reakciji. Oni su mislili da donekle znaju kakva će Njegova reakcija biti. Oni su znali, da prema Njegovim uobičajenim učenjima, On će im reći da je ne kamenuju. Da je tada Isus rekao: „Volite, oprostite", šta bi se desilo? To bi onda značilo da On govori protivno Mojsijevom Zakonu, što bi njima dalo dobar razlog da Ga optuže. Ići protiv Zakona se smatralo smrtnim grijehom, zbog neprijateljske nastrojenosti prema Božjoj Riječi. Tako je ovo bila zlatna prilika da se nađu osnove za optužbu protiv Isusa, zasnovane na Zakonu.

Da je Isus odgovorio suprotno njihovim očekivanjima i rekao: „Kamenujte je," to bi im takođe pružilo priliku da Ga optuže prema Zakonu, jer to ne bi bilo u skladu sa Njegovim uobičajenim učenjima o ljubavi i praštanju. Sadukeji i Fariseji su upitali Isusa šta da rade, potpuno znajući da će situacija prouzrokovati neku vrstu dileme, i da Isus neće moći da kaže uradite ovo ili ono. I tako su mislili da su uhvatili Isusa u klopku.
Ovim ljudima koji su insistirali na odgovoru, Isus nije rekao ni riječi. Umjesto toga, On se povio nadole i počeo prstom da piše nešto po zemlji. Za trenutak, vladala je tišina. Nakon nekog vremena, On se uspravio i gledajući naokolo u publiku On je rekao: „Koji je među vama bez grijeha neka najprije baci kamen na nju." Onda se ponovo pognuo nadole i opet prstom pisao po zemlji. Šta mislite da se onda dogodilo?

Ljudi koji du dobili grižu savjesti

„A kad oni to čuše, i pokarani budući od svoje savjesti izlažahu jedan za drugim počevši od starješina do poslednjih; i osta Isus Sam i žena stojeći na sredi." (8:9)

Ljudi koji su se tu okupili, počeše da odlaze jedan po jedan. Sadukeji i Fariseji koji su se prije nekoliko trenutka osjećali trijmfalno, i ljudi koji su bili samo radoznali šta se tu dešava, svi tiho odoše, kao da su bili pomalo postiđeni. Šta je to Isus napisao na zemlji, što je kod svih izazvalo grižu savjesti? Ono što je On napisao, istaklo je njihove grijehe.

Isus je znao i najmanji grijeh koji su ljudi počinili. Kao da je mogao da vidi zajedničke grijehe koje su svi oni počinili, On je počeo da ih zapisuje na zemlji, jedan po jedan. Razlog zbog kog je On zapisivao grijehe, umjesto ga ih izgvori naglas, bio je taj, što je bila Božja volja da ih ne uključi u Bibliju.

Bog nam zapovjeda da ne mjerimo, sudimo; ili osuđujemo druge, da je Isus istakao grijehe svakog od njih i da su svi bili zapisani u Bibliji, šta je moglo da se dogodi? Da li bi ljudi iskoristili takav odgovor protiv Isusa kao dokaz i optužili Ga za osudu? Zbog toga Isus nije otkrio njihove grijehe, ali ih je zato napisao na zemlji, da ne bi ostao nijedan dokaz.

Ljudi koji su upirali prstom u ženine greške i pozivali se na kaznu za njen grijeh, odjednom su shvatili da su i oni sami grešnici koje bi takođe trebalo kamenovati. Posramljeni, ljudi su se tiho udaljili. Konačno, svi su otišli, osim Isusa i žene.

Isus daje ženi priliku za pokajanje

„A kad se Isus ispravi, reče joj: Ženo, gdje su oni što te tužahu? Nijedan te ne osudi?" A ona reče: „Nijedan, Gospode!" A Isus joj reče: „Ni Ja te ne osuđujem. Idi. I odsele više ne griješi." (8:10-11)

Kada su se ljudi koji su osuđivali i optuživali preljubnicu posramili i otišli, ostavljajući je samu, Isus je progovorio i prikladno joj rekao: „Ni Ja te ne osuđujem. Idi. I odsele više ne griješi." Ženi koja je drhtala od srama i straha, Isusove Riječi su vjerovatno bile kao tračak svjetlosti. Kada Isus ovde kaže da je ne osuđuje, to znači da joj On oprašta. Zašto joj je onda Isus oprostio i nije osudio u skladu sa Zakonom? To je zato što je Bog, Bog pravde i ljubavi.

Prema Zakonu, žena je morala umrijeti da bi platila kaznu za svoj grijeh, ali opraštajući joj, Isus joj je davao šansu da se pokaje i da se okrene na drugu stranu. Božja namjera da pošalje Njegovog jedinog jedinorodnog Sina, Isusa, na ovaj svijet, nije bila da osudi griješnike i da ih usmrti, već da im da šansu da se pokaju i da prime vječni život (Jevanđelje po Jovanu 3:17, 12:47).

Opraštajući ženi njene grijehe, u isto vrijeme, Isus je istakao važnost istinskog pokajanja, kada jedan napušta život ispunjen zlom i zamenjuje ga dobrotom. Ako nastavimo da griješimo, znajući da je to grijeh, a kasnije se pokajemo i opet ponovimo postupak, onda to nije istinsko pokajanje. Kakav god grijeh da smo počinili, veoma je važno da se okrenenmo na drugu stranu i da živimo u skladu sa Božjom Riječju što je prije moguće.

Isusova poruka Jevrejima

Visoki svještenici i Fariseji su se pitali kako da Isusu nađu manu; zato su Ga često pitali pitanja koja bi Ga mogla natjerati da se oklizne i upadne u njihovu zamku. Pitajući šta da rade sa ženom uhvaćenom u preljubi, i da li je ispravno ili pogriješno da Cezaru plaćaju porez, dobri su primjeri za to. Oni su takođe zajedno kovali zavjeru kako bi mogli da uhvate Isusa (Jevanđelje po Mateju 22:15).

Ali svaki put, Isus ne samo da je davao neočekivane i vrlo mudre odgovore i izbegao njihove zamke, On ih je svaki put prosvećivao istinom. U kakvoj god situaciji da je On bio, kao Božji Sin, koji je Svjetlost, Isus je ispunjavao Zakon ljubavlju i djelao je jedino u skladu sa Božjom voljom.

Ja sam vidjelo svijetu

„Isus im, pak, opet reče: 'Ja sam vidjelo svijetu; ko ide za Mnom neće hoditi po tami, nego će imati vidjelo života.' Tada Mu rekoše Fariseji: 'Ti sam za sebe svjedočiš; svjedočanstvo Tvoje nije istinito.'" (8:12-13)

Svjetlost ima moć da otjera mrak. Gdje je svjetlost, tu nema mjesta za tamu. Svjetlost kontroliše, osvaja i preovladava tamom. U 1. Jovanovoj Poslanici 1:5 je zapisano: *„Bog je Svjetlost."* Zbog toga, Isus koji je jedno sa Bogom, je takođe Svjetlost. Razlog zbog kog je Isus Sebe nazvao „vidjelom svijeta," bio je taj, jer je svijet u središtu tame. Samo Isus ima moć da odbaci tamu, i On Sam je Svjetlost. Zašto je onda svijet u središtu tame? U 1. Jovanovoj Poslanici 2:15-16 kaže se: *„Ne ljubite svijet ni što je na svijetu. Ako ko ljubi svijet, nema ljubavi Očeve u njemu. Jer sve što je na svijetu, tjelesna želja, i želja očiju, i ponos života, nije od Oca, nego je od ovog svijeta."*

„Tjelesna želja" označava griješnu prirodu koja je u suprotnosti sa Božjom voljom i izaziva čovjeka na grijeh. Na primjer, lenjost, preljuba, razvrat, mržnja, ljubomora, zavist, pohlepa, ogovaranje itd., sve su to želje srca koje tjeraju čovjeka da zgriješi. Ako se ne otarasimo tjelesne želje, ona je jednog dana može uznemiriti i izazvati osobu da počini grijeh u djelima. Na primjer, ako je neko pohlepan i vidi neki objekat koji zaista želi, on može krenuti nekim putem da to dobije, čak i ako to znači da se zaduži ili da ukrade.

„Želja očiju" je atribut jedne od griješnih priroda, koja izaziva čovjeka da želi nešto, nakon što je srce podstaknuto nečime što je vidio očima ili čuo ušima. Mi povremeno čujemo na vjestima o nekome ko je počinio zločin nakon što je gledao nasilan film. Nakon što je vidio film, želja da se imitira akcija u filmu, ili „želja očiju" ga je uznemirila, izazivajući počinjenje zločina.

„Ponos života" je griješna priroda koja izaziva čovjeka da želi da se razmeće samim sobom, dok traži sva zadovoljstva svijeta. Najčešće ljudi žele da se razmeću svojim porodičnim imenom, obrazovanjem ili sposobnostima. Ali ovakve vrste želja potiču od vladara tame svijeta, neprijatelja đavola. Zbog toga će ljudi koji prate tjelesne želje i traže zadovoljstva ovog svijeta, jednog dana primiti Božji sud i susresti se sa vječnom smrću.

Sa druge strane, svjetlost je suprotnost tami. To je život u istini i predstavlja Božju Riječ. Kao što svjetlost osvjetljava tamu, iako smo nekad živjeli u središtu neisitne, kada nas Božja Riječ prosvetli o grijehu, pravednosti i osudi, mi možemo ići putem istine, života i pravdenosti. Zbog toga je Isus rekao: „Ko ide za Mnom neće hoditi po tami, nego će imati vidjelo života." On ovime misli, da će ljudi koji napuste tamu i žive na Svjetlosti u skladu sa Božjom Riječi, u skladu sa Isusovim učenjima, moći da prime vječni život.

Svjetlost takođe označava miris Hrista. Što više neko napušta tamu i živi više u Svjetlosti utoliko će više moći da vodi druge ljude ka Svjetlosti i istini (Jevanđelje po Mateju 5:14-15). Kao što leptiri osjećaju miris cvijeća i okupljaju se oko njih, ljudi koji vole i traže istinu, okupljaće se oko Svjetlosti.

Kada je Isus rekao da je On vidjelo svijeta, Fariseji su Ga osudili, govoreći da Njegovo svjedočenje nije istinito, jer je On svjedočio o Samom Sebi. U to vrijeme, u Izraelu je svjedočenje očevica igralo vrlo važnu ulogu tokom pravnih postupaka. Ako bi svjedok bio uhvaćen da lažno svjedoči, taj svjedok bi morao da dobije kaznu umjesto okrivljenog. Eto koliko su istina i odgovornost bile zahtevane od svjedoka. Svjedok je morao da ima objektivan stav između optuženog i tužioca, tako da je u većini slučajeva, sud priznavao samo svjedočenja treće strane. To je rađeno da bi se izvukla samo poštena i vjerodostojna svjedočenja bez ikakve pristrasnosti.

Iz ovog razloga su Fariseji osudili Isusovo svjedočenje. Ipak, na početku Isusovog javnog služenja, nije bilo mnogo ljudi koji su poznavali Isusa. Naravno, Jovan Krstitelj je pripremio put za Gospoda, ali ne zadugo, Jovanu je kralj Herod odrubio glavu. Takođe, ovo se desilo prije dolaska Svetog Duha, te nije postojao niko vođen Svetim Duhom da raširi glasine o Isusu. Zbog toga je Isus pokazao da je On Sin Božji, šireći jevanđelje o Nebesima.

Ja ne sudim nikome

„Isus odgovori i reče im: 'Ako Ja svjedočim Sam za Sebe istinito je svjedočanstvo Moje, jer znam otkuda dođoh i kuda idem; a vi ne znate otkuda dolazim i kuda idem. Vi sudite po tijelu, Ja ne sudim nikome. I ako sudim Ja, sud je Moj prav; jer nisam Sam, nego Ja i Otac koji Me posla."' (8:14-16)

Većina ljudi rijetko čini ono što govori da če učiniti. Tako, kada neko kaže: „Ja sam ovakva vrsta osobe", drugi mu ne vjeruju, jer pretpostavljaju da je ta osoba slična njima. Da bi testirali vjerodostojnost druge osobe, ljudi gledaju njegova ili njena postignuća, ili tragove njihovih postupaka iz prošlosti.

Ali Isus je uvijek govorio istinu. Nikada nije dodavao ili oduzimao od onoga što je On zaista vidio. On je rekao ljudima da je On došao od Boga i pokazao im put spasenja. On nije koristio samo Njegove Riječi, već je izvodio i znakove i čuda koje ljudski nije bilo moguće izvesti i dokazao je vjerodostojnost Njegovih Riječi. Gdje god je išao, pokazali su se dokazi Njegove istinoljubivosti. Kada je opraštao griješnicima, njihove bolesti ili slabosti bile su izliječene, a životi svih koji su ga sreli, zauvijek su se promjenili. Takođe, Isus je znao odakle je On došao i kuda je On išao. On je znao početak i kraj, porijeklo, tok i zaključak svega.

A Fariseji? Oni nisu znali odakle je Isus došao, niti zašto je On došao. Povrh toga, oni su pokušali da razumiju Njegove duhovne poruke njihovom ovozemaljskom logikom i znanjem, tako da jednostavno nisu mogli da razumiju. Zbog toga su oni sami postali sudije i počeli da sude i osuđuju Isusa.

Isus im je rekao tačno u čemu je bio njihov problem. On im je rekao, da su oni sudili na osnovu tjelesnog. Suditi na osnovu tjelesnog znači, suditi o nečijem karakteru ili vrijednosti na osnovu spoljašnjeg izgleda ili uslova. To znači, doći do zaključka o nečijem karakteru na osnovu njegovog fizičkog izgleda, stvari koje neko posjeduje, ili na osnovu onoga što ljudi o njemu govore.

Zbog toga što su jednostavno vidjeli spoljašne akcije žene uhvaćene u preljubi, Fariseji su došli do zaključka, da bi je u skladu sa Zakonom trebalo kamenovati. Oni nisu bili zabrinuti o teškoćama koje je ta žena možda imala, ili u kakvim je okolnostima ili situaciji ona možda bila. Oni su smatrali da su zakoni vrijedniji od ljudi, a osuđivati je pravednije i vrijednije od opraštanja i ljubavi. Isto tako, ljudi tjelesnog sve vide zasnovano na njihovoj logici i mišljenju, te zato oni donose pogrešne procjene i čine zlo.

Suprotno tome, Isusovo rasuđivanje bilo je istinito. On je Riječ koja je postala tijelo. On je istina sam po sebi. Zbog toga bi On mogao biti, djelati ili govoriti ništa drugo do isitnu. Isusovo rasuđivanje je bilo istinsko jer kao što je On rekao: „Jer nisam Sam, nego Ja i Otac koji Me posla." Bog je bio sa Njim. Isus je ovo rekao jer, iako je imao moć da sudi, konačni sudija svega je Bog i samo Bog.

Isus je došao na ovaj svijet, ne da bi bio njegov sudija, već da preuzme sve grijehe čovječanstva na Sebe i da primi kaznu smrti u ime čovječanstva. Zbog toga što je On morao da nosi krst da bi primio sva proklestva, koja je trebalo da prime griješnici, On nije rekao: „Ja sam jedno sa Bogom, zato je moje rasuđivanje pravedno." Da je On rekao: „Ja sam Bog, zato je moje rasuđivanje ispravno," šta bi se dogodilo? Isus je znao kako bi Jevreji reagovali; zato, da bi spriječio njihovo nerazumijevanje ili padanje u iskušenje, On je govorio mudro.

Kad biste znali Mene, znali biste i Oca Mog

„'A i u zakonu vašem stoji napisano da je svjedočanstvo dvojice ljudi istinito. Ja sam koji svjedočim Sam za Sebe, i svjedoči za Mene Otac koji Me posla.' Tada Mu govorahu: 'Gdje je otac tvoj?' Isus odgovori: 'Ni Mene znate ni Oca Mog; kad biste znali Mene, znali biste i Oca Mog.' Ove riječi reče Isus kod hazne Božje kad učaše u crkvi; i niko Ga ne uhvati, jer još ne bješe došao čas Njegov." (8:17-20)

Da bi se sprovelo pravedno suđenje u skladu sa zakonom, potrebno je dva ili više svjedoka (Knjiga Ponovljenog Zakona 17:6, 19:15). Zbog toga je Isus sa znacima i čudima, Sam svjedočio da je On Božji Sin; i pošto je Bog bio Njegov drugi svjedok, On je izjavio da je u skladu sa Zakonom, Njegovo svjedočenje validno.

Kako je Bog bio Isusov svjedok? Ako pogledate Jevanđelje po Mateju, poglavlje 3, tu postoji scena u kojoj Isus izlazi iz vode, nakon što je kršten. U to vrijeme, glas sa nebesa je rekao: *„Ovo je Sin Moj ljubazni koji je po Mojoj volji"* (stih 17). I tokom Isusovog javnog služenja, Bog je manifestovao mnoga čuda, koja je samo On mogao da učini, da bi dokazao da je Isus Njegov Sin i da je sve što je On rekao bila istina.

Ali ne razumijući Isusove Riječi, Fariseji su pitali: „Gdje je otac tvoj?" Kada je Isus odgovorio: „Otac koji Me posla," Fariseji su pomislili da On govori o Njegovom fizičkom ocu. Oni nisu poznavali duhovno značenje Isusovih riječi, i nisu mogli da razumiju zašto je Isus nazivao Boga Njegovim „Ocem."

U to vrijeme, visoki svještenik i Fariseji su htjeli da uhapse Isusa, čak i u najmanjoj prilici koja bi im se pružila. Ali, iako je Isus podučavao ljude i pojavljivao se na javnim mjestima kao hram, još uvijek se niko nije usuđivao da Ga uhapsi. Ovo je zato, što još uvijek nije bilo vrijeme da On podnosi patnje na krstu. Zbog toga što su sve stvari pod Božjim autoritetom, dok Bog ne dozvoli, niko ne može uhapsiti Isusa.

Proročanstvo o Isusovoj smrti na krstu, Njegovo vaskrsenje i Uzdizanje

„A Isus im opet reče: 'Ja idem, i tražićete Me; i pomrijećete u svom grijehu; kud Ja idem vi ne možete doći.' Tada rekoše Jevreji: Da se neće Sam ubiti, što govori: 'Kud ja idem vi ne možete doći?'" (8:21-22)

Nakon što je svjedočio da je On Sin Božji, Isus je onda rekao nešto sa većom duhovnom dubinom. On im je rekao o Njegovoj smrti na krstu, o Njegovom vaskrsnuću i Njegovom uzdizanju. „Ja idem, i tražićete Me; i pomrijećete u svom grijehu."

„Vi" se ovde odnosi na Jevreje koji su bili protiv Njega. Oni su iskreno tražili Mesiju, ali iako je Mesija stajao pred njima, oni Ga nisu ni prepoznali! Radije su Ga ismijavali, iako je On bio Mesija, misleći da je On sin siromašnog stolara i prijatelj slabih i grješnika.

Zbog toga je Isus rekao: „Ja idem, i tražićete Me; i pomrijećete u svom grijehu," On je bio vrlo tužan zbog njih

(Jevreja), jer su oni išli putem smrti. Kada je Isus rekao da će oni umrijeti zbog njihovih grijehova On im je davao na znanje, da oni ne samo da su bili duhovne neznalice; već su i njihova srca bila ispunjena zavišću i zlom, i zbog toga što su se odrekli Hrista, oni će umrijeti u središtu bola i očaja.

Isus je takođe rekao: „Kud Ja idem vi ne možete doći," govoreći im o Njegovom uzdizanju nakon smrti na krstu. Ipak, Jevreji ovo nisu razumijeli i mislili su da će Isus sam Sebi oduzeti život. Njima je, činjenica da će se Isus, koji je izgledao kao sin siromašnog stolara, uzdići na nebo, bila van dometa njihove mašte. Na isti način, osoba tjelesnog će nizati pojedinačne spekulacije jednu za drugom.

Ja sam početak kako vam i kažem

„I reče im: 'Vi ste od nižih, Ja sam od viših; vi ste od ovog svijeta, Ja nisam od ovog svijeta. Tako vam kazah da ćete pomrijeti u grijesima svojim; jer ako ne uzvjerujete da sam Ja, pomrijećete u grijesima svojim.' Tada Mu govorahu: 'Ko si ti?' I reče im Isus: 'Početak, kako vam i kažem.'" (8:23-25)

Kada je Isus ovde upotrebio riječ „od nižih," On je mislio na zemlju, i „Vi ste od nižih," znači da su oni (Jevreji), rođeni na ovom svijetu od tjelesnih roditelja; i oni su naučili stvari tjelesnog, koje su sadržane kao znanje. Zato oni nisu mogli da razumiju, niti da povjeruju u stvari koje je Isus rekao u vezi sa četvrtom dimenzijom, ili duhovnim svijetom. Za razliku od njih, Isus je rođen od viših. Pošto je On bio začet od Svetog Duha kroz Božju moć, od vremena Njegovog rođenja sve je rađeno u Duhu. U Jevanđelju po Jovanu 7:15, Jevreji su pitali: „*Kako ovaj zna knjige, a nije se učio?*" Umjesto učenja čovjeka, Isus je činio samo u istini i Božjoj Riječi, što pokazuje da On nije od ovog svijeta.

Kada je Isus rekao: „Jer ako ne uzvjerujete da sam Ja, pomrijećete u grijesima svojim," Jevreji su pitali: „Ko si ti?" Na ovo, Isus je zauzvrat rekao: „Početak, kako vam i kažem." Isus je pokušao da ih podsjeti na ono što im je On sve vrijeme govorio — da je On Mesija o kome su u Starom Zavjetu prorokovali, Jedan koga su Jevreji sve ovo vrijeme čekali.

Pogledajmo sada kako se u Starom Zavjetu propovjeda o Mesiji i ispitajmo kako je Novi Zavjet bio ispunjenje onoga što je o Njemu propovjedano.

Ako pogledate u Postanak 3:15, ono kaže: „*I još mećem neprijateljstvo između tebe i žene i između sjemena tvog i sjemena njenog; ono će ti na glavu stajati a ti ćeš ga u petu ujedati.*" Ovo je Bog rekao zmiji koja je iskušavala Evu da pojede voće znanja o doborti i zlu. Ovde, zmija predstavlja neprijatelja đavola i Sotonu, a žena predstavlja Izrael. Ovo je proročanstvo koje govori da će se Mesija roditi u Izraelu i da će pobjediti neprijatelja đavola. Tačno to se i dogodilo (Poslanica Galaćanima 4:4-5). Isus Hrist, od roda žene, rođen je u narodu Izraela. On je razbio moć nad smrću, što je bilo pod vlašću neprijatelja đavola i Sotone, i vaskrsnuo iz mrtvih i na taj način On je konačno ispunio Božji plan spasenja.

Takođe, kao što je zapisano u Isaiji 7:14: „*Zato će vam sam Gospod dati znak: Eto djevojka će zatrudnijeti i rodiće*

Sina, i nadenuće Mu ime Emanuilo," Isus je rođen od djevice Marije. Povrh svega, kao što je zapisano u Jeremiji 31:15, kralj Herod prolije krv mnoge djece u vrijeme Isusovog Rođenja (Jevanđelje po Mateju 2:16). Činjenica da je Isus mogao da izvodi mnoge znakove da bi pokazao Božju moć, je zapisana u Isaiji 35:5-6, čak i činjenica da će Juda Iskariotski prodati Isusa za trideset srebrnjaka, propovjedana je u Zahariji 11:12. I Isusovo vaskrsnuće i uzdizanje su takođe propovjedani u drugim djelovima Biblije (Psalmi 16:10, 68:18).

Prema tome, istorija potvrđuje da su se sva proročanstva o Isusu dogodila upravo onako kao su ona govorila da će se dogoditi. Čitajući samo nekoliko stihova iz Biblije, daje nam se na znanje i vjerovanje da je Isus Spasitelj koji je došao da spasi čovječanstvo. Kao Mesija, Isus je znao čak i ono što je bilo u najdubljim djelovima srca Jevreja. Zbog toga je On mogao da im sudi istinom. Ipak, On ih nije osuđivao zlim osjećanjima. Umjesto toga, On je činio sve što je mogao da ih povede ka istini.

Onaj koji Me posla sa Mnom je

„Mnogo imam za vas govoriti i suditi; ali Onaj koji Me posla istinit je, i ja ono govorim svijetu što čuh od Njega." Ne razumiješe, dakle, da im govoraše za Oca. A Isus im reče: „Kad podignete Sina čovječijeg, onda ćete doznati da Sam Ja, i da ništa Sam od sebe ne činim; nego kako Me nauči Otac Moj onako govorim. I Onaj koji Me posla sa Mnom je; ne ostavi Otac Mene samog; jer Ja svagda činim šta je Njemu ugodno. Kad ovo govoraše, mnogi Ga vjerovaše." (8:26-30)

„Onaj koji Me posla," odnosi se na Boga i „ono što čuh od Njega," odnosi se na istinu. Ipak, Jevreji nisu shvatali da je osoba o kojoj je Isus govorio Bog Otac. Da bi podjelio istinu najbolje što je On mogao i da bi spasio makar još jednu dušu, postojala su vremena kada je Isus propovjedao o jevanđelju o Nebesima, bez da je uopšte jeo i spavao. On je uvijek činio ono što je Bogu bilo bogougodno; i zbog toga Ga Bog nikad nije napustio.

Ono što je Bogu bilo bogougodno u Isusu, bilo je to što je On sebe potpuno povinovao i potpuno se predao Božjoj volji u svemu što je činio. Ovo je takođe razlog zbog kog je mnogo ljudi vjerovalo i pratilo Isusa, sa izuzetkom Fariseja i Sadukeja koji su imali zla srca.

Sloboda u istini

Istina se, prema svijetu menjala, a mijenjala se u skladu sa promjenom vremena i okolnosti. Nekada su ljudi smatrali da je geocentrična teorija tačna. Ali sa napretkom nauke, heliocentrična teorija je postala istina. Postoji i istina koja se ne mijenja. A ta istina je Božja Riječ. Znati ovu istinu ne znači samo učiti i poznavati Božju Riječ; već takođe znači razumijeti Božju volju, odbaciti zlo i činiti u istini.

Iskrena sloboda: Spoznaja istine će vam dati slobodu

„Tada Isus govoraše onim Jevrejima koji Mu vjerovaše: 'Ako vi ostanete na Mojoj besjedi, zaista ćete biti učenici Moji; i poznaćete istinu, i istina će vas izbaviti.'" (8:31-32)

Jevreji su mislili da dokle god se povinuju Zakonu, biće priznati kao Božji ljudi i primiće spasenje. Ali oni nisu odbacili zlo iz srca. Zato im je Isus rekao: „Ako vi ostanete na Mojoj besjedi, zaista ćete biti učenici Moji," dajući im do znanja šta je istinsko spasenje. Spasenje je jedino moguće ako neko vjeruje u Isusa Hrista. Kada vjerujemo u Isusa Hrista, oprostiće nam se naši grijesi, a kada delamo u skladu sa istinom, postajemo istinski učenici Gospoda i možemo otići na Nebesa.

„Ako vi ostanete na Mojoj besjedi" označava ljubav, molitvu, odbacivanje zavisti, ljubomore, mržnje itd., u skladu sa Riječju; i znači povinovati se zapovjestima. Samo kada se povinujemo Isusu, tražeći istinu i djelajući u svjetlosti, možemo postati istinski učenik Isusov i reći da zaista „znamo istinu." Postavljajući Božju Riječ na njihove dovratnike i kapije i vezivajući Njegovu Riječ za njihove zglobove, da bi meditirali i povinovali im se i danju i noću, Jevreji su se hvalili da znaju istinu. Oni su se povinovali Zakonu, ali nisu zaista razumijeli Božju volju.

Fizički se povinovati Božjim Zakonima bez istinskog razumijevanja Božje dobre i savršene volje sadržane u tim Zakonima je, kao da se odbaci žito a jede ljuska. Na primjer, zbog toga što Jevreji nisu poznavali Božju volju da se čovjeku da dan Sabata, oni su osudili Isusa zbog činjenja dobrog djela na dan Sabata. Oni se nisu povinovali Zakonima sa radošću. Oni su se povinovali zakonima zbog osjećaja dužnosti, ili zbog straha da će biti kažnjeni ako im se ne povinuju. Njihovi načini života su bili vezani za stare običaje i tradiciju koji su im prenošeni od predaka. Koliko li je Isus bio tužan, znajući sve ovo! Zbog toga im je rekao: „I poznaćete istinu, i istina će vas izbaviti."

U toku svakodnevnog života, niko ne pamti svaki kriterijum svakog zakona i ne provjerava svaki put da li je u saglasnosti sa Zakonom svaki njegov korak koji učini. Ljudi obično žive prirodno povinujući se zakonu. Dokle god nas Zakon ne ograničava i mi živimo slobodno. Isto je isa našim duhovnim životima. Kada u našim srcima postoji neistina, ona ograničava našu slobodu i mi nastavljamo da živimo kao robovi grijeha. Koliko god imali zla u našim srcima, toliko se protivimo Božjoj Riječi, te se moramo preispitivati šta je u nama samima. Koliko bi bilo teško pitati se da li je nešto grijeh ili nije, prije svakog koraka? Ipak, ako odbacimo neistinu iz naših srca i ispunimo ga istinom, onda iako ne dovodimo u pitanje svaki Zakon i detalj, mi nismo osuđeni.

Kao što neko, ko se ističe povinovanjem Zakonima, nikad nije ograničen Zakonima, kada se mi povinujemo Božjoj Riječi, istina nas oslobađa. Ako ne mrzimo, ako ne zavidimo, ako nismo ljubomorni ili u neskladu, ako ne posrnemo u kakvim god okolnostima i ako smo u miru sa svima, onda u našim životima postoji istinski mir i mi možemo biti radosni. Ovo znači steći slobodu, spoznajući istinu.

Svaki koji čini grijeh rob je grijehu

„Odgovoriše i rekoše Mu: 'Mi smo seme Avraamovo, i nikome nismo robovali nikad; kako Ti govoriš da ćemo se izbaviti?' Isus im odgovori: 'Zaista, zaista vam kažem da je svaki koji čini grijeh rob grijehu. A rob ne ostaje u kući vavijek, Sin ostaje vavijek. Ako vas, dakle, Sin izbavi, zaista ćete biti izbavljeni.'" (8:33-36)

Isus je govorio, da je živjeti u radosti i sreći kada se živi u istini, „sloboda" u duhovnom smislu. Ali Jevreji su ovo bukvalno shvatili i mislili su da On govori o tome da neko postane nečiji rob i da se onda oslobodi. Zbog toga su oni ishitreno rekli, da oni kao Avraamovi potomci, nikome nisu robovali.

Na ovo, Isus je odgovorio: „Svaki koji čini grijeh rob je grijehu" i On im je stavio na znanje da su oni griješnici. Ali zašto mi postajemo robovi grijehu? Postoji duhovni poredak koji kaže: „*sluge ste onog koga slušate*" (Poslanica Rimljanima 6:16). Ako se povinujemo neprijatelju đavolu i Sotoni, koji je nadzornik grijeha, i počinimo grijeh, onda mi postajemo robovi đavola i Sotone i robovi grijeha.

Robovi se moraju potčiniti svom gospodaru. Čak i ako su kupljeni i prodati kao životinje, oni se ne mogu oduprijeti. I usljed optužbi neprijatelja đavola i Sotone, robovi grijesima doživljavaju mnogo problema i bolest se uvlači u njihove živote. Onda konačno, zbog toga što su nagrade za grijeh smrt, oni završavaju u Paklu, gdje vatra nikad ne umire.

Sa druge strane, sin gospodara uživa u svim dobrim stvarima sa svojim ocem i kasnije dobija svoje nasljedstvo. Kada se oslobodimo robovanju grijeha i postanemo Božje dijete, ne samo da dobijamo da nastavimo slobodan život u ljubavi prema Bogu i Ocu, koji želi da nam da sve dobre stvari, već takođe dobijamo i Nebesa kao naše nasleđe.

Do ovog trenutka, Isus nije direktno otkrio ko je On bio. Isus je znao da, ako bi ljudima rekao da je On došao na ovaj svijet kao Božji Sin, postojao bi neko, ko bi ili pao u iskušenje ili Ga optužio; a On nije imao razloga da podstakne ovakvu vrstu miješanja. U ovom djelu teksta, On otvoreno govori svima da je On taj koji daje slobodu i da je On Božji Sin. Zašto je On ovo uradio? On je ovo uradio zbog toga, što među onima koji su Ga slušali u to vrijeme, mnogi su postali vjernici.

Da bi spasio čitavo čovječanstvo od grijeha, Isus je umro na krstu i poražavajući moć smrti, On je vaskrsnuo. Kao što je zapisano u Poslanici Rimljanima 8:1-2, zbog toga što nas je Isus oslobodio Zakona grijeha i smrti, dokle god smo u Isusu Hristu, mi više ne stojimo optuženi, već imamo istinsku slobodu.

Kad biste vi bili djeca Avraamova

„Znam da ste sjeme Avraamovo; ali gledate da Me ubijete, jer Moja besjeda ne može u vas da stane. Ja govorim šta vidjeh od Oca Svog; i vi tako činite šta vidjeste od oca svog. Odgovoriše i rekoše Mu: 'Otac je naš Avraam.' Isus im reče: 'Kad biste vi bili djeca Avraamova, činili biste djela Avraamova. A sad gledate Mene da ubijete, čovjeka koji vam istinu kazah koju čuh od Boga; tako Avraam nije činio.'" (8:37-40)

U to vrijeme, Jevreji su bili veoma ponosni što su potomci Avramovi. Oni takođe nisu mnogo voljeli Isusa. Da je tada Isus rekao: „Vi nemate osobine Avramovih potomaka," oni bi postali još nezadovoljniji. Zato je Isus priznao njihov stav govoreći: „Znam da ste sjeme Avramovo," a onda je On nastavio da ih podučava. Govorivši: „A sad gledate Mene da ubijete, čovjeka koji vam istinu kazah koju čuh od Boga," Isus je pokušao da im pomogne da se sami odvrate od pogriješnog puta.

Umjesto da je bio direktan, Isus je koristio indirektan pristup da istakne njihova zlodjela; i dok je to činio, On im je stavio na znanje da su sve Njegove Riječi došle od Boga (Jevanđelje po Jovanu 5:19-20, 12:49). Onda im je On rekao da su oni činili stvari koje su došle od neprijatelja đavola i Sotone. Ipak, oni su odgovorili: „Otac je naš Avram."

Jevreji su se po spoljašnjosti ponašali sveto i čisto, da bi izgledali čestito pred ljudima, ali duboko u njihovim srcima, oni su bili ispunjeni hvalisavošću, bezakonjem, pohlepom i razvratom. Avram je pokazao potpunu pokornost Božjoj Riječi i pratio je Božje vođstvo—do tačke dok je nazvan prijateljem Boga. On je davao do trenutka kada je svom nećaku, Lotu, dao bolju zemlju, dozvolivši mu da prvi izabere. A kada su Sodoma i Gomora bile na ivici uništenja, On je tražio od Boga milost; založivši se za ljude koji su tamo živjeli. On je bio čovjek istinske vjere, koji je čak bio voljan da žrtvuje i svog sina Isaka, koga je izrodio kada je imao sto godina, kada ga je Bog tražio.

Ako su Jevreji bili toliko ponosni na takvog pretka, oni su trebali da pokušaju da prate njegova djela. Oni su nazivali Avrama svojim „ocem," a ipak su pokušavali da ubiju Isusa, koji im je govorio istinu koju je čuo od Boga Oca. Isus je pokušavao da pokaže Jevrejima ovu kontradiktornu sliku o njima.

Kad bi Bog bio vaš Otac

„Vi činite djela oca svog." Tada Mu rekoše: „Mi nismo rođeni od kurvarstva: jednog Oca imamo. Boga." A Isus im reče: „Kad bi Bog bio vaš Otac, ljubili biste Mene; jer Ja od Boga iziđoh i dođoh; jer ne dođoh Sam od Sebe, nego Me On posla." (8:41-42)

Ovdje, riječ „otac" doslovno znači roditelj, ali duhovno, ona znači đavo. Gospodar posrnulog čovjeka je neprijatelj đavo. 1. Jovanova Poslanica 3:8 govori: „*Koji tvori grijeh od đavola je, jer đavo griješi od početka. Zato se javi Sin Božji da raskopa djela đavolja.*" „Djela đavolja" se odnosi na sve različite veličine i oblike zla koji nastaju kao rezultat grijeha. Ljudi od Boga se raduju kada vide da je nešto ispravno i oni sa radošću prate ono što je ispravno. Ipak, Jevreji su pokušavali da ubiju Isusa i zbog toga je Isus rekao da su činili djela đavolja.

Jevreji su se branili govoreći: „Mi nismo rođeni od kurvarstva: jednog Oca imamo. Boga." Jevreji su pod „kurvarstvom" podrazumijevali klanjanje drugim bogovima i bogosluženje lažnim idolima. Ako pogledamo Stari Zavjet, gdje god postoji upozorenje na bogosluženje lažnim idolima, koriste se riječi „kurvarstvo" ili „prostitucija" (Sudije 2:17; Jezekilj 23:30). Zbog toga što su Jevreji bili uvjereni da su živjeli u strogoj privrženosti Zakonima, za razliku od ovih predaka koji su se protivili Bogu, oni su odvažno nazivali Boga njihovim „Ocem."

Onda ih je Isus naučio šta bi trebalo da čine da bi mogli

istinski da nazivaju Boga svojim „Ocem." Isus je rekao: „Kad bi Bog bio vaš Otac, ljubili biste Mene. Zašto je Isus to rekao? Zato što je Bog poslao Isusa. Ljudi koji istinski vole Boga ne povinuju se zakonima iz formalnosti, već se povinuju sa istinskom željom da se povinuju Bogu iz centara njihovih srca. Zbog toga što imaju dobrotu u njihovim srcima, ljudi kao što su ovi, prepoznali su Isusa koji je došao kao Hrist (Jevanđelje po Luki 2:25-38). Jevreji su se povinovali zakonima, ali zbog toga što su to činili iz formalnosti i nisu odbacili nikakvo zlo iz njihovih srca, iako je Isus bio pred njihovim očima, oni Ga nisu prepoznali.

Zašto ne razumijete?

„Zašto ne razumijete govor Moj? Jer ne možete riječi Moje da slušate. Vaš je otac đavo; i slasti oca svog hoćete da činite. On je krvnik ljudski od početka, i ne stoji na istini; jer nema istine u njemu. Kad govori laž, svoje govori: jer je laža i otac laži." (8:43-44)

Jevreji su tako postavili svoje teorije i mišljenja da nisu ni htjeli da slušaju Isusove Riječi. Iako su potvrdili da Božja moć djeluje kroz Isusa, oni je nisu priznali, iako im je Isus rekao da je On Hrist, oni Mu nisu vjerovali. Ako im nije išlo u korist, oni nisu htjeli to da prihvate, iako je to bilo ispravno. Da su imali sebičnu želju za nečim što bi im koristilo, oni bi učinili sve što je u njihovoj moći da bi to dobili, zanemarujući ono što bi se desilo drugim ljudima. Isus ih je podučio da je ovo usljed sjebičnih želja koje su došle od đavola.

Riječi „krvnik ljudski od početka" i „lažov", jasno ukazuju na neprijatelja đavola i osobine Sotone. Neprijatelj đavo i Sotona namamili su zmiju da upotrebi lukave laži da zavede Evu da se ogluši o Božju Riječ. Sotona je udahnuo požudu za tjelesnim, požudu očiju i ponos ovog života u čovjeka. Sotona je takođe potpalio Kajinovu ljubomoru, koja je na kraju dovela do ubistva njegovog mlađeg brata. Od tada pa nadalje, Sotona je nastavio da iskušava ljude da postanu pokvareni grijehom. Jevreji su mislili za sebe da su oni imali snažnu vjeru u Boga, a Isusa su zanemarivali kao lažova jer je tvrdio da je Božji Sin. Zbog toga je Isus koristio riječi istine, da bi razotkrio njihova unutrašnja srca. On im je pomogao da vide činjenicu, da zato što su bili ispunjeni lažima i sebičnim željama, koje su ih izazivale da traže samo stvari koje bi njima koristile, da su oni od đavola.

Koji Me od vas kori za grijeh?

„A Meni ne vjerujete, jer ja istinu govorim. Koji Me od vas kori za grijeh? Ako li istinu govorim, zašto Mi vi ne vjerujete? Ko je od Boga riječi Božje sluša; zato vi ne slušate, jer niste od Boga." (8:45-47)

Osoba od istine prepoznaje iskrenost druge osobe i vjeruje joj. Razlog zašto Jevreji nisu vjerovali Isusu iako je On govorio istinu, je taj što oni sami nisu bili isitinoljubivi. Kad god su imali pirliku, da bi osudili Isusa, visoki svještenik, svještenici i Fariseji, testirali su Ga postavljajući Mu lukava pitanja. Ali svaki put, oni su padali u frustrirajuće situacije u kojima nisu mogli da pronađu dobar odgovor na Isusove riječi istine. Na ovo Isus im je odgovorio: „Ako li istinu govorim, zašto Mi vi ne vjerujete?"

Osoba od Boga vjeruje u Božju Riječ i djela u dobroti. 1. Jovanova Poslanica 4:7 govori: „*Jer je ljubav od Boga.*" Pored ljubavi, osobine kao što su dobrota, pravednost, isitna, vjera itd., su takođe od Boga. Bog je uvijek u svjetlu. On je takođe dobar i pravedan. Kada ljudi od Boga dođu pred Njega, oni se promjene. Ali ljubav, dobrota i pravednost se nisu mogle naći kod Jevreja. Činjenica da nisu vjerovali Isusu, koji je govorio istinu, dokazuje da oni nisu bili od Boga.

Jevreji pokušavaju da kamenuju Isusa

Jedna vrsta javnog pogubljenja, koju su Jevreji tada korisitili, bila je kamenovanje. Prema Zakonu, bilo je sedamnaest zločina za koje je kao kazna primjenjivano kamenovanje; neka od njih su bila skrnavljenje, povinovanje idolima, nepoštovanje Subote, vračanje, preljuba itd. Ne razumijući Isusove Riječi, Oni su smatrali da je On kriv za skrnavljenje. Tako da oni su mislili da su mogli da kamenuju Isusa u skladu sa zakonom.

U Meni đavola nema

„Tada odgovoriše Jevreji i rekoše Mu: 'Ne govorimo li mi pravo da si Ti Samarjanin, i da je đavo u Tebi.' Isus odgovori: 'U Meni đavola nema, nego poštujem Oca

Svog; a vi Mene sramotite. A Ja ne tražim slave Svoje; ima koji traži i sudi.'" (5:21-50)

Kada je Isus jasno izložio duhovno stanje Jevreja na otvoreno, oni su počeli da se uvijaju od unutrašnjeg besa. Zato su uzvratili zlim riječima protiv Isusa: „Ne govorimo li mi pravo da si Ti Samarjanin, i da je đavo u Tebi?"

Tokom tih dana u jevrejskom društvu, nazvati nekog „Samarjaninom," bilo je vrlo ponižavajuće. Tipično je, kada se ljudi međusobno svađaju i kada im emocije uzavreju, da se nazivaju imenima za koja u svom svakodnevnom životu inače misle da su loša ili negativna. Neki ljudi govore: „Ti si pas!", ili „Ti si podlac!" Sada kada su Jevreji Isusa nazvali „Samarjaninom", to je bio isti slučaj.

Povrh svega toga, oni su optužili Isusa da je „đavo u Njemu." Ovo pokazuje, da je zlo u njihovim srcima dostiglo svoj maksimum. Ali na njihove zle komentare, Isus je samo rekao: „U Meni đavola nema, nego poštujem Oca Svog; a vi Mene sramotite." On ih je učio, da sve što je On učinio, On je učinio sa srcem koje poštuje Oca, a ne sa srcem koje traži Njegovu sopstvenu slavu.

Kao što je bilo potrebno, bila su vremena kada je Isus pokazao da je On Božji Sin i bila su vremena kada je On oprostio grijehe. Vidjevši ovo, Jevreji su Ga zamjenili sa nekim ko je tražio Njegovu sopstvenu slavu. Zbog toga je On rekao: „A Ja ne tražim slave Svoje." A kada je rekao: „Ima koji traži i sudi," to znači da kada Isus traži Božju slavu, Bog takođe slavi Isusa.

Ko se Ti sam gradiš?

„Zaista, zaista vam kažem, ko održi riječ Moju neće vidjeti smrt dovijeka." Tada Mu rekoše Jevreji: „Sad vidjesmo da je đavo u Tebi. Avraam umre i proroci, a Ti govoriš: 'Ko održi riječ Moju neće okusiti smrt dovijeka.' Eda li si Ti veći od oca našeg Avraama, koji umre? I proroci pomriješe; ko se Ti sam gradiš?" (8:51-53)

Voditi se Isusovom Riječju utiče na to da li naši duhovi žive ili umiru. Ako vjerujemo u Isusa, koji je vaskrsnuće i život, i ako živimo u skaldu sa Njegovom Riječju, mi primamo vječni život i živimo vječno u Raju (Jevanđelje po Jovanu 11:25-26). Zbog toga je Isus rekao: „Zaista, zaista vam kažem, ko održi riječ Moju neće vidjeti smrt dovijeka."

Jevreji nisu imali pojma šta je ovo značilo. I ponovo su uporedili Isusa sa Avraamom i onda Ga optužili da je u Njemu đavo. Oni su rekli: „Ti kažeš: „Zaista, zaista vam kažem, ko održi riječ Moju neće vidjeti smrt dovijeka." E da li si Ti veći od oca našeg Avrama, koji umre?" I proroci pomriješe; ko se Ti sam gradiš?" Da, ovi Jevreji su bili potomci Avraama, ali Bog ih nije priznavao. Bog ne priznaje nekog na osnovu njegove krvne linije ili pukog povinovanja zakonima. On priznaje one ljude koji zapravo žive u pravednosti sa istinskom vjerom (Posalnica Rimljanima 4:13, 16).

Otac je Moj koji Me slavi

„Isus odgovori: 'Ako se Ja Sam slavim, slava je Moja

ništa; Otac je Moj koji Me slavi, za kog vi govorite da je vaš Bog;' I ne poznajete Ga, a ja Ga znam; i ako kažem da Ga ne znam biću laža kao vi, nego Ga znam, i riječ Njegovu držim." (8:54-55)

Oni koji se hvališu sobom ili se razmeću, teško zadobiju povjerenje onih oko njih. Ljudi često misle da oni ili preuveličavaju ili da lažu. Zbog toga je Isus takođe rekao: „Ako se Ja Sam slavim, slava je Moja ništa," i otkrio je da je Bog Onaj koji Njega slavi. Ali kada je ovo rekao, On nije Boga nazvao samo „Bog" već „Moj Otac," za kog vi govorite da je „vaš Bog."

Jevreji su tada bili veoma ljuti na Isusa i smatrali su Ga za nekog ko nije imao nikakve veze sa Bogom; i insistirali su na tome da Ga je zaposio đavo. Oni su osjetili krizu i bili su spremni da Mu direktno prijete.

Da se u ovoj situaciji Isus uplašio, ustuknuo i rekao: „Ja ne poznajem Boga," onda bi On postao lažov, kao i oni. Ali nije bilo šanse da Isus—koji je Sam Bog—nije poznavao Boga. I kao poslednja potvrda da je Njegova Riječ istina, On je rekao: „Nego Ga znam, i riječ Njegovu držim." Sada je Isus objašnjavao ono što je želio da kaže na jasan i svrsishodan način.

Jevreji pokušavaju da kamenuju Isusa

„'Avraam, otac vaš, bio je rad da vidi dan Moj; i vidje, i obradova se.' Tada Mu rekoše Jevreji: 'Još ti nema pedeset godina, i Avraama li Si vidjeo?' A Isus im reče: 'Zaista, zaista vam kažem, Ja sam prije nego se Avraam rodio.'

Tada uzeše kamenje da bace na Nj; a Isus se sakri, i izađe iz crkve prošavši između njih i otidje tako." (8:56-59)

Pošto su Jevreji govorili o Avramu, Isus je pokušao da se poveže sa njima govoreći o Avraamu takođe. U Postanku 22:18, Bog je napravio savez sa Avramom, govoreći: „*I blagosloviće se u sjemenu tvom svi narodi na zemlji, kad si poslušao glas moj.*" Ali nasljednik Avramov nije po krvnoj liniji ili po Zakonu, već po pravdenosti vjere (Posalnica Rimljanima 4:13). Tako, da bi ovo ispunio, Isus je morao da ispuni plan spasenja.

Avram, koji je sa Bogom vodio duboke razgovore, znao je da će dogovor koji je On primio od Njega, biti ispunjen mnogo kasnije nakon njegovog života, kroz Isusa Hrista. Naravno da se on radovao i žudeo za dolaskom Isusovim! Ipak, Jevrejima, koji nisu imali znanja o duhovnom svijetu, ovo je bilo nevjerovatno! Tako su oni pitali kako je moguće da je osoba, koja još nema pedeset godina, vidjela Avrama, koji je živio prije 2000 godina.

Na ovo, Isus je odgovorio: „Zaista, zaista vam kažem, Ja sam prije nego se Avram rodio." Ovo je istina. Iako se Isus rodio u tijelu dvije hiljade godina poslije Avrama, duhovno, On je postojao mnogo prije. Ovo je zato što je Isus bio sa Bogom od samog početka vremena. Tako im je Isus samo govorio istinu onakva kakva je, ali Jevreji više nisu mogli da zadrže svoj bijes i podigli su kamenje da ga bace na Isusa. Oni su postali srditi i pokušali su da Ga ubiju jer su pogriješno razumijeli Njegove duhovne Riječi. Ali zbog toga što Njegovo vrijeme još uvijek nije bilo došlo, Isus je otišao iz hrama da bi izbjegao ove ljude, pune zlobe.

Poglavlje 9

Isus iscjeljuje slijepog čovjeka

1. Idi umij se u banji siloamskoj
(9:1-12)

2. Slijepac koji je iscjeljen i Fariseji
(9:13-34)

3. Biti duhovno slijep
(9:35-41)

Idi umij se u banji siloamskoj

U Bibliji ima ljudi čiji se život preokrenuo za 180 stepeni nakon što su upoznali Isusa. Pored dvanaest učenika, tu je bila žena koja je patila od krvarenja dvanaest godina i slijepi prosjak Vartimej. Još jedan koji je bio promjenjen je čovjek koji je bio slijep od rođenja.

Uzrok bolesti

„I prolazeći vide čovjeka slijepog od rođenja. I zapitaše Ga učenici Njegovi govoreći: 'Ravi, ko sagriješi, ili ovaj ili roditelji njegovi, te se rodi slijep?'" (Jevanđelje po Jovanu 9:1-2)

Jednog dana, Isus je šetao i sreo je slijepog čovjeka. Ovaj je bio slijep od rođenja. Pošto je poticao iz siromašne porodice, on je iz dana u dan živio kao prosjak. Vidjevši ga, učenici su bili radoznali i pitali su Isusa: „Ravi, ko sagriješi, ili ovaj ili roditelji njegovi, te se rodi slijep?" Svaki put kad je Isus liječio bolesne, bogalje ili demonom zaposednute, On je spominjao nešto o grijehu. Kada je izliječio čovjeka u banji Vitsaidi, koji je bio bogalj 38 godina, On mu je rekao da ne griješi više. Kada je liječio paralizovane, On je govorio: *„Opraštaju ti se grijesi tvoji"* (Jevanđelje po Marku 2:5). Mi znamo iz 2. poglavlja Jevanđelja po Marku da je Isus prvo rješavao problem grijeha. Tako su kroz ove događaje, učenici naučili da su bolesti, slabosti i invalidnost dolazili kao rezultat grijeha.

„Bolest" jeprema Bibliji abnormalnost u tijelu koja razboljeva tijelo, najčešće uzrokovana otrovom ili nekom vrstom virusa. „Slabost" i „invalidnost" znači da tijelo ne može da obavlja normalne aktivnosti, zbog toga što je organ u tijelu paralizovan ili onesposobljen, usled greške koju je počinila osoba ili njen roditelj, ili je nezgoda. Ovakve vrste invalidnosti se kategorišu kao urođene ili stečene. U knjizi Ponovljenog Zakona u poglavlju 28, izneseno je nekoliko tipova kletvi koje mogu zadesiti neku osobu, ako se ona ne povinuje Božjoj Riječi, ako ne slijedi Njegove zapovjesti i odredbe. Ovo je zato što kad osoba zgriješi, neprijatelj đavo i Sotona podnose optužbe nad njim kao rezultat grijeha.

Stihovi koji slijede daju sveobuhvatnu definiciju grijeha prema Bibliji: *„a šta god nije po vjeri grijeh je"* (Poslanica Rimljanima 14:23); *„jer koji zna dobro činiti i ne čini, grijeh* *mu je"* (Jakovljeva Poslanica 4:17); i *„Jer dobro što hoću ne činim, nego zlo što neću ono činim. A kad činim ono što neću, već Ja to ne činim nego grijeh koji živi u Meni"* (Poslanica Rimljanima 7:19-20). A grijeh uključuje „djela mesa" (Poslanica Galaćanima 5:19-21) i „stvari mesa" (Poslanica Rimljanima 8:5-6).

Onda, da li je bolest uvek uzrokovna grijehom? Ne uvijek. Kao i pitanje učenika, ima mnogo razloga kada je bolest uzrokovna grijehom koji ide protiv Boga, ali takođe ima i izuzetaka.

Ima slučajeva kada se osoba razboli nakon što je pojela pokvarenu hranu, ili usljed preopterećenja tijela bez ostvarivanja opreza ili samokontrole. Bolesti takođe mogu nastati kao rezultat anksioznosti, psihičkog stresa ili zaposednutosti demonom usled pokoravanja Sotoni. Ima i rijetkih slučajeva kada sperma ili jajna ćelija sa defektom, postane oplođena.

Ali najveći broj bolesti ili urođenih invaliditeta nastaju zbog same osobe ili njenog roditelja, i/ili njenih predaka koji su počinili idiopoklonstvo i/ili mnoge druge grijehe. Ipak, slučaj ovog slijepog čovjeka je bio redak. Sljepilo čovjeka nije bilo prouzrokovano nekim grijehom, već zbog Božje slave koja će se otkriti kroz njega.

Zašto je bio slijep od rođenja?

„Isus odgovori: Ni on sagriješi ni roditelji njegovi, nego da se jave djela Božja na njemu." (9:3)

Na pitanje učenika Isus je odgovorio: „Nego da se jave djela Božja na njemu." Ako ovaj odgovor shvatimo bukvalno, to zvuči kao da je Bog namjerno učinio da ovaj čovjek bude slijep od rođenja. Ipak to nije slučaj. Da li bi Bog, tako pun ljubavi da je žrtvovao Njegovog jedinog jedinorodnog Sina da bi spasio griješnike, namjerno nekog oslijepeo od rođenja? Nema šanse! Onda, šta je Isus ovde mislio?

U Jevanđelju po Luki u poglavlju 4, postoji scena u kojoj je Isusu predata Knjiga Isaije, koju je On otvorio i pročitao proročanstvo Proroka Isaije. Ovo proročanstvo posredno govori o Isusovoj misiji dolaska na zemlju i kakav će posao On ovdje obavljati. I kao što je Isaijino proročanstvo govorilo, Isus je oživljavao mrtve, liječio bolesne, otvarao oči slijepima i vraćao moć govora nemima.

Kada je On započeo Njegovu javnu službu, Isus je čitao Sveto Pismo: *„Duh je Gospodnji na Meni; zato Me pomaza da javim jevanđelje siromasima. Posla Me da iscijelim skrušene u srcu; da propovjedim zarobljenima da će se otpustiti, i slijepima da će progledati; da otpustim sužnje, da propovjedam prijatnu godinu Gospodnju"* (Jevanđelje po Luki 4:18-19).

Slijepi čovjek je bio odabran da prikaže Božju slavu. Ali on nije bio odabran bez razloga. Ovaj čovjek je došao na ovaj svijet kao rezultat defektne sperme i jajne ćelije koja je bila oplođena. Ovo se nije dogodilo zbog grijeha. Ali zbog ovog hendikepa, on je proveo mnogo dana u nemiru, kojom je zaslužio Božju milost. Njegovo priznanje i djela nakon što je bio izliječen, pokazuju nam zašto je on bio izabran (Jevanđelje po Jovanu 9:17, 27).

„Meni valja raditi djela Onog koji Me posla dok je dan; doći će noć kad niko ne može raditi. Dok Sam na svijetu vidjelo Sam svijetu." (9:4-5)

Biblija ima mnogo ilustracija u kojima koristi noć i dan. 1. Solunjanima Poslanica 5:5 kaže: *„Jer ste vi svi sinovi vidjela i sinovi dana. Nismo noći niti tame."* Poslanica Rimljanima 13:13 kaže: *„Da hodimo pošteno kao po danu: ne u žderanju i pijanstvu, ne u kurvarstvu i nečistoti, ne u svađanju i zavisti."* Tako u skladu sa Biblijom, dan simbolizuje sve što je dio istine, a noć simbolizuje tamu isve što je neistinito.

U retrospektivi, dan simbolizuje normalno vrijeme za rad. U današnje doba sa napretkom industrije i tehnologije, ipak ima mnogo ljudi koji rade noćne smjene. Ali u Isusovo vrijeme, većina ljudi je radila tokom dana. Tako „dan" označava vrijeme kada se radi, ili vrijeme kada se obavlja Božji posao. A „djela onog koji Me posla," odnosi se na duhovni posao davanja slave Bogu i vođenje mnogih ljudi da vjeruju u Boga.

Tako je Isus izliječio slijepog čovjeka, dajući slavu Bogu ipomogavši mnogim ljudima da vjeruju u Boga. Kao što se naš posao završava kada sunce zalazi i sumrak pokriva zemlju, Isus nas je naučio da će kraj vremena doći kad mi više ne možemo obavljati duhovni posao za Boga. Ovdje, poslednji dani se odnose na Isusov drugi dolazak.

Dok Sam na svijetu vidjelo Sam svijetu. Isus je rekao: „Dok Sam na svijetu vidjelo Sam svijetu." On je ovo rekao zato što je On došao na ovaj svijet da osvjetli tamu (Jevanđelje po Luki 2:32; Jevanđelje po Jovanu 1:4). Kao što svjetlost otjera tamu, ljudi koji su prepoznali Isusa shvatili su da su oni sami bili griješnici i promjenili se. Isus je širio Jevanđelje Nebesa ili Riječi istine i izvodio znakove i čuda (Jevanđelje po Mateju 4:23-24). Bolesnima On je postao Svjetlost izliječenja, onima koji su patili, On je postao Svjetlost mira, a cijelom svijetu, On je postao Svjetlost istine, osvjetljavajući put do Nebesa.

Isus je od pljuvačke napravio glinu i naneo je na oči čovjeka

„Rekavši ovo pljunu na zemlju i načini kal od pljuvačke, i pomaza kalom oči slijepome, i reče: 'Idi umij se u banji siloamskoj' (koje znači poslan). Otide, dakle, i umi se, i dođe gledajući." (9:6-7)

Nakon što je Njegove učenike učio istini, On je počeo da liječi slijepog čovjeka. On je pljunuo na zemlju i napravio glinu od pljuvačke i stavio je na oči čovjeka. Postoje neki ljudi koji pogrešno misle da je Isus koristio ovozemaljski način da izliječi ovog čovjeka. Oni misle da je glina bila nekakav ljekoviti materijal. Ipak, Isus je čak oživio mrtvog čovjeka samo jednom Njegovom zapovješću. Zašto bi On morao da koristi pomoć u liječenju? A da ne spominjem da glina nema ništa u sebi što bi moglo da izliječi nečiji vid! Jedini razlog zbog kog je Isus koristio Njegovu pljuvačku, bio ja da napravi glinu.

A kada je liječio čovjeka iz Vitsaide, Isus je zaista pljunuo direktno u čovjekove oči (Jevanđelje po Marku 8:22-26). Ovo ima duhovno značenje. Ljudi misle da je pljuvačka prljava. Kada ih neko pljune, oni to smatraju za veliku uvredu. Razlog zbog kog je Isus ovako pljunuo, bio je da bi čovjek shvatio da je njegova slabost došla zbog nečistih grijehova i prokletstava.

Onda, zašto je Isus napravio glinu od pljuvačke za čovjeka koji je bio slijep od rođenja i stavio je na njegove oči? Ovo je bilo u skladu sa njegovom vjerom. Neki ljudi mogu biti ohrabreni samo riječima da imaju snažniju vjeru, ali nekima se mora dati neki vidljivi dokaz da bi imali snažniju vjeru.

Zbog toga što ovaj slijepi čovjek nikada nije mogao da vidi bilo kakave znakove koje je Isus izvodio, njemu je bilo teško da vjeruje. Znajući ovo, Isus je želio da ga ohrabri na način koji bi mu pomogao da ima više potpune vjere i da bi mu pomogao da se povinuje. Iako on nije mogao da vidi, ako bi osjetio nešto na svojim očima, on bi pomislio: „Oh, možda će mi ovo konačno pomoći da progledam," i imao bi snažniju vjeru.

Slučaj slijepog čovjeka Vartimeja iz Jerihona je bio malo drugačiji (Jevanđelje po Marku 10:46-52). On je bio izliječen samo Isusovim Riječima. Ovo je bilo zato što su njegovo srce i njegova vjera bili kao nijedno drugo. Iako su ga ljudi oko njega korili i govorili mu da bude miran, on je iskreno i još glasnije uzviknuo: „*Isuse, Davidov Sine, smiluj mi se!*" (stih 47). Odbacujući sa strane svoj ogrtač, koji je bio sve što je imao, on je stavio svoju vjeru u djelo i izašao pred Isusa. Kao rezultat, iako Isus nije stavio glinu na njegove oči, njegove oči su se otvorile istog trenutka kada je Isus rekao: „*Idi; tvoja vjera te je ozdravila*" (stih 52).

U poređenju sa Vartimejom, ovaj slijepi čovjek imao je malo vjere. Zbog toga je Isus stavio glinu na njegove oči da bi u njemu posadio veću vjeru i onda je rekao: „Idi umij se u banji siloamskoj." Kada je ovaj poslušao i otišao u banju Siloamsku i umio se, dogodila se nevjerovatna stvar! Sve se razbristrilo pred njegovim očimai on je mogao da vidi svjetlost i divan svijet oko njega! To je za njega bio zanosan trenutak i on je osjetio kao da je ponovo rođen. On je živio život u tami bez ikakve nade. Ali kad je sreo Isusa, cio njegov život se preokrenuo!

Da je on oklijevao da ode u banju Siloamsku, ili da je smatrao da je to gnjavaža i da se umio negdje drugdje, on vjerovatno ne bi bio izliječen. Eto koliko je važno povinovati se i sprovesti svoju poslušnost u djelo (Jevanđelje po Jakovu 2:22). Ako voda duhovno simbolizuje Riječ Božju, onda „čin umivanja" simbolizuje vjeru. Zbog toga što je on prihvatio vjeru i umio se Riječju, on je otvorio oči i mogao je da progleda.

Priznanje slijepog čovjeka

„A susjedi i koji ga behu vidjeli prije da bješe slijep govorahu: 'Nije li ovo onaj što seđaše i prošaše?' Jedni govorahu: 'On je'; a drugi: 'Nalik je na nj.' A on govoraše: 'Ja sam.' Tada mu govorahu: 'Kako ti se otvoriše oči?' On odgovori i reče: Čovjek koji se zove Isus načini kal, i pomaza oči moje, i reče mi: 'Idi u banju siloamsku i umij se; a kad otidoh i umih se, progledah.' Tada mu rekoše: 'Gdje je On?' Reče: 'Ne znam.'" (9:8-12)

Kada je slijepi čovjek bio izliječen nakon što je sreo Isusa, ljudi oko njega su počeli da govore u začuđenosti. Koliko je

: : Banja Siloamska, čija je voda sakupljana sa izvora Geona

veličanstveno bilo da je čovjek, koji je čitavog svog života živio u tami prosjačeći da bi zaradio za život, povratio svoj vidi nadu u život? Ipak, svi oko njega su pokazivali različite reakcije.

Ljudi koji su govorili: „Ne, on nije onaj koji je bio slijep," bili su oni sa zatvorenim umovima. U skladu sa njihovim okvirom uma, nije bilo moguće da slijep čovjek progleda. Suprotno tome, oni ljudi koji su govorili: „On je," bili su oni sa dobrim srcima, koji su priznali da je on bio izliječen. Mi možemo napraviti razliku u tome koliko dobrote osoba ima u svom srcu, samo na osnovu nekoliko riječi koje ona izgovori. Osoba koja je bila slijepa postala je zbunjena zbog različitih reakcija koje je primila od ljudi. A ljudima koji nisu vjerovali on je rekao: „Ja sam," i ponosno se identifikovao.

Čak idanas, kada se Božja moć pokaže, ima ljudi koji pokazuju nesigurnost i pokušavaju da se uvjere da je to istina. Očima punim sumnje, oni pokušavaju da pronađu nekakvu obmanu. Jedan po jedan, ljudi su počeli da se okupljaju pitajući: „Kako ti se otvoriše oči?"
Oni nisu pitali samo da bi saznali na koji način je on bio izliječen. Oni su pokušavali da pronađu nešto pogriješno u toj situaciji, jer su u njihovim umovima oni mislili: „Nije moguće da slijepac progleda!" Tako se prirodno, čovjek koji je bio izliječen, osjećao kao da je nešto zgriješio i počeo je da se osjeća uplašeno. Normalno, kada se nađu u ovakvoj situaciji, ljudi lažu ili govore ovo ili ono da bi izbjegli sukob ili nekakvo negativno iskustvo. Ipak, ovaj čovjek je imao istinsko srce, te je on iskreno objasnio tačno kako je postao izliječen. On je rekao: „Čovjek koji se zove Isus načini kao, i pomaza oči moje, i reče mi: „Idi u banju siloamsku i umij se;" a kad otidoh i umih se, progledah."
Ali reakcije ljudi nisu bile tako pozitivne. Umjesto da se raduju sa njim, oni su pitali gdje je Isus. A dan kada je Isus izliječio slijepog čovjeka, bio je dan Sabata (Jevanđelje po Jovanu 9:14). Jevreji su smatrali da je progledavanje slijepog čovjeka bio rad i oni su smatrali da je Isus prekršio Sabat. Tek tada je čovjek shvatio šta se dešava i misleći da će Isus upasti u nevolju zbog njega, on je brzo rekao ljudima da on ne zna gdje je On.

Slijepac koji je iscjeljen i Fariseji

Fariseji su izuzetno cijenili Mojsijev Zakon; toliko da su mogli da zapamte svaku riječ. Ipak, oni su samo formalno obitavali u Zakonu, a zbog toga što je Isus izliječio bolesnoga na dan Sabata, oni su Ga tretirali kao griješnika. U skladu sa njihovim standardom, da, Isus je prekršio Sabat, ali Isus je činio samo dobra djela, djela koja su vraćala duše u život. I to je bilo zbog toga što je Isus zaista razumio Božje srce, koji nam je i dao Zakon.

Rasprava Fariseja

„Tada ga povedoše k Farisejima, onog što bješe nekad slijep. A bješe subota kad načini Isus kao i otvori mu oči. Tada ga opet pitahu i Fariseji kako progleda. A on im reče: 'Kao metnu mi na oči, i umih se i vidim.' Tada govorahu neki od Fariseja: 'Nije ovaj čovjek od Boga jer ne svetkuje subote.' Drugi govorahu: 'Kako može čovijek grješan takva čudesa činiti?' I posta raspra među njima." (9:13-16)

Ljudi koji su osjećali neprijateljstvo prema Isusu odveli su izliječenog čovjeka Farisejima. Oni su imali dokaz da je Isus prekršio Sabat, ali oni sami nisu mogli da Ga unakrsno ispitaju ili da Ga optuže za ovaj prekršaj. Bio im je potreban neko sa sa većim autoritetom i moći. Kada su Fariseji ponovo upitali čovjeka kako je progledao, on je ponovo objasnio cio proces kako je izliječen. Kada ljude pogode ovakva pitanja po drugi put, oni se ustresu i onda ili mijenjaju iskaz ili daju odgovor sa manje detalja. Ipak, on nije iskrivio istinu. Tako su na kraju, suprotna mišljenja: „Nije ovaj čovjek od Boga jer ne svetkuje subote," uzrokovala veliku raspravu među Farisejima.

Razlog zbog kog su oni osudili Isusa bio je taj što je u skladu sa formalnošću i procedurama zapisanim u Zakonu, On prekršio Sabat. Kada Fariseji govore o Zakonu, oni govore o prvih pet Knjiga Mojsijevih tradiciji starijih, koja je prenošena usmjeno sa generacije na generaciju. Zbog toga ih je Isus ukorio da su „licemjeri" i „grobovi okrečeni u bijelo" (Jevanđelje po Mateju 23:37). Ali sa druge strane, bilo je i ljudi koji su istakli prigovor na argumente svih ostalih.

„Kako može čovjek griješan takva čudesa činiti?" pitali su oni. Među Farisejima je bilo nekoliko ljudi sa dobrotom u njihovim srcima koji su se raspravljali i upitali kako griješnik može da izvodi znake. Da, Isus je prekršio Sabat prema njihovim standardima, ali oni su morali da priznaju da je On učinio nešto što je ljudski nemoguće učiniti.

Jevreji ispituju rodetelje čovjeka koji je bio iscjeljen

„Rekoše, dakle, opet slijepcu: 'Šta kažeš ti za Njega što ti otvori oči tvoje?' A on reče: 'Prorok je.' Tada Jevreji ne vjerovaše za njega da bješe slijep i progleda, dok ne dozvaše roditelje onog što je progledao, i zapitaše ih govoreći: 'Je li ovo vaš sin za koga vi govorite da se rodi slijep? Kako, dakle, sad vidi?'" (9:17-19)

Dok se nastavljala rasprava sa ljudima koji su rezonovali i raspravljali o tome šta je tačno a šta pogriješno, neko je dobacio pitanje čovjeku koji je bio izliječen rekavši: „Šta kažeš ti za Njega što ti otvori oči tvoje?"

Sve oči su bile uprte u njega. Zavisno od njegovog odgovora, bijes Fariseja je mogao još više da poraste ili da splasne. On je odgovorio bez oklevanja. „Prorok je."

On je vjerovao da ako ovaj čovjek nije od Boga, On ne bi mogao da mu izliječi oči. U stvarnosti, Isus nije došao na ovaj svijet kao prorok, već kao Mesija ili Hrist, ali on, koji još uvijek nije mogao da zna ovu istinu, želio je da Isusa nazove nekim imenom kojim bi mu učinio najvišu čast i poštovanje.

Ali zbog ovog odgovora, negativna osjećanja koja su Fariseji imali prema Isusu postala su dublja. Iako su jasno čuli odgovor izliječenog čovjeka, Jevreji ga nisu prihvatili. Na kraju su pozvali roditelje čovjeka i počeli da ih ispituju govoreći: „Je li ovo vaš sin za koga vi govorite da se rodi slijep? Kako, dakle, sad vidi?" Njegovi roditelji, koji su iznenada bili pozvani pred Fariseje, nisu znali šta da rade. Oni su se plašili da bi moglo nešto loše da im se desi i postali su vrlo nervozni.

„On je veliki, pitajte Njega."

„A roditelji njegovi odgovoriše im i rekoše: 'Znamo da je ovo sin naš i da se rodi slijep, a kako sad vidi ne znamo; ili ko mu otvori oči mi ne znamo. On je veliki, pitajte Njega, neka Sam kaže za Sebe.' Ovo rekoše roditelji njegovi, jer se bojahu Jevreja; jer se Jevreji behu dogovorili da bude isključen iz zbornice ko Ga prizna za Hrista. Zato rekoše roditelji njegovi: 'On je veliki, pitajte njega.'" (9:20-23)

Roditelji potvrđuju da je njihov sin rođen slijep. Ipak, zbog toga što su se plašili Jevreja, oni nisu mogli iskreno da odgovore, te su izbjegli odgovor prebacivši odgovornost na svog sina: „A kako sad vidi ne znamo; ili ko mu otvori oči mi ne znamo. On je veliki, pitajte njega, neka sam kaže za sebe."

Postoji razlog zbog kog su roditelji pokušali da izbegnu odgovor na ovo pitanje. Jevreji su odlučili da će svako ko prizna da je Isus bio Hrist, biti isključen iz sinagoge. „Isključiti nekog iz sinagoge" znači presjeći veze te osobe sa sinagogom i izbaciti njega ili nju zbog počinjenja grijeha.

U zavisnosti od ozbiljnosti grijeha, postoje tri vrste kazne koju osoba može da dobije.

Prva je kada je osoba ozbiljno ukorena od strane osobe od vjerskog autoriteta, a zatim lišena svih vjerskih prava u trajanju od 7-30 dana.

Druga je kada su osobi zabranjena socijalna okupljanja najmanje 30 dana. Ako ova vrsta kazne nema učinka, onda se primjenjuje treća vrsta kazne.

Treća vrsta je kada je osoba neograničeno lišena svih vjerskih privilegija. Kada osoba dobije ovu vrstu kazne, do kraja života biće izolovan i korenjen od ljudi; a mogu biti ugroženi i njegov dom, posao, čak i njegov život.

Tako, „biti isključen iz sinagoge" znači izgubiti sve. Tako je kod roditelja čovjeka koji je bio iscjeljen zavladao strah od mogućnosti da prime ovakvu vrstu kazne. Pritisnuti strašnim riječima Jevreja, oni su ostavili zadatak da odgovori na to pitanje, svom sinu.

Kao roditelji sina koji je bio slijep od rođenja, šta mislite kako su se oni osjećali? Vjerovatno su proveli mnogo dana u tuzi i žaljenju zbog svog sina. A sada kada je progledao, oni bi trebalo da budu zahvalni Isusu do kraja njihovih života! Ali čim su shvatili da bi njihovi životi mogli biti u opasnosti, oni su izbjegli istinu na kukavički način. Iako je njihov sin bio u situaciji u kojoj bi mogli da ga povrede, oni su prebacili odgovornost na njega. Ovako izgleda tjelesna ljubav; koja najprije traži korist za samog sebe.

„Već ako i vi hoćete učenici njegovi da budete?"

„Tada, po drugi put dozvaše čovjeka koji je bio slijep i rekoše mu: 'Daj Bogu slavu; mi znamo da je čovjek ovaj griješan.' A on odgovori i reče: 'Je li griješan ne znam; samo znam da ja bejah slijep, a sad vidim.' Tada mu opet rekoše: 'Šta ti učini? Kako otvori oči tvoje?' Odgovori im: 'Ja vam već kazah, i ne slušaste; šta ćete opet slušati? Već ako i vi hoćete učenici njegovi da budete?'" (9:24-27)

Kada im roditelji iscjeljenog čovjeka nisu dali odgovor, Fariseji su ponovo pozvali ovog čovjeka i rekli mu da da slavu Bogu. Pošto su oni ljudi koji se povinuju Bogu iz generacije u generaciju, naravno da će oni dati slavu Bogu u svakoj prilici. Onda, zašto su Fariseji rekli čovjeku da „da slavu Bogu" na tako javan način? Kod njih se u stvari nije radilo o Bogu. Oni su bili zabrinuti da ako ovaj čovjek nastavi da slavi Isusa, koga su oni mrzeli, još ljudi će početi da Ga prati.

Fariseji su rekli čovjeku da jednostavno da slavu Bogu, jer su oni mislili da je Isus griješnik. Ipak, ovo je suprotno razumu. Kako bi griješnik mogao da otvori oči slijepom čovjeku i da pri tom slavi Boga? Kako god gledate na to, ovo je jednostavno bilo pogrešno. Iz perspektive iscjeljenog čovjeka, ovi ljudi su mu govorili da je čovjek koji ga je iscjelio i podario mu nov život, bio griješnik, onda, koliko li je ova cijela situacija bila zagušujuća! Tako je čovjek pokušao da im indirektno kaže da je Isus bio čovjek od Boga: „Je li griješan ne znam; samo znam da ja bijah slijep, a sad vidim."

Umjesto da se suprotstavi ljudima koji su Isusa nazivali griješnikom govoreći: „Ne, On nije," čovjek je istakao istinu, koja je poslužila kao jasniji i učinkovitiji argument. Ovaj čovjek se nije zašitio od proganjanja ili pretnji. On je imao istinsko srce, te on nije zaboravio milost koju je primio. Zbog toga, iako on nije tražio od Isusa da mu učini da progleda, Isus je došao k njemu i iscjelio ga.

Kada Fariseji nisu dobili odgovor kakav su htjeli, umjesto da se okanu svojih zlokobnih motiva, oni su nastavili, da bi pronašli neki način da optuže Isusa da je bio grješnik. Zato su nastavili da ispituju čovjeka: „Šta ti učini? Kako otvori oči tvoje?"

Ova pitanja nisu bila pitanja koja su tražila istinu. Ova pitanja su dolazila od Farisejevih zlih namjera. Pošto oni nisu vjerovali ni u kakvo djelo povezano sa Isusom, oni su željeli da pronađu neki razlog da se suoče sa Isusom. Ali čovjek koji je bio iscjeljen od svog slijepila nije izbjegavao, niti se zamorio od odgovaranja na ova dvosmislena pitanja: „Ja vam već kazah, i ne slušaste; šta ćete opet slušati? Već ako i vi hoćete učenici njegovi da budete?"

Čovjek se pitao: „Rekao sam im sve. To bi trebalo da je dovoljno da im pomogne da razumiju. Pitam se zašto me ponovo ispituju?" On nije mogao da shvati njihove namjere, te je on mislio da možda i oni žele da postanu Isusovi učenici. Zbog toga što je imao dobro srce, on je njihova podmukla pitanja shvatio na pozitivan način.

Fariseji grde slijepog čovjeka koji je iscjeljen

„A oni ga ukoriše, i rekoše mu: 'Ti si učenik Njegov, a mi smo učenici Mojsijevi. Mi znamo da s Mojsijem govori Bog; a ovog ne znamo otkuda je.' A čovjek odgovori i reče im: 'To i jeste za čudo što vi ne znate otkud je, a On otvori oči moje.'" (9:28-30)

Ljubazne riječi iscjeljenog čovjeka na kraju podstakoše još veću ljutnju među Farisejima. Oni su podigli svoj glas govoreći: „Ti si učenik Njegov, a mi smo učenici Mojsijevi. Mi znamo da s Mojsijem govori Bog; a ovog ne znamo otkuda je."

Na površini, Fariseji su podučavali Mojsijev zakon, tako da su mogli da se raspravljaju da su oni bili Mojsijevi učenici. Ipak, oni se nisu povinovali Zakonu u njihovim srcima. Da su bili istinski učenici Mojsija, onda bi oni mogli da prepoznaju Isusa i slavili bi Boga. Tvrdeći da su imali vezu sa Mojsijem, koji je primio Zakon direktno od Boga, oni su pokušali da tvrde da su njihove riječi bile pravedne. Ovo je slično kao da se neko hvali zbog nekog svog poznatog pretka i obmanjuje druge o sebi samom.

Čovjek koji je jednom bio slijep, nije bio mnogo učen i nije posjedovao ništa; ali je znao da ono što su govorili Fariseji, nije imalo mnogo smisla. Ono što ga je još više zbunilo, bilo je to što su ovi ljudi bili učeni neuporedivo više nego on i bili su u poziciji da podučavaju sve njihove ljude, a ipak, oni nisu prepoznali Isusa. On jednostavno nije mogao da razumije, govoreći: „To i jeste za čudo što vi ne znate otkud je, a On otvori oči moje."

Iako on nije bio mnogo učen i niko ga nije podučavao, zato što je bio dobar čovjek od istine, on je znao šta je istina. Iako nije bio stručnjak za Zakone ili tradiciju starijih, on je mogao duhovno da osjeti kakav je čovjek bio Isus i shvatio je ko je On bio. Iako je on samo iskusio Boga, a nije znao mnogo o Njegovom djelu, razlog zbog kog je stekao duhovno prosvetljenje tako brzo je zbog toga što je njegovo srce bilo tako čisto.

Čak i danas, slično kao Fariseji, mi smo možda stekli mnogo znanja o našoj vjeri i duhovnosti i mi možda izgledamo sveto od spolja, ali ima slučajeva kada ono što vrlo dobro znamo može postati naše ograničenje, ili nas zarobiti. Čak i u istoj hrišćanskoj zajednici, zbog toga što doktrine i vjeroispovest postanu ograničenja, ljudi se raspravljaju: „Ovo je ispravno, ili ovo je pogriješno," te se stvaraju podjele, a ima i slučajeva kada ljudi osuđuju jedni druge. Na primjer, Biblija kaže: „Uzvikujte u molitvi." Ali ako se ljudi određene crkve mole naglas ili uzvikuju u molitvi, ljudi govore: „Ova crkva je čudna." A kada se iscjeljenje dogodi u crkvi, neki ljudi kažu: „Ova crkva podržava misticizam." U osnovi, ovi ljudi sude Božjem djelu zasnovano na pravilima i propisima koje je stvorio čovjek.

Čvrsto srce slijepog čovjeka koji je iscjeljen

„'A znamo da Bog ne sluša griješnika; nego ako ko poštuje Boga i volju Njegovu tvori, onog sluša. Otkako je svijeta nije čuveno da ko otvori oči rođenom slijepcu.

Kad On ne bi bio od Boga ne bi mogao ništa činiti.'
Odgovoriše i rekoše mu: 'Ti si se rodio sav u grijesima,
pa zar ti nas da učiš?' I istjeraše ga napolje." (9:31-34)

Zamislite scenu u kojoj je slijepi čovjek koji je bio iscjeljen, okružen ljudima punim zla i ispitivan. Čovjek mora da se tresao od straha. Svaka riječ koju su mu uputili bila je mučna i vjerovatno zvučala skoro kao prijetnja. Svi ljudi koji su stajali pred njim poticali su iz elitnih porodica, bili su poštovani u društvu; ljudi sa reputacijom i ugledom. Sa druge strane, on je bio prosti prosjak koji je prosio na ulicama za život. Ali on se nije uplašio pod njihovim pritiskom i strašnim prisustvom. On je govorio istinu do gorkog kraja. Kakvo postojano srce je on imao!

Čovjek je takođe priznao, da od početka vremena, ovo je bio prvi put da su oči čovjeka koji je rođen slijep, progledale. Ovdje, činjenica da je Isus otvorio oči slijepom čovjeku, ima ogroman duhovni značaj. To znači da Isus ne samo da ima moć da prosto izvede znak, već da On takođe ima moć da otvori i duhovne oči.

Duhovno, čitavo čovječanstvo je rođeno slijepo. Ali sa vjerom u Isusa Hrista, naše duhovne oči su otvorene i možemo vidjeti duhovni svijet i Nebesa. Činjenica da su oči čovjeka koji je rođen slijep otvorene od strane Isusa, je predskazanje ovog duhovnog značaja.

Baš kao što je rekao čovjek koji je iscijeljen, kako može čovjek koji nije od Boga da otvori oči slijepom čovjeku? Samo Bog koji ima veću moć od čovjeka, može da učini tako nešto. Bez obzira na razvoj nauke i tehnologije, ovo je nešto što čovjek jednostavno ne može učiniti. Ovo je jedna od onih stvari za koju samo Bog ima moć da je učini. Zato je iscijeljeni čovjek svjedočio da je Isus došao od Boga. Ipak, Fariseji ga na kraju ipak nisu slušali.

Biti duhovno slijep

Glasine o tome da je slijepi čovjek progledao i da je slijepi čovjek isteran od strane Fariseja, brzo su se širile. Kako bi dao čovjeku još veće blagoslove od onih koje je već primio kada je bio iscjeljen, Isus se susreo sa čovjekom još jedanput. A razlog zbog kog se Isus najprije sreo sa njim jednom, a zatim i drugi put—ne samo jednom—je očigledno zbog djelanja čovjeka do sada.

„Vjeruješ li ti Sina Božjeg?"

„Isus ču da ga istjeraše napolje, i našavši ga reče mu: 'Vjeruješ li ti Sina Božjeg?' On odgovori i reče: 'Ko je, Gospode, da Ga vjerujem?' A Isus mu reče: 'I vidio si

Ga, i koji govori s tobom Ga je.' A on reče: 'Vjerujem Gospode.' I pokloni Mu se." (9:35-38)

Isus se sreo sa slijepim čovjekom koji je bio iscjeljen i pitao ga: „Vjeruješ li ti Sina Božjeg?" Šta je On mislio ovim je: „Da li ti vjeruješ u Božjeg Sina, Mesiju, koji ti je oprostio tvoje grijehe i spasio te?" Čovjek nije znao da je onaj koji mu je otvorio oči bio Mesija, koga su njegovi ljudi toliko dugo čekali. On je jednostavno mislio da je On bio neko od Boga: „Ko je, Gospode, da Ga vjerujem?"

U odgovoru on je rekao da je želio da vjeruje u Božjeg Sina koji mu je oprostio grijehe i koji će ga povesti ka spasenju. On je priznao da iako Ga on nije poznavao do sada, on želi da vjeruje. Znajući srce čovjeka, Isus je otkrio da je On Mesija koji je otvorio njegove oči kada je On rekao: „I vidio si Ga, i koji govori s tobom Ga je." Čovjek koji je bio slijep odgovorio je: „vjerujem Gospode."

Isus nije mnogo rekao, ali čovjek je razumio. On se poklonio i povinovao Isusu i priznao je svoju vjeru. Bogosluženje je čin koji pokazuje najveće poštovanje i zahvalnost. Čovjek je vjerovao da je Isus bio Mesija, ne samo svojim usnama, već i svojim srcem.

Fariseji, koji su bili duhovno slijepi

„I reče Isus: 'Ja dođoh na sud na ovaj svijet, da vide koji ne vide, i koji vide da postanu.' I čuše ovo neki od Fariseja koji behu s Njim, i rekoše Mu: 'Eda li smo mi slijepi?' Reče im Isus: 'Kada biste bili slijepi ne biste imali grijeha, a sad govorite da vidite, tako vaš grijeh ostaje.'" (9:39-41)

Isus je rekao Nikodimu, koji je Njemu došao po noći: „*Jer Bog ne posla Sina svog na svijet da sudi svijetu, nego da se svijet spase kroza Nj*" (Jevanđelje po Jovanu 3:17). Ali u ovom odlomku, Isus je rekao: „Ja dođoh na sud na ovaj svijet." Ovo može izgledati kao da Isus protivreči samom Sebi, ali to nije slučaj. On im govori tačno ono što „sud" znači, prema Bogu. Isusov konačni cilj za dolazak na ovaj svijet je da nas spasi, a ne da nam sudi i da nas pošalje u Pakao. Ipak, oni ljudi koji ne vjeruju, konačno moraju doći pred sud, jer je cijena za grijeh smrt (Poslanica Rimljanima 6:23).

Na šta je Isus mislio kada je rekao: „Ja dođoh na sud na ovaj svijet, da vide koji ne vide, i koji vide da postanu?" Kada uporedimo slijepog čovjeka sa Farisejima, možemo razumijeti šta ovo znači. Iako je neko fizički slijep, ako njegovo srce traži Boga i ako je dobra osoba, on će prepoznati Mesiju i primiti spasenje i vječni život. Ipak, kao i Fariseji, neko može imati dva oka koja fizički dobro vide, ali ako su njegove duhovne oči zaslijepljene zlom u njegovom srcu, on ne može primiti spasenje. Fariseji koji su bili sa Isusom, pitali su Ga: „Eda li smo mi slijepi?"

Oni su se suprotstavljali Isusu jer je On rekao: „Kada biste bili slijepi ne biste imali grijeha." Oni nisu ovo upitali zato što to zaista nisu znali. Pošto su oni mogli da vide, oni su željeli da istaknu da oni nisu slijepi. Fariseji jednostavno nisu razumijeli Isusove Riječi. Vidjevši njihovu reakciju, Isusu je srce bilo slomljeno. „Kada biste bili slijepi ne biste imali grijeha, a sad govorite da vidite, tako vaš grijeh ostaje."

Ako je neko slijep, mi možemo da pretpostavimo da on ne zna zato što ne može da vidi. Ali Fariseji nisu bili slijepi. Oni su proveli toliko mnogo vremena proučavajući i podučavajući Zakone, a ipak nisu razumijeli. Zato je Isus rekao: „Tako vaš grijeh ostaje."

Poglavlje 10

„Ja sam pastir dobri"

1. Parabola dobrog pastira
(10:1-21)

2. „Ja i Otac jedno smo"
(10:22-42)

Parabola dobrog pastira

Planinska zemlja Izrael ima mnogo strmih padina i kamenja, tako da onaj koji odgaja ovce u tom regionu mora posebno da pazi na okolinu. Ravnice u blizini nisu mnogo travnate, tako da pastiri moraju da prelaze velike udaljenosti da bi nahranili svoje ovce. Dobar pastir neće štedeti na naporu prilikom vođstva ovaca na zelene pašnjake i tihe vode. Isus je često podučavao duhovne istine, koristeći ilustracije sa kojima bi ljudi mogli lako da se povežu, a ovce i pastir su bile među najčešće korišćenim ilustracijama u Isusovim učenjima.

Ovce i pastir

„Zaista, zaista vam kažem, o ne ulazi na vrata u tor

ovčiji nego prelazi na drugom mjestu on je lupež i hajduk. A koji ulazi na vrata jeste pastir ovcama." (10:1-2)

Tokom dana, pastir se kreće po okolini tražeći dobar pašnjak za njegove ovce. Kada se dan približi kraju, on vodi svoje ovce u sigurni obor. Pećina ili zid od kamenja se može koristiti kao obor. Kada bi pastir koristio pećinu kao obor, on bi postavio mala vrata nekoliko stopa ispred ulaska u pećinu, i poređao bi kamenje na obe strane vrata da bi pokrio ulaz u pećinu. Ulaz je veoma uzak i on postavlja trnje preko, da bi sprečio vukove i lopove da uđu. Naravno, pastir koji čuva ovce ulazi i izlazi kroz vrata obora. Ako neko uđe u obor penjući se preko zida, onda navjerovatnije pokušava da ukrade ovcu.

Zašto bi nam Isus govrio nešto tako očito? Ovo je zato što ovce, pastir, pećina, vrata, lopovi i kradljivac simbolizuju nešto što je duhovno važno. Prvo, „ovce" simbolizuju Božju djecu. Novi vjernik, koji tek što je prihvatio Isusa, ili dugogodišnji vjernik, vjernik sa velikom vjerom, vjernik sa malom vjerom— bilo koja osoba koja je primila spasenje, se smatra „ovcom." „Ovčji obor" simbolizuje mjesto na kome se ovce okupljaju da se odmore; drugim riječima, „obor" je crkva u kojoj se Božja djeca mogu okupiti da prime istinski Sabat i mir.

U 1. Korinćanima Poslanici 1:2 se opisuje: „*Crkvi Božjoj koja je u Korintu, osvećenima u Hristu Isusu, pozvanima svetima, sa svima koji prizivaju ime Gospoda našeg Isusa Hrista na svakom mjestu i njihovom i našem.*" Crkva označava tip građevine i sve vjernike. Tako ovčji obor može takođe značiti okupljanje Božje djece. Baš kao što je Isus rekao u Jevanđelju po Jovanu 10:7: „*Ja sam vrata k ovcama,*" vrata simbolizuju Isusa Hrista.

Onda, koga simbolizuje „pastir ovcama?" Poslanica Jevrejima 13:20 kaže: „*A Bog mira, koji izvede iz mrtvih velikog Pastira ovcama, krvlju zavjeta vječnog, Gospoda našeg Isusa Hrista,*" a 1. Petrova Poslanica 5:4 govori: „*I kad se javi poglavar pastirski, primićete vjenac slave koji neće uvenuti.*" Tako možemo vidjeti da je Isus Hrist i „Veliki Pastir" i „Poglavar Pastirski."

Pretpostavimo da je bilo deset hiljada ovaca. Ako ovce podijelimo u deset grupa, i dodjelimo jednog pastira po grupi, onda će veliki pastir predsedavati desetoricom pastira. Duhovno, Gospod Isus je Veliki Pastir. A Božje sluge su postavljene od strane Boga za svaku Njegovu crkvu, i sve sluge koje brinu o dušama u crkvi, mogu se nazvati „pastirima."

Njazad, ko su „lopovi i kradljivci?" Svako ko vodi vjernike pogrešnim putem tako što naziva samog sebe Bogom, ili vaskrsnutim Hristom; antihrist koji poriče da je Isus Hrist došao na ovaj svijet u tijelu; i bilo koji jeretički kult koji poriče Gospoda, koji nas je otkupio time što je platio kaznu naših grijehova je, „lopov" i „kradljivac" (2. Petrova Poslanica 2:1).

Ovce koje glas pastira slušaju

„Njemu vratar otvara, i ovce glas njegov slušaju, i svoje ovce zove po imenu, i izgoni ih. I kad svoje ovce istera, ide pred njima, i ovce idu za njim, jer poznaju glas njegov. A za tuđinom neće da idu, nego bježe od njega, jer ne poznaju glas tuđi. Ovu priču kaza im Isus, ali oni ne razumiješe šta to bješe što im kaza." (10:3-6)

Kad dođe jutro, pastir stojina vratima i proziva ovce po imence da bi ih odveo na pašnjak. Ovce, koje su se mirno odmorile pod zaštitom pastira, čuju njegov glas i izlaze iz obora. Šta bi se dogodilo da neko drugi obuče pastirovu odjeću i pokuša da imitira pastirov glas? Govori se da ovce prepoznaju razliku i pokušavaju da pobjegnu. Koristeći ove posebne karakterisitke ovaca kao ilustraciju, Isus je dao duhovno učenje.

Sada je „vratar," koji otvara vrata pastiru, Sveti Duh. Svakome ko prihvati Isusa Hrista, Bog mu daje Svetog Duha kao poklon. Sveti Duh, koji stanuje u nama, pomaže nam da komuniciramo sa Bogom i da živimo u skladu sa Božjom Riječi. Tako da, kada Sveto Pismo kaže: „Njemu vratar otvara," to se odnosi na ulogu Svetog Duha. A „vrata" u ovom stihu se razlikuju od „vrata" spomenutih u ranijim stihovima. „Vrata" ovdje simbolizuju vrata naših misli i srca, kao Božje djece.

Kao što ovce mogu tačno razlikovati glas njihovog pastira od drugih glasova, vjernik koji je primio Svetog Duha takođe može razlikovati glas Gospoda. U istini, osoba može jasno prepoznati da li su druge sluge Gospoda jedno sa Velikim Pastirom ili ne. Kada Jevreji nisu mogli da razumiju duhovno značenje ovih ilustracija, Isus je ponovo objasnio, primenjujući koncept na Sebi.

„Ja sam vrata k ovcama"

„Tada im reče Isus opet: 'Zaista, zaista vam kažem, Ja sam vrata k ovcama. Svi koliko ih god dođe prije Mene lupeži su i hajduci; ali ih ovce ne poslušaše.'" (10:7-8)

Da bismo razumijeli zašto je Isus rekao da je On „vrata k ovcama," moramo se vratiti u vrijeme Izlaska, što se dogodilo prije 400 godina, kada se izraelski predak Jakov i cijela njegova porodica naselila u Egiptu da bi izbjegli glad.

Kada je Jakovljeva porodica, koja je brojala oko 70 članova, toliko porasla u broju, da su je mogli nazvati „narodom," oni su postali pretnja egipatskom Faraonu. Zbog toga ih je on pretvorio u robove i počeo da ih progoni. Bilo je dovoljno teško izdržati težak rad, ali kako je zlostavljavljanje od strane Faraona sve više i više raslo, ljudi Izraela su preklinjali Boga da ih spasi.

Tako je Bog odabrao Mojsija da kaže Faraonu da oslodobi Izraelce, ali Faraon ih nije tako lako pustio. Pošto je Faraon počeo da mijenja svoje riječi i da ide protiv Božje volje, egipatski narod je primio različite vrste pošasti. Počelo je sa pošastima krvi, zatim najezdom žaba, vaški, buva, bolestima stoke, pojavom čireva, osipa, najezdom skakavaca, čak i sa pošastima tame. Cijela zemlja je postajala iscrpljena. I sve vrijeme su Egipćani prolazili kroz sve ove nesreće, dok su Izraelci bili zaštićeni od strane Boga.

Upravo pre poslednje pošasti—pošasti u kojoj je svako prvorođeno dijete svake egipatske porodice i svaka prvorođena životinja umrla—Bog je rekao narodu Izraela kako da se zaštite od ove pošasti. On im je kazao da zakolju mlado jagnje u sumrak i da njegovu krv namažu na gornje i bočne strane okvira vrata njihovih kuća, da ispeku meso na vatri i da ga pojedu, ostajući u kući. Bočne strane okvira vrata su stubovi koji podupiru vrata, a gornje strane su potpore napravljene od drveta ili kamena koje leže horizontalno iznad vrata i drže zid. U mrkloj noći, senka smrti nije išla u kuće Izraelaca koji su se povinovali Bogu i namazali okvire vrata njihovih kuća krvlju jagnjeta.

Ovdje, krv mladog jagnjeta duhovno simbolizuje krv Isusa Hrista. Kao što senka smrti nije odlazila u kuće čiji su okviri vrata bil namazani krvlju, svako ko vjeruje u činjenicu da je Isus umro na krstu i prolio Njegovu krv, a Njegovom krvlju su nam bili oprošteni naši grijesi, pojbeći će od smrti i otići u vječni život. Iako oni nisu znali duhovno značenje onoga što su uradili, oni su bili spašeni od poslednje pošasti.

Ali domaćinstva koja nisu namazala krv jagnjeta na gornje i bočne strane okvira vrata, iskusila su smrt njihovih prvorođenih sinova. A neki koji su namazali krv na okvire vrata, ipak nisu uspjeli da izbegnu sjenku smrti, jer nisu ostali u kućama kako im je Bog zapovjedio. Ovo je simbolika za nekog koje prihvatio Gospoda, ali je izgubio svoje spasenje jer je napustio okvir granica za spasenje. Kao što su Izraelci bili spašeni samo onda kada su namazali krv jagnjeta na bočne i gornje strane njihovih okvira vrata i ostali u kućama, mi jedino možemo biti spašeni ako ostanemo u Isus Hristu, koji nas je spasio prolivajući Njegovu krv zbog naših grijehova. Zbog toga je Isus rekao: „Ja sam vrata k ovcama."

Isus je takođe rekao: „Svi koliko ih god dođe prije Mene lupeži su i hajduci." O kome Isus ovde govori? Riječi „koliko ih god dođe pre mene" u ovom stihu se ne odnose samo na vrijeme prije. Vrijeme u kom je Isus došao na ovaj svijet da spasi čovječanstvo od njegovih grijehova je već bilo određeno u Božjem proviđenju. On je došao otprilike prije 2000 godina, u najpogodnije vrijeme da izvrši Božju volju. U to vrijeme, prosperitet Rimskog Carstva je bio toliko veliki, da ljudi i danas koriste izreku: „Svi putevi vode u Rim." Prosperitet Rimskog Carstva i razvoj grčke civilizacije je dosta poslužio kao mehanizam za brzo širenje jevanđelja Isusa Hrista po cijelom svijetu.

Da se bilo ko pojavio i rekao: „Ja sam Hrist," van odgovarajućeg vremenskog okvira, to bi bila laž. Isto važi i za Drugi Dolazak Gospoda. Bog je odredio ovaj trenutak, tako da nema mjesta ni za najmanju grešku. Ako se neko pojavi u vremenu koje se razlikuje od ovog određenog trenutka i kaže: „Ja sam Hrist," ili neko drugi kaže: „Ovo je put spasenja," onda su ovi ljudi lupeži i hajduci.

„Ko uđe kroza Me"

„Ja sam vrata; ko uđe kroza Me spašće se, i ući će i izići će, i pašu će naći. Lupež ne dolazi nizašta drugo nego da ukrade i ubije i pogubi; Ja dođoh da imaju život i izobilje." (10:9-10)

Svako ko vjeruje i prati Isusa Hrista—kroz vrata k ovcama—neće samo primiti spasenje, već gdje god da izađe i uđe, primiće i hranu. A rečenica: „Ko uđe kroza Me," je apsolutni preduslov. Samo ako osoba živi u skladu sa Riječju Gospoda, koji je istina Sam po Sebi, može onda primiti spasenje i blagoslove. Kada slušamo Božju Riječ i živimo u skladu sa njom, Bog nam obećava da će nas „uzdići iznad svih naroda svijeta," i mi ćemo biti „blagosloveni kada uđemo I blagosloveni kada izađemo"

(Knjiga Ponovljenog Zakona 28:1-14).

Suprotno tome, ko su ljudi koje poredimo sa „lupežima?" Oni se pretvaraju da su Hrist, i oni govore drugima da ih prate da bi primili spasenje. Ali na kraju tog puta je smrt. Zato lupež dolazi da krade i ubije, a Isus je došao da nam podari život, i život u izobilju. Kao što je zapisano u 3. Jovanovoj Poslanici 1:2, kada naša duša prosperira, mi imamo dobro zdravlje i sve ide dobro po nas. Isus je došao da bismo mi imali ovakav život. Kada Sveto Pismo kaže da „duša prosperira," to znači da su naša srca ispunjena istinom. A kada su naša srca ispunjena istinom, naša djela će se jasno pokazati. Mi ćemo moći da se potpuno povinujemo Božjim Riječima, uvijek ćemo biti radosni, stalno ćemo se moliti i zahvaljivaćemo se u svim okolnostima. Kada ovo činimo, neprijatelj đavo i Sotona će bježati od nas, a sva iskušenja, nevolje i bolesti će bježati zajedno sa njima, a mi ćemo moći da primimo blagoslov dobrog zdravlja.

Dobar pastir i najamnik

„Ja sam pastir dobri; pastir dobri dušu Svoju polaže za ovce. A najamnik, koji nije pastir, kome nisu ovce svoje, vidi vuka gdje ide, i ostavlja ovce, i bježi: i vuk zgrabi ovce i raspudi ih. A najamnik bježi, jer je najamnik i ne mari za ovce." (10:11-13)

Kralj David je bio pastir kada je bio mladić. Dok je čuvao ovce, bilo je vremena kada bi lavovi ili medvjedi pobjegli sa ovcom ili dvije. Ali kad god bi se ovo dogodilo, David je jurio grabljivicu, ubio je i spasio ovcu. Isus je govorio Jevrejima koristeći ovo kao ilustraciju. Dobar pastir će se boriti sa grabljivicom, čak i ako rizikuje sopstveni život, da bi spasio život ovce. Ipak, ako je život najamnika u opasnosti, on će napustiti ovce i pobjeći će. Tako možemo razlikovati dobrog pastira i najamnika, posmatrajući plodove koje oni daju (Jevanđelje po Mateju 7:17).

Zbog toga što Isus ne bi čak poštedeo ni Njegov sopstveni život kada je postao žrtva pomirenja ljudskih grijehova, On bi mogao da spasi čovječanstvo da ne ide putem smrti. Isus je podnosio patnje na krstu da bi nas poveo putem spasenja. On je jedini „dobri" pastir i jedini istinski pastir. Za razliku od Gospoda koji nam je služio Njegovog cijelog života, najamnik želi da ga drugi služe. Najamnik čini sve što je u njegovoj moći da se razmeće sobom i pravi sebe poznatim. Ako mu nešto nije pravo, on gaji negativna osjećanja i donosi neprijateljstvo. Ako je u situaciji koja mu nije od koristi, ili se suoči sa nekom nevoljom, on bježi; tražeći način da spasi samog sebe.

„Dušu Svoju polažem za ovce"

> „Ja sam pastir dobri i znam Svoje, i Moje Mene znaju, kao što Mene zna Otac i Ja znam Oca; i dušu Svoju polažem za ovce." (10:14-15)

Dobar pastir zna kada su njegove ovce gladne i kad treba da ih nahrani. On ih hrani, vodi na vrijeme na spavanje i štiti ih od lošeg, te tako ovce narastu jake i zdrave. Marljivi pastir zna tačno u kakvom je stanju svaka ovca i on im pruža efikasno rješenje za bilo kakav problem koji se kod ovaca može javiti. Koristeći ovo kaoilustraciju, Isus je rekao: „Ja sam pastir dobri i znam Svoje, i Moje Mene znaju."

Šta znači poznavati nekog, prema Svetom Pismu? To znači poznavati duše koje nam je Bog povjerio: ne samo njihovo ime, porodično porijeklo, porodičnu situaciju i posao, što se sve odnosi na njihovu fizičku situaciju, već i njihove duhovne uslove takođe. Mi treba da znamo da li duše koje su nam povjerene dobijaju dovoljno duhovne hrane i da se pobrinemo da nisu neuhranjene i moramo provjeriti da li imaju neke bolesti. I nije dovoljno da samo spoznamo problem. Ako osoba nema vjere, mi joj moramo pomoći da ima vjere. Ako osoba ima grijeh, mi moramo da mu pomognemo da razumije koji su njegovigrijehovi i pomognemo mu da živi u pravednosti. Ako osoba ne zna da se moli, mi moramo da mu pomognemo da se moli. Ovo su odgovornosti dobrog pastira.

Mi možemo da vidimo srce dobrog pastira u priznanju apostola Pavla: „*U trudu i poslu, u mnogom nespavanju, u gladovanju i žeđi, u mnogom pošćenju, u zimi i golotinji. Osim što je spolja, navaljivanje ljudi svaki dan, i briga za sve crkve. Ko oslabi, i ja da ne oslabim? Ko se sablazni, i ja da se ne raspalim?*" (2. Korinćanima Poslanica 11:27-29).

Kada pastir ima ovakvo srce i iskreno se brine o svojim ovcama, dajući im odgovarajuće recepte i podučavanja, ovce će prirodno voljeti i vjerovati njihovom pastiru. Zbog toga što vole svog pastira, one će slušati njegov glas i pratiti ga. Kao dobar pastir, Isus je došao da pozove griješnike i da ih povede ka pokajanju, tako da On pomaže griješnicima da shvate svoje grijehe, da ih odbace i da žive u središtu pravednosti. On podučava istinu u skladu sa mjerom vjere svake osobe i daje im snagu da se nadaju i žive u skladu sa Riječju.

„Ja Sam od Sebe polažem"

„I druge ovce imam koje nisu iz ovog tora, i one mi valja dovesti; i čuće glas Moj, i biće jedno stado i jedan pastir. Zato Me Otac ljubi, jer Ja dušu Svoju polažem da je opet uzmem. Niko je ne otima od Mene, nego je Ja Sam od Sebe polažem, vlast imam položiti je i vlast imam uzeti je opet. Ovu sam zapovjest primio od Oca svog." (10:16-18)

Kao što je zapisano u Jevanđelju po Luki 5:32: „*Ja nisam došao da dozovem pravednike nego griješnike na pokajanje,*" Isusova misija za dolazak na ovu zemlju je da spase što više duša koji su van granica spasenja. Kada Isus kaže: „I druge ovce imam koje nisu iz ovog tora," On govori o ljudima koji ne vjeruju u Boga i koji nisu prihvatili Isusa Hrista. Isus govori da ovi ljudi moraju biti vođeni ka Njemu i postati dio svetog stada; drugim riječima, vjernici.

Iz tog razloga, Božja djeca koja su već spašena moraju širiti jevanđelje. Kao što je Isus Hrist zapovjedio u Djelima Apostolskim 1:8: „*Nego ćete primiti silu kad siđe Duh Sveti na vas; i bićete mi svjedoci u Jerusalimu i po svoj Judeji i Samariji i tja do kraja zemlje,*" bilo da imamo vremena ili ne, mi moramo da odvojimo vrijeme i da uložimo svaki napor za uzrok širenja jevanđelja.

Razlog zbog kog je Isus položio Njegov život, bio je da nas spasi i da nas povede na Nebesa. On nije položio Njegov život mimo volje samo zato što je to bila Božja volja. Kao što dijete koje voli i razumije srce svog roditelja i voljno se povinuje njegovoj volji, Isus se povinovao sa radošću. Isus je poznavao, bolje od bilo koga drugog, tugu u Božjem srcu zbog duša koje su išle ka vječnoj smrti.

Zbog toga je Isus izabrao put koji je vodio ka polaganju Njegovog života. Iako je nakraju ovog puta bila slava, ovaj put nije bio lak; bio je to nastavak patnji. Ali On je dobrovoljno izabrao da preuzme ovu optužbu, koliko li je Bog bio radostan! Koliko li je divno Isus izgledao Bogu! Zbog toga je On podario Njegovu moć Isusu i On je Njemu pokazao još veća djela koja bi svi vidjeli i čudili im se (Jevanđelje po Jovanu 5:20). Znaci, čudesna djela i nevjerovatna moć koji su pokazani kroz Isusa, dokazi su Božje ljubavi prema Isusu.

Bog nam je takođe dao autoritet da postanemo Njegova djeca. Zapisano je u Jevanđelju po Marku 16:17: *„A ovi znaci biće onima koji vjeruju,"* Bog nam obećava da kao Njegova djeca, sve dok imamo čistu vjeru, On će biti uz nas kroz znakove, baš kao što je On sa Isusom.

Rasprava Jevreja

„Tada opet posta raspra među Jevrejima za ove riječi. Mnogi od njih govorahu: 'U njemu je đavo, i poludio je. Šta ga slušate?' Drugi govorahu: 'Ove reči nisu ludoga.

Zar može đavo slijepima oči otvarati?'" (10:19-21)

Umjesto da se raduju i zahvaljuju sa slijepim čovjekom koji je bio izliječen, Jevreji ulaze u raspravu među sobom i konačno primoravaju čovjeka da ode. I nakon što su čuli Isusovu ilustraciju o ovcama i pastiru u pokušaju da ih prosvetli, nastala je još jedna rasprava. Nakon što su ljudi počeli da optužuju Isusa da je opsednut đavolom, oni su počeli da se svađaju međusobno. Neko je rekao: „U njemu je đavo, i poludio je. Šta ga slušate?" dok su drugi govorili: „Ove riječi nisu ludoga. Zar može đavo slijepima oči otvarati?"

Njihovo uzavrelo neslaganje i rasprava konstantno su eskalirale, dok konačno nisu odlučili da „ubiju" Isusa. U suštini, njihova srca su bila zla, te oni nisu oklijevali da osude druge i oni se nisu obuzdavali u govoru i djelanju iz zla. Oni su sebe nazivali Božjim ljudima i bili su u poziciji da proučavaju i podučavaju Zakon. Ali pošto su njihove oči bile slijepe za istinu, oni su optužili Isusa da je lud i zaposednut đavolom, iako su vidjeli sva Božja djela koja su se manifestovala kroz Isusa Hrista.

Ali nisu svi sudili i osudili Isusa iz zla. Bilo je nekih sa dobrim srcima među njima, koji su upitali, kako bi đavo mogao da učini da slijep progleda. Ovi ljudi su vjerovali i prihvatili su Isusova djela kao manifestaciju Božje moći. Nije moguće da bi đavo imao moć da učini da slijep progleda.

U Bibliji vidimo ljude koji su postali nijemi i gluvi usljed zaposjedanja demonom. Demoni donose bolesti, nesreće, iskušenja, nevolje i patnje. Demoni nemaju ništa zajedničko sa dobrim djelima, kao što je progledavanje slijepog čovjeka, da bi on mogao da slavi Boga (Jevanđelje po Marku 9:25; Jevanđelje po Luki 6:18, 9:42). Progledavanje slijepog čovjeka je bilo Božje djelo, a On čini ovakva djela kroz Njegove odabrane ljude kojima je On zadovoljan (Psalmi 146:8; Isaija 42:1-7).

„Ja i Otac jedno smo"

Kao bilo koji narod, narod Izraela ima posebne praznike. Tri najveća praznika Jevreja su: pasha, praznik sedmica i praznik Građenja sjenica. Pored ovih praznika ima i drugih, kao što su Roš Hašana, Jom Kipur, Purim i praznik obnovljenja (Hanuka).

Od ovih praznika, praznik obnovljenja, drugačije poznat kao „Hanuka," je praznik kojim se obilježava obnovljenje Svetog hrama. 165. g. p.n.e. jevrejski vođa Maccabeusje povratio Jerusalim od Sirije i obnovio hram u Jerusalimu, koji je bio uništen kada je zauzet Jerusalim. Da obilježe ovaj događaj, Jevreji tog dana slave Hanuku. Od Septembra 25., po jevrejskom kalendaru (negdje oko Decembra), oko osam dana, Jevreji održavaju proslavu praznika. To je otprilike u isto vrijeme kada i Božić, koji slavi rođenje Isusa. Jevreji ne priznaju Isusa kao Hrista, i umjesto toga slave Hanuku.

„Ako si ti Hristos, kaži nam slobodno"

„A bješe tada praznik obnovljenja u Jerusalimu, i bješe zima, i hodaše Isus u crkvi po tremu Solomunovom. A Jevreji Ga opkoliše, i govorahu Mu: 'Dokle ćeš mučiti duše naše? Ako si ti Hristos, kaži nam slobodno.'" (10:22-24)

Bilo je to u vrijeme praznika obnovljenja. Bila je zima; a pošto je Isus podnosio patnje na krstu u aprilu naredne godine, ovo je bila Njegova poslednja zima na zemlji. Otprilike u vrijeme praznika obnovljenja, Isus je bio u hramu na tremu Solomonovom. Pošto se Solomonov trem nalazio duž spoljašnjih zidova hrama, Solomonov trem nije imao zidove koji bi zadržali vjetar. Ako pogledamo crkvu, tu je bila zgrada crkve, crkveno dvorište i ograda crkve. Kada bismo poredili hram sa crkvom, trem Solomonov bi bio ograda crkve, koji senalazio izvan zgrade hrama. Ovo mjesto su često koristili rabini koji su ovde podučavali svoje učenike.

Isus i Njegovi učenici su takođe tamo odlazili da šire jevanđelje, podučavaju, liječe bolesti i da pokažu Božju moć ljudima. Jednog dana, došla je grupa Jevreja i okupila se oko Isusa kao da su se dogovorili, i počeli su nasumice da mu postavljaju pitanja kao što su: „Dokle ćeš mučiti duše naše?" i „Ako si ti Hristos, kaži nam slobodno!"

Jevreji su očekivali da će se Isus uplašiti njihovim prisustvom i da će On reći da nije Hrist. Oni su ovo učinili, jer nisu priznavali Isusa za Božjeg Sina i smatrali su da je On prosta osoba. Oni sami su bili vođe Izraela sa imenima i moćima.

Oni su bili ti koji su temeljno poznavali Zakon. Njima, Isus je izgledao kao sin siromašnog stolara koji je išao okolo sa ribarima kao učenicima. Zbog toga čak iako im je Isus pokazao dosta znakova i čuda da bi im dao dokaz da vide i povjeruju, oni su odbili da vjeruju. Kako je Isus odgovorio ovim ljudima koji su zahtjevali da im otvoreno kaže da je On bio Hrist?

„Ali vi ne vjerujete jer niste od Mojih ovaca"

„Isus im odgovori: 'Ja vam kazah, pa ne vjerujete; djela koja tvorim Ja u ime Oca svog ona svjedoče za Me. Ali vi ne vjerujete jer niste od Mojih ovaca. Ovce Moje slušaju glas Moj, i Ja poznajem njih, i za Mnom idu.'" (10:25-27)

Bog je koristio mnogo načina da pokaže da je Isus bio Njihov Spasitelj. On je rekao ljudima kroz Jovana Krstitelja. Isus sam im je rekao. A kroz sva moćna djela koja su učinjena u Božje ime, On je takođe posvjedočio o Njemu. Ali Jevreji Ga nisu priznali do samog kraja.

„Ja vam kazah, pa ne vjerujete; djela koja tvorim Ja u ime Oca svog ona svjedoče za Me."

Jevreji ne samo da su odbili da povjeruju; oni su sudili, osuđivali i kovali zavjeru kako da ubiju Isusa. Ipak, kao što ovce poznaju glas svog pastira i prate ga, Božja djeca bi trebalo damogu da povjeruju u sve stvari koje Bog čini kroz Isusa Hrista.

„Ja i Otac jedno smo"

„I Ja ću im dati život vječni, i nikad neće izginuti, i niko ih neće oteti iz ruke Moje. Otac Moj koji Mi ih dade veći je od svih; i niko ih ne može oteti iz ruke Oca Mog. Ja i Otac jedno smo." (10:28-30)

Isus je rekao: „I Ja ću im dati život vječni," jer oni koji vjeruju u Isusa kao Spasitelja primaju Svetog Duha; a njihov duh, koji je nekad bio mrtav, vraća se u život. Kada Sveti Duh rodi duh i kada počnemo da sve više i više živimo u Božjoj Riječi, onda se mi malo pomalo mijenjamo istinom. Ovo je put vječnog života. Pošto nema smrti u Isusu Hristu koji ima vječni život, kada mi vjerujemo u Njega, mi možemo imati istinski život. Zbog toga, mi ne stradamo i možemo uživati u istinskoj sreći cijelu vječnost na Nebesima.

Isus je takođe rekao: „I niko ih ne može oteti iz ruke Oca Mog." Ovo je pasus koji pokazuje koliko nas Isus voli. Ono što Isus misli ovim pasusom je da pošto su Njegove ovce Njemu povjerene od Boga, On voli Njegove ovce Njegovim životom; i bez obzira na opasnosti koje mogu naići, On neće odustati od Njegovih ovaca. Tako niko Isusu ne može oduzeti ovce.

„Ko će nas rastaviti od ljubavi Božje? Nevolja li ili tuga, ili gonjenje, ili glad, ili golotinja, ili strah, ili mač?" (Poslanica Rimljanima 8:35).

Povrh svega toga, Bog je veći od bilo čega u stvaranju. „Bilo šta u stvaranju," odnosi se na sve stvari koje postoje u univerzumu. Univerzum je sam po sebi nazamislivo veliki. Onda, ko nas može rastaviti od Božjih ruku, ko je još veći od ogromnog univerzuma? Nakon naglašavanja da nas niko ne može rastaviti od Isusa dokle god vjerujemo u Njega i pratimo Ga, On nam govori zašto je to tako govoreći: „Ja i Otac jedno smo."

Razlog zbog kog su Bog i Isus jedno je, zato što je Isus Riječ (Bog) koji je postao tijelo i došao na ovaj svijet (Jevanđelje po Jovanu 1:14). I sama činjenica da je Isus začet od Svetog Duha, daje nam na znanje da je On jedno sa Bogom.

Jevreji pokušavaju da kamenuju Isusa

„A Jevreji opet uzeše kamenje da Ga ubiju. Isus im odgovori: Mnoga vam dobra djela javih od Oca svog; za koje od onih djela bacate kamenje na Me? Odgovoriše Mu Jevreji govoreći: 'Za dobro djelo ne bacamo kamenje na Te, nego za hulu na Boga, što Ti, čovjek budući, gradiš se Bog.'" (10:31-33)

Jevreji su pobjesneli kada je Isus rekao da je On jedno sa Bogom. Oni su bili spremni da Ga kamenuju. Oni su vjerovali da je On uvrijedio Boga, kome su se oni povinovali. Da su oni razumijeli da dobra djela koja je Isus izvodio nisu mogla da budu učinjena sa ljudskom moći, oni bi znali da je Bog prebivao sa Njim. Ali njih nisu zanimala dobra djela; oni su se usredsredili samo na riječi „jedno sa Bogom" i vidjeli su to kao smrtni grijeh. Poznavajući njihova srca, Isus je mudro postavio pitanje koje je otkrilo njihova prava srca: „Mnoga vam dobra djela javih od Oca svog; za koje od onih djela bacate kamenje na Me?"

Kada su se Jevreji prisjetili jednog po jednog, svih djela koje je Isus do tada učinio, oni nisu mogli da nađu razlog da Ga kamenuju. Pošto nisu mogli da daju odgovarajući odgovor, oni su se raspravljali da je On bogohulio govoreći: „Za dobro djelo ne bacamo kamenje na Te, nego za hulu na Boga, što Ti, čovjek budući, gradiš se Bog." Biti nedoličan ili drzak prema Bogu je „bogohuljenje." U Bibliji je to riječ koja opisuje nešto što se smatra skrnavljenjem.

„Zašto Me optužujete za bogohuljenje?"

„Isus im odgovori: Ne stoji li napisano u zakonu vašem: 'Ja rekoh: bogovi ste?' Ako one nazva bogovima kojima riječ Božja bi, i Pismo se ne može pokvariti; kako vi govorite Onome kog Otac posveti i posla na svijet. Zašto Me optužujete za bogohuljenje, što rekoh: 'Ja sam Sin Božji?'" (10:34-36)

Isus je koristio Zakon kome su Jevreji dodjelili moć i autoritet, da bi prosvjetlio Jevreje. On je iskoristio stih iz Psalma 82:6: „*Bogovi ste, i sinovi Višnjeg svi.*"

Zašto Isus govori: „Pismo se ne može pokvariti?" Biblija je obećanje Božje Riječi nama. Bog nije čovjek; zato, šta god da On kaže, nema zablude i nema žaljenja. On uvijek čini ono što kaže da će učiniti. I pošto je Biblija iskreno obećanje od Boga, ono ne može biti pokvareno. Jevanđelje po Mateju 5:18 kaže: *„Jer vam zaista kažem: dokle nebo i zemlja stoji, neće nestati ni najmanje slovce ili jedna titla iz zakona dok se sve ne izvrši."*

Isus je govorio da je zapisano u Zakonu da su ljudi „kojima je došla Božja Riječ," bogovi. Ima mnogo ljudi u Bibliji koji su primili posebno otkrovenje od Boga. Bog se obraćao direktno odabranoj osobi ili joj se obraćao kroz snove. Jakovljev jedanaesti sin, Josif, tumačio je Faraonov san koji niko drugi nije mogao da protumači, a onda je Faraon rekao njegovom slugi: *„Možemo li naći čovjeka kakav je ovaj, u kome bi duh bio Božji?"* (Postanak 41:38). Mojsiju, vođi velikog Izlaska, Bog je rekao: *„Evo, postavio sam te da si Bog Faraonu"* (Izlazak 7:1). Apostol Pavle je pokazao mnogo nevjerovatnih Božjih djela i mnogo ljudi ga je takođe smatralo Bogom (Djela Apostolska 14:11, 28:6).

Kada je Isus rekao: „Ja i Otac jedno smo," oni su to prihvatili kao „tvrdnju da je On Bog." Isus je uvijek nazivao Boga „Ocem." On nikada nije rekao: „Ja sam Bog." Ipak, na osnovu stiha iz Levitskog Zakonika 24:16: *„Ko bi ružio ime GOSPODNJE, da se pogubi, sav narod da ga zaspe kamenjem; i došljak i domorodac koji bi ružio ime GOSPODNJE, da se pogubi,"* oni su mislili da su samo pronašli razlog za ubijanje, u skladu sa Zakonom.

„Ako Meni i ne vjerujete, djelima vjerujte"

„'Ako ne tvorim djela Oca svog ne vjerujte Mi; ako li tvorim, ako Meni i ne vjerujete, djelima Mojim vjerujte, da poznate i vjerujete da je Otac u Meni i Ja u Njemu.' Tada opet gledahu da Ga uhvate; ali im se izmače iz ruku." (10:37-39)

Isusu je bilo slomljeno srce zbog Jevreja. Iako im je On pokazao nevjerovatna Božja djela mnogo puta, oni Njemu i dalje nisu vjerovali, zbog zavisti i ljubomore u njihovim srcima. Pošto oni zaista nisu mogli da povjeruju, iako je trebalo da vjeruju, Isus ih je pozvao da bar vjeruju djelima koje je On učinio govoreći im: „Ako ne tvorim djela Oca svog ne vjerujte Mi; ako li tvorim, ako Meni i ne vjerujete, djelima Mojim vjerujte, da poznate i vjerujete da je Otac u Meni i Ja u Njemu."

Djela koja je Isus učinio ne mogu biti učinjena ljudskom moći. Jedan može samo priznati da je On učinio ta djela pomoću Božje moći. Isus je želio da oni imaju vjeru, bar zbog toga što su vidjeli sve te stvari. Ovaj pasus obuhvata Isusovo srce—srce koje je istinski žudjelo da spasi još jednu dušu.

Ali bez obzira na to koliko se Isus trudio da ih prosvijetli, oni jednostavno nisu razumijeli. Jevreji su postali još ljući i pokušali su da uhvate Isusa. Ipak, još jednom, Isus je mudro izbjegao njihovo hvatanje. Da, još uvijek nije bilo došlo Njegovo vrijeme da bude uhvaćen; ali što je još važnije, Isusove Riječi su nosile takvo dostojanstvo i autoritet, da se niko nije mogao usuditi da dođe i uhvati Ga.

Ljudi koji su vjerovali preko Jordana

„I otide opet preko Jordana na ono mjesto gdje Jovan pre krštavaše; i osta ondje. I mnogi dođoše k Njemu i govorahu: 'Jovan ne učini ni jednog čuda, ali sve što kaza Jovan za Ovog istina bješe.' I mnogi vjerovaše Ga onde." (10:40-42)

Isus je ponovo otišao preko Jordana. Ovo je bila oblast Verije, gdje je Jovan Krstitelj prvi put krstio. Ljude koji su se ovdje okupili nakon što su čuli vijesti o Njemu, Isus je podučavao o jevanđelju o Nebesima i izvodio mnoge čudesne znakove, uključujući iscjeljivanje bolesnih. Kada su ljudi iz te oblasti došli direktno u kontakt sa Isusovim Riječima i Njegovim služenjem, oni su govorili: „Jovan ne učini ni jednog čuda, ali sve što kaza Jovan za Ovog istina bješe."

Reakcije ljudi iz oblasti Verije bile su vrlo različite od reakcija Jevreja u Jerusalimu. Dobro i zlo u srcima ljudi su ovde jasno vidljivi. Dobri ljudi se trude da vjeruju u dobre i ljubazne riječi koje se odnose na istinu. Naročito kada neko opravdava njegove riječi sa znakovima i čudima kao Isus, oni vjeruju. Ovo je zato što čudesni znakovi ne mogu da se dogode sa ljudskom moći, to je moguće samo u Bogu (Psalmi 62:11).

Autor:
Dr. Džerok Li
(Jaerock Lee)

Dr. Džerok Li je rođen u Muanu, Džeonam provinciji, Republika Koreja, 1943. godine. U svojim dvadesetim, Dr. Li je sedam godina patio od mnoštva neizliječivih bolesti i iščekivao smrt bez nade za oporavak. Međutim jednog dana u proljeće 1974. god, njegova sestra ga je odvela u crkvu i kad je kleknuo da se pomoli, živi Bog ga je momentalno izliječio od svih bolesti.

Od trenutka kad je Dr. Li sreo živog Boga kroz to divno iskustvo, on je zavolio Boga svim svojim srcem i iskrenošću, a u 1978. god., je pozvan da bude sluga Božji. Molio se revnosno uz nebrojene molitve u postu kako bi mogao jasno da razumije volju Božju, u potpunosti je ispuni i posluša Riječ Božju. Godine1982. je osnovao Manmin centralnu crkvu u Seulu, Koreja, i bezbrojna djela Božja uključujući čudesna isceljenja, znaci i čuda se dešavaju u njegovoj crkvi.

U 1986. god. Dr. Li je zareden za pastora na godišnjem Zasjedanju Isusove Sungkjul crkve Koreje, i četiri godine kasnije u 1990.god. njegove propovjedi su počele da se emituju u Australiji, Rusiji, na Filipinima i mnogim drugim zemljama, preko Radiodifuzne kompanije Daleki Istok, Azija radiodifuzne kompanije i Vašingtonskog hrišćanskog radio sistema.

Tri godine kasnije, 1993.god., Manmin centralna crkva je izabrana za jednu od „Svijetskih top 50 crkava" od strane magazina *Hrišćanski svijet (Christian World) (US)*, a on je primio počasni doktorat bogoslovlja od Koledža hrišćanske vjere, Florida, SAD, i 1996.god. Doktorat iz Službe od Kingsvej teološke bogoslovije, Ajova, SAD.

Od 1993.god., dr. Li prednjači u svjetskoj evangelizaciji kroz mnogo inostranih pohoda u Tanzaniji, Argentini, Los Anđelesu, Baltimoru, Havajima i Nju Jorku u Sjedinjenim Američkim Državama, Ugandi, Japanu, Pakistanu, Keniji, Filipinima, Hondurasu, Indiji, Rusiji, Njemačkoj, Peruu, Demokratskoj Republici Kongo, Izraelu i Estoniji. U 2002.god. je nazvan „svjetski oživljavaoc" od strane glavnih Hrišćanskih novina u Koreji, zbog njegovi moćnih službovanja u raznim prekomorskim pohodima. Naročito, njegov „Njujorški Pohod 2006.", godine" održan u Medison skver gardenu, najvećoj svjetski poznatoj areni, bio je emitovana u 220 nacija, i u njegovom „Izraelskom ujedinjenom pohodu 2009" održanom u Internacionalnom konvencijskom centru u Jerusalimu on je smjelo propovjedao da je Isus Hrist Mesija i Spasitelj. Njegove propovjedi emitovane su za 176 nacija putem satelita uključujući GCN TV i bio je svrstan kao jedan od top 10 najuticajnijih hrišćanskih vođa 2009-e i 2010-e godine od strane popularnog Ruskog hrišćanskog časopisa *U pobjedu (In Victory)* i nove agencije *Hrišćanski telegraf (Christian Telegraph)* za njegovu moćnu svješteničku službu TV emitovanja i njegove inostrane crkveno pastorske službe.

 Od Maja 2017.god., Manmin Centralna Crkva ima zajednicu od preko 120 000 članova. Postoji 11 000 domaćih i stranih ogranaka crkve širom planete, uključujući 56 domaćih ogranaka i do sad više od 102 misionara su opunomoćeni u 23 zemlje, uključujući Sjedinjene Države, Rusiju, Njemačku, Kanadu, Japan, Kinu, Francusku, Indiju, Keniju i mnoge druge.

 Do datuma ovog izdanja Dr. Li je napisao 108 knjige, uključujući bestselere *Probanje Vječnog Života prije Smrti, Moj Život, Moja Vjera I i II, Poruka sa Krsta, Mjera Vjere, Raj I & II, Pakao,* i *Moć Božja.* Njegove knjige su prevedene na više od 76 jezika.

 Njegove Hrišćanski rubrike se pojavljuju u *Hankok Ilbo, JongAng dnevniku, Dong-A Ilbo, Seul Šinmunu, Kjunghjang Šinmun, Hankjoreh Šinmun, Korejski ekonomski dnevnik, Šisa vijesti,* i *Hrišćanskoj štampi.*

 Dr. Li je trenutno na čelu mnogih misionarskih organizacija i udruženja uključujući: predsjedavajući, Ujedinjene svete crkve Isusa Hrista; stalni predsednik, Udruženje svjetske hrišćanske preporodne službe; osnivač i predsjednik odbora, Globalna hrišćanska mreža (GCN); osnivač i član odbora, Mreža svjetskih hrišćanskih lekara (WCDN); i osnivač i član odbora, Manmin internacionalna bogoslovija (MIS).

Druge značajne knjige istog autora

Raj I & II

Detaljna skica predivne životne okoline u kojoj rajski stanovnici uživaju i preljepi opisi različitih nivoa nebeskih kraljevstva.

Poruka sa Krsta

Snažna poruka buđenja za sve ljude koji su duhovno zaspali! U ovoj knjizi ćete naći razlog zašto je Isus jedini Spasitelj i prava ljubav Boga.

Pakao

Iskrena poruka cijelom čovječanstvu od Boga, koji želi da čak ni jedna duša ne padne u dubine Pakla! Otkrićete nikad do sad otkriveni iskaz o okrutnoj stvarnosti Nižeg Hada i Pakla.

Duh, Duša i Tijelo I & II

Vodič koji nam daje duhovno objašnjenje duha, duše i tijela i pomaže nam da pronađemo kakvog „sebe" smo mi načinili da bi mogli da dobijemo moć da pobjedimo mrak i postanemo duhovna osoba.

Mjera Vjere

Kakvo mjesto stanovanja, kruna i nagrade su spremne za vas u Raju? Ova knjiga obezbjeduje mudrost i smjernice za vas da izmjerite vašu vjeru i gajite najbolju i najzreliju vjeru.

Probuđeni Izrael

Zašto Bog upire Svoje oči na Izrael od početka svijeta pa do današnjeg dana? Kakvo Njegovo providenje je spremljeno za Izrael u poslijednjim danima, koji očekuje Mesiju?

Moj Život Moja Vjera I & II

Dr. Džeroka Lija autobiografija snabdjeva čitaoce aromatičnim mirisom, kroz njegov život izveden ljubavlju Božjom koji cvijeta u sredini mračnih talasa, hladnog jutra i najdublje beznadežnosti.

Moć Božja

Obavezno-pročitati, koja služi kao suštinski vodič po kojem čovjek može posjedovati pravu vjeru i iskusiti čudesnu moć Božju.

www.urimbooks.com

www.ingramcontent.com/pod-product-compliance
Lightning Source LLC
LaVergne TN
LVHW041746060526
838201LV00046B/924